如果说文化也有『必经之路』，我想书院应该是它的『捷径』。

『人文淳安』系列丛书

RENWEN CHUNAN
XILIE CONGSHU

淳安书院

鲍艺敏 著

中国出版集团 现代出版社

图书在版编目（CIP）数据

淳安书院／鲍艺敏著． －－北京：现代出版社，
2024.1

ISBN 978-7-5231-0758-4

Ⅰ．①淳… Ⅱ．①鲍… Ⅲ．①书院－教育史－淳安县
Ⅳ．①G649.299.554

中国国家版本馆 CIP 数据核字（2024）第 007252 号

著　　者　　鲍艺敏
责任编辑　　杨学庆

出 版 人　　乔先彪
出版发行　　现代出版社
地　　址　　北京市安定门外安华里 504 号
邮政编码　　100011
电　　话　　（010）64267325
传　　真　　（010）64245264
网　　址　　www.1980xd.com
印　　刷　　北京荣泰印刷有限公司
开　　本　　710mm×1000mm　1/16
印　　张　　23.5
字　　数　　270 千字
版　　次　　2024 年 1 月第 1 版　2024 年 1 月第 1 次印刷
书　　号　　ISBN 978-7-5231-0758-4
定　　价　　88.00 元

《人文淳安》系列丛书编纂委员会

主　　任：郑志光

副 主 任：徐夏冰

委　　员：邵全胜　余运德　胡炳君　邵红卫

主　　编：邵红卫

编　　委：王顺民　黄筱康

设　　计：方家明

插　　图：方志成

总序

书页翻处,得见风骨

邵红卫

　　"人文淳安"系列丛书,包涵《淳安老物件》《淳安古道》《淳安书院》《淳安著述录》,清样早已摆在案头,我有幸先睹为快。今日阅毕,阖上书册,思绪却未能从中抽离,一些浮想,仍在字里行间盘桓,缱绻。

　　淳安多山,县志曰,环万山以为邑。但巍峨的大山脉,主要分布在四周边境,有西北部的白际山脉、南侧的千里岗山脉和北边的昱岭山脉,它们"致广大"地围出了淳安的一方疆域,成就了一个大桃花源;又"尽精微"地用无数余脉对这一方疆域进行分割,形成了无数小桃花源。桃花源中,旧时淳安人日出而作,日入而息,过着舒缓而拙朴的生活。除山间田野较肥沃外,淳安大部分土地皆是坡地,十分贫瘠。旧时曾把这样一个底子薄弱的山区县,于勤勉间,变成了浙江省的"甲等县",农耕时代淳安人吃苦耐劳的秉性,有口皆碑。

　　王丰在《淳安老物件》里写到的生产、生活用具,是淳安农耕文化的鲜明符号。当这些代代相传的用具,以这样的形式与我们相遇时,我们依稀看到了众多熟悉的身影,祖父母、父母、邻居、村人,甚至自己。犁田、车水、斫柴、榨油、舂米、磨浆、养蚕、绩麻、纺线、槌衣……这些劳动场景,一一来到眼前。如影随形的,还有各种香味:春茶的、夏麦的、秋黍的、冬蔬的;火炉里煨的红薯的,饭甑里蒸的糯米的,汤瓶里炖的豆腐的,石臼里打的麻糍的;米羹的、麦糕的、艾馃的、箬粽的……王丰笔下的农耕时代,场景皆水墨,物象是诗篇,极有味道。作者用凝练的笔触,细镂着老物件里的旧时光。人是老物件的魂魄,写老物件,其实是写人,人的劳动、人的生活、人的追求、人的命运,悲与喜、哀与乐、福与患、生与死……故事写完了,不尽之意,见于言外:日头从人的汤汤汗水中晒出盐来,这种盐,又苦又咸,却调出了人间百味。

可以说,农耕日子人畜艰辛。然而,我们看到的情景是,旧时淳安人"一箪食,一瓢饮",却也"不改其乐",日子过得充实。

此中真意,《淳安老物件》里已见端倪。

而鲁永筑的《淳安古道》、鲍艺敏的《淳安书院》,则把我们的目光引入淳安历史腹地,让我们于旧时两种物象中,一见淳安人的胸襟。

书页翻处,清风徐来。我们发现,有34条古道、18座书院分别进入了作者的视野。通过作者的探赜索隐,我们对旧时淳安人的精神追求,有了进一步的了解。

《大戴礼记·保傅》称,"古者年八岁而出就外舍,学小艺焉,履小节焉"。

淳安人对于读书的重视，是来自骨子里的。

前面说过，淳安的物理空间几乎是封闭的，但淳安人却并不故步自封。这得益于新安江。旖旎的新安江划过淳安县境，以柔克刚，打开了大山的屏障，使山里与山外联系起来。淳安人的目光，随着迤逦的江水向远方延伸，便懂得了山外有山、天外有天、人外有人的道理。

因此孩子一落生，淳安人心里就种下了希望的种子。看着孩子从赤子、褓褓、孩提一路成长，心里的希望便越发强烈。始龀之年说到就到了，孩子该入学读书了。

正月农事未起、八月暑退、十一月砚冰冻时，都是旧时淳安学子农闲开学的时辰。

但上学是需要束脩的。据《礼记·少仪》记载："其以乘壶酒、束脩、一犬赐人。"郑玄注："束脩，十脡脯也。"束脩在春秋以前就存在了，《论语·述而》中已有"自行束脩以上，吾未尝无诲焉"。束脩标准不一，据说秦朝贫困生给私塾打工还"贷学金"，隋唐人砸锅卖铁交学费。旧时淳安人，则有"卖了茅司也要衬儿子读书"之说，俗俚中，表达的是对于读书的态度。

众山豪横地为淳安人画地为牢时，也大方地馈赠淳安人以丰饶的物产。旧时，茶叶、药材、干水果、粮食、山珍、毛竹、木材等，被人肩挑背驮，通过大山里长长短短的古道，汇聚到新安江沿岸的码头上，最后被泊在江岸的大船，迤洄而运抵徽州；或迤游，运往杭州，甚至经京杭大运河，远销苏州、南京、上海、北京……也有众多小商贩或农人，挑着货担,翻越大连岭、歙岭到徽州,出昱岭关到杭州,过辽岭至寿昌、衢州……他们在古道上奔波,货殖之利,除日常开销外,大都花在民居的营造和孩子的教育上。

《淳安古道》,从通州、达府和远足、近涉四个部分,细致地叙述了34条古道的前世今生。作者笔下的古道,是一种历史的纵深,喧闹与沉寂,同样引人入胜。跟随作者的脚步,由今天走入过去的时光,峰回路转,我们看到,古道的价值,不仅体现在生活、经济和军事上,更体现在文化上。

旧时学子受教育的场所,一是官学,一是私学,还有一种介于两者之间,这便是书院。

鲍艺敏在《淳安书院》中写道:"书院的学田,既有官府划拨,也有私人捐赠等多种形式,从而成为中国古代社会独立的教育系统,为中国官场培养输送了大量人才。"

淳安书院鼎盛于宋、明两朝,境内书院遍布,人才济济,文运昌炽。据《淳安著述录》之附录《科举录》记载,光宋、明两朝,淳、遂两县正奏名进士就达273人之多,其数量占到科举时代淳、遂正奏名进士总数的百分之八十多,他们绝大多数是从书院走出来的。

脱颖的书院,遂安当属瀛山书院,淳安则为石峡书院。这两座书院,是新安江流域的双子星,是淳、遂古代教育史上两座高耸的丰碑。

"瀛山书院,在县西北四十里。宋熙宁间,邑人詹安辟建于山之冈,凿方塘于麓,其孙仪之与朱晦翁往来论学于此。"这是《万历遂安县志》

的记载。朱熹于瀛山书院讲学期间赋《咏方塘》:"半亩方塘一鉴开,天光云影共徘徊。问渠那得清如许?惟有源头活水来。"一诗吟处,八百多年云蒸霞蔚。更幸运的是,那瀛山的源头活水从朱熹诗中流过,便成了文化之水、美学之水、哲学之水,它清澈,剔透,淙淙潺潺,流过宋元,流过明清,一直流到现在,不知滋润了多少读书人的心灵。

《嘉靖淳安县志》自然也少不了石峡书院浓墨重彩的一笔:"石峡书院,在县东北五里蛟峰之麓,乃宋蛟峰方先生讲道之所也。堂二,曰知行,曰颜乐。斋四,曰居仁,曰由义,曰复礼,曰近知。燕居之后为周、程、张、朱四先生祠在焉。从游士常数百人。咸淳七年,先生复入侍讲闱,度宗御书'石峡书院'额以赐。"是年,方逢辰51岁,丁母忧,去职归隐石峡讲学,由此奠定了一代理学家、教育家的地位和形象,实现了他不在庙堂之上,也能致君泽民的理想和人生价值。

石峡书院出过状元、榜眼、探花,造就了无数栋梁之才,科举成就出类拔萃。淳安古为严陵首邑,不管以文论,还是以进士之多寡论,首邑之名都当之无愧。这其中,石峡书院功不可没。

通览《淳安书院》,发现书院的创始人,绝大多数是通过科举,走上仕途的读书人,他们被罢官、辞职或致仕后,返回故里,又创办更多的书院,让这片土地上特有的文化因子融入更多人的血液,薪火相传,生生不息,如:

瀛山书院创建者詹安(举人),官浦江主簿,年轻时曾进入开封的太学;

融堂书院的创建者钱时(宋嘉熙元年,理宗特赐进士),是南宋著名理学家杨简的得意弟子,曾做过秘阁校勘、浙东仓幕、史馆检阅等官;

石峡书院的初创者是谁,历来有争议,但将书院发扬光大的,无疑是状元方逢辰(宋淳祐十年进士),他曾累官兵部侍郎、国史修撰兼侍读、吏部侍郎、户部尚书;

合洋的柘山书院,是曾任大理寺卿的榜眼黄蜕(宋淳祐七年进士)创建的;

易峰书院,是探花何梦桂(宋咸淳元年进士)归隐文昌易峰庵后创建,他历官太常博士、监察御史、大理侍郎。

仙居书院,是明朝"三元宰相"商辂(明正统十年进士)罢官返归里商期间创建,致仕后主讲于此;

静乐书院虽非曾任工部尚书的徐贯(明天顺元年进士)所创,但他既是书院的受益者,又是书院的传承者和光大者。

南山书院,是应颙(明正统十年进士)致仕归贺城后创建,他曾官至布政使司左参政。

蛟池书院,是曾任广东左右布政使的王子言(明弘治九年进士)归乡环水后创建;

翰峰书院是曾任湖广按察司佥事的吴钦(明正德三年进士)致仕回云峰重建;

吾溪书院,是徐楚(明嘉靖十七年进士)致仕归老蜀阜后创建,他曾任四川参政;

五峰书院,是徐廷绶(明嘉靖四十一年进士)致仕回乡后重建,他曾任陕西按察使;

……

这样的人创建的书院,这样的书院培养出来的淳安读书人,风骨傲然,素为世人尊崇。

明成化十四年(1478),司礼太监汪直设西厂,横恣无比,权倾朝野。商辂不顾个人安危,上疏抗言,力罢西厂。

宪宗览疏不悦:"朕用一内臣,焉得系国安危乎?"

商辂力谏:"朝臣无大小,有罪皆请旨取问。汪直辈擅自抄收三品以上京官,擒械南京留守大臣,扰得大臣不安于职,商贾不安于市,行旅不安于途,士卒不安于伍,庶民不安于业,如此辈不黜,国家危乎、安乎!"

商辂的声音,如黄钟大吕,振聋发聩,穿过五百多年时光,犹让我们心头为之一震。

俯拾时光,皆是斑斓。

海瑞曾于嘉靖三十七年(1558)被任命为淳安知县,在淳安的四年里,推行清丈、平赋税,并屡平冤假错案,打击贪官污吏,深得民心,成了基层治理的模范官僚。

嘉靖四十一年(1662)海瑞离任前往嘉兴,淳安百姓夹道送行。众人推举新中进士徐廷绶写了《海刚峰先生去思碑记》以颂其德,并题刻"去思碑"以志思念。

《海刚峰先生去思碑记》,只是徐廷绶与海瑞之间一段佳话的小引。

嘉靖四十五年(1566)，海瑞任户部主事时，冒死上疏，批评世宗迷信道教、不理朝政，被打入死牢继而重疾缠身，身为刑部主事的徐廷绶，不惧牵累，不避霉气，调药端汤，悉心救治。淳安人知恩图报、义薄云天的风骨，让满朝文武为之动容。

与海瑞同时代的淳安进士徐楚，初授工部主事，后升工部郎中。历官辰州知府、广西副使，以政绩著称。后调任山东兵备道副使，跋涉沙石滩、盐碱地中，为朝廷绘制《塞垣图》，并疏陈《备边六策》，朝中大臣竞相推荐，称他"有文武材，宜节钺重镇"。徐楚秉性刚直，与当时宰相抗礼，仅补云南屯田副使。后调四川参政，任上决心革除贿礼等陋习，送上司一把"清风徐来"折扇而遭忌恨，丢了官职。

> 垣屋萧萧锦水崖，舟人指点海公祠。
> 风波自不惊三黜，暮夜谁能枉四知。
> 虎口脱离濒死日，龙颜回顾再生时。
> 百年借寇天阊远，惟有棠阴系去思。

这首诗，是徐楚从四川返里，乘船逆新安江而上，途经海公祠的有感而发。徐楚借用"三黜""四知""借寇""棠阴"的典故，褒扬海瑞，又何尝不是藉诗明志！思念海瑞的平仄里，得见的，也是徐楚的风骨。

如许风骨，是淳安父老从瘠薄的土地上种出的五谷，喂养出来的；是行走古道，被白际山、千里岗、昱岭以及大大小小的青山，磨砺出来的；是被秉持自由讲学、独立自修精神的书院，熏陶出来的；更是被追求"立德、立功、立言"三不朽的人生,历练出来的。

《左传·襄公二十四年》曰:"太上有立德,其次有立功,其次有立言,虽久不废,此之谓不朽。""立言"是读书人对成功的最高追求之一,旧时淳安的知识分子也不例外,在历史的天空中,他们的名字灿若星辰:皇甫湜、詹至、钱时、方逢辰、何梦桂、鲁渊、徐尊生、商辂、胡拱辰、徐贯、徐鉴、王宾、徐楚、徐廷绶、徐应簧、方尚恂、毛际可、方象瑛、方楘如……他们为政之余或去职、致仕之后,呕心沥血,笔耕不辍。当"黄花庭院,青灯夜雨,白发秋风"的意象成为他们晚景的修辞时,犹著书不止。他们留下了众多传世之作,如《皇甫持正集》《瀛山集》《融堂周易释传》《蛟峰文集》《潜斋文集》《策府枢要》《怀归稿》《商文毅公集》《山居杂咏》《馀力稿》《徐钝斋公文集》《西山集》《青溪诗集》《河溪集》《凤谷诗集》《留耕堂文集》《松皋文集》《健松斋诗文集》《十三经集解》……

刘志华编著的《淳安著述录》开篇说:"天地间清淑之气萃于淳遂,山川毓秀,人文蔚起,历来心怀天下的读书人多,登科入仕者多,'文章合为时而著,歌诗合为事而作'者亦多。初查,从南北朝迄明清有作者328人,著作698部,近现代作者222人,著作910部……"

一代又一代先贤创下了丰厚的文化家底,为淳安赢得了"文献名邦"的声誉。

……

新年钟声响起,我从遐思中回过神来。时间之河已经漫过2024年的门槛,不舍昼夜,向前奔流。

尺璧非宝,寸阴是竞。几位作者伏案一年有余,爬罗剔抉、奋笔疾书,又几经披阅增删,《淳安老物件》《淳安古道》《淳安书院》《淳安著述录》终于即将付之梨枣,接受读者挑剔。若书中存有一隅之见,作者也无须自赧。刘勰在《文心雕龙·史传》中感慨:"秉笔荷担,莫此之劳。"杜甫诗言:"文章千古事,得失寸心知。"深以为然。

新安江奔腾不息,千百年来,润泽了两岸土地,哺育了芸芸众生,浇灌出博大精深的新安文化。文化之地,必蕴含着内在精神。对旧时淳安人,时世早有写照:肯吃苦、不畏难、志于道、勇争先。"人文淳安"系列丛书的作者,以自己的微,见他们的著。沉潜的旨趣,随笔端游走,草蛇灰线,伏脉千里,老物件、古道、书院、著述等物象,无形之中,便有了密切的文化关系。把这四册书籍裒为一辑,使其产生"1+1>2"的效果,是一种深思熟虑。

挖掘人文历史,讲好淳安故事,赋能淳安社会经济发展,助力淳安特别功能区建设,是县政协文史委的职责所在,也是初心使然,今后将继续砥砺前行,不辱使命。

不忘初心,方得始终。

是为序。

2024年1月1日

自序

　　淳安历史上，境内书院之兴衰，有明显的迹象可寻，因为它直接关乎淳安教化，关乎淳安人文，关乎淳安文脉，关乎淳安文运。

　　从时间节点上看，淳安书院集中兴建于宋、明两朝，境内书院达到鼎盛时期，可谓书院林立，文运昌盛，人才辈出；光是宋、明两朝，进士就达两百多人，其数量占到全县进士总额的三分之二，他们绝大多数都是从书院走出来的。书院与文运、文脉之间，存续一种内在的逻辑关系，脉络清晰，层次分明。我在《淳安书院》一书中，选取了县域内十八座重点书院，其中方昊的"上贵精舍"是个例外。光绪《淳安县志·方舆志二·学校》并未将其列入书院类，而只在《方舆志四》中将其归于"故迹"与"寺观"类。中国书院虽不起源于唐代，而淳安的书院却滥觞于唐代的"上贵精舍"，这是我们无法回避的事实。

　　十八座书院中除了方昊的"上贵精舍"兴建于唐代，毛际可的"松皋书院"创办于清代，其余十六座书院均创建于宋、明两朝。

　　从地域分布上看，淳、遂两县的书院也不尽平衡。我在查阅光绪《淳安县志》以及万历和民国《遂安县志》上的书院资料时，发现了一个有趣的现象，淳安书院二十五座，遂安书院四座，淳、遂两县书院相加共二十九座，其中有二十五座也是兴建于宋、明两朝。还有一个数据，便是光绪《淳安县志·方舆志四·故迹》以及各宗谱里记载的书舍、书屋、书轩、书馆、书堂、精舍、精庐等，与书院合计共五十座左右。就目前而言，县图书馆收藏的家谱，经我梳理大约有五十个姓氏，二百多套宗谱；而据《淳安姓氏》一书所录，县域内大小姓氏却达二百七十余个。可见这个数据一直处于动态状况，有待今后补充和完善。

书院是教书育人的场所，它既不同于官学，也有别于私学。所谓官学就是古代各级官府开办的教育机构，私学则是由私人开办的教育场所，比如我们所说的"私塾"；书院介乎二者之间，既有私人开办、也有官府所设的聚徒讲授、研究学问的场所；书院的学田，既有官府划拨，也有私人（乡绅富户）捐赠等多种形式，从而成为中国古代社会独立的教育系统，为中国官场培养输送了大量人才。

近年来，我找寻书院遗址，关注书院兴衰，研究书院历史，发现书院有一个共通点，它比起官学更自由、更活泼、更变通、更灵活。书院讲席不称职则可更易，师生来去自由，会讲质疑问辩；书院重视学问研究、注重学术探讨、扩大学派影响。书院的山长多为博学之士，是学术的权威和学科的领头人，且多为公推，而非官委。

书院的教学内容虽不离《四书》《五经》范畴，但教学方法并非被动"填鸭"式，而是有意识地培养学生自修能力、思考能力。读书须存疑，存疑须问辩，请教的结论若与自己观点相左，鼓励学生当面向老师质疑问难。于是，师生不可避免地展开激烈的交锋，常于电光石火之间，迸发出思想的火花，有如醍醐灌顶，豁然开朗，正所谓教学相长也。

书院作为普惠教育的示范点，惠泽广大民众。创立书院不是要去规划别人的人生，而是要给有规划的人生提供一个可供选择的机会。

好比架设一座云梯,原本是给有意攀登者提供的捷径,你若无意,那么云梯充其量只是道具而已。

我们每个人内心都有一颗善良的种子,而让它生根发芽,茁壮成长,却需要后天的浇灌培育。教育的作用很是奇妙,有时候就像干涸的土地,被甘霖润泽,又似封冻的春水,消融化物;一个个学子走进书院,从懵懂无知到可造之材,这个过程,初看似有似无,可等他们某一天走出书院,走向政坛,再回首却已是百花争艳,生机勃勃。教育是一种世代的积累,书院则是将这种积累加以延续,使之绵长久远。教师这个称呼背后,沉甸甸地蕴藏着一种使命感、责任感以及归属感。

书院教育宽松自由,因材施教,洞察人性;我认为最成功之处,无疑是注重学生的素质教育,培育学生独立之精神,自由之思想。书院历经千百年传承,如何获得现代生命?获得现代对话方式?获得现代借鉴意义?研究历史,挖掘传统,了解缘起,不就是为今天更好地工作、更好地学习、更好地生活吗?在写作《淳安书院》的过程中,我常常这样自问。想为古代书院作出现代阐释,这既是一种文化取舍,也是一种文化判断;应该继承什么、弘扬什么?应该摒弃什么、剔除什么?如此,方能厘清我们自身的渊源和未来。

由《淳安书院》一书所引发的启示,也符合当下的一种文化心态和文化思考。是为自序。

癸卯仲春于千岛湖

目录
CONTENTS

上贵精舍

一

　　淳安原为山越之地，告别蛮荒和愚昧，开启文明的进程，亟须觉醒者的倡导和引领。蕉山北麓的上贵寺中，方昊在此创建的"上贵精舍"，算得上淳安历史上最早的书院之一。毫不夸张地说，"上贵精舍"的创建，犹如在干旱的土地上喷洒下的一阵甘霖，催生了萌芽的种子与潜藏的共识；无论是朦胧的需求，还是焦虑的渴盼，都在那一刻得到彻底的释放。此后，宋元明清四朝，淳安的书院如雨后春笋，应运而生。

　　据不完全统计，淳安（遂安）境内大小书院共有五十余座。其中光绪《淳安县志》记载有约二十五处，万历、民国《遂安县志》记载的有四处。其余散见于林林总总的家谱之中，称呼也不尽相同，诸如书院、书馆、书屋、书舍、书堂、精舍、精庐，等等。准确的数字难以统计，因为就目前而言，我梳理了一下，县图书馆收藏的家谱，大约有五十个姓氏，二百余套宗祠；而据《淳安姓氏》一书所录，县域内大小姓氏却达二百七十余个。我本人掌握的书院数量，也始终处于一个动态的状况。

上贵精舍

二

五季横流欲障天，先生雅志寄林泉。

啸吟独抱济时略，高尚甘为遁世贤。

奕叶簪缨他有耀，微时未耜我相传。

何年得见归来鹤，暂假风翰逐老仙。

这是方一夔写他先祖方昊的《静乐先生祠堂》一诗。诗中对静乐先生寄志林泉的高踏之情发出由衷赞赏：

五季是指唐朝灭亡后，依次定都于中原地区的五个政权，即后梁、后唐、后晋、后汉、后周这五个朝代。方昊面临这样的乱世，啸吟寄志林泉，甘愿做个隐世的贤人。方家累世都是高官显宦，方昊隐居岩谷期间，曾受吴越王钱氏聘请，可他不为所动。到我这里方家开始衰微，只能一边耕种于南亩，一边诗书传家。白云千载空悠悠，何日可见仙鹤归故乡？它只是暂且借助风儿追随坡仙罢了。

方一夔笔下的"静乐先生"，名叫方昊，字大初，号静乐。唐末时避乱弃官，隐居青溪（淳安）常乐乡（今左口乡）上贵里，因家居富山下，世称"静乐公派"。昊公长子名祁，徙邑治东郭之高坊，后分高坊、石峡、茶园之派；次子名�，择居富山，此富山方姓之由来。

唐朝灭亡后，方昊隐居岩谷。吴越王钱氏数次遣使敦请，始终不往也。聚徒讲学于上贵寺，并筑"上贵精舍"，终其身，葬上贵寺前。乡人称之为静乐先生。宋雍熙四年（987），其孙邦远在方昊讲道之所建静乐院，岁度僧人,为方昊奉祀典。宋咸淳八年(1272),度宗皇帝下诏求历代忠臣烈士有功于民者,并要求州县进行祭祀。当时的淳安知县应与权,在上贵寺建造佛庐(佛寺),居中辟为静乐先生祠,祭祀方昊。明成化十二年(1476),方昊裔孙文杰重建静乐先生祠。清光绪年间(1875—1908),上贵寺犹存。

历史上,淳安的经济状况其实并不乐观,但境内书院林立,学风醇厚,书声琅琅。这是一个地区的生命力所在,也是它的原动力和魅力所在,更是文化建设的根基所在。书院属于私学性质,每一个历史阶段,总会有适合其生存与发展的学术生态模式。与思想僵化的官学相比,书院的学术氛围更宽松,更适合孕育新的学术思潮,成为学术发展和学术传播的中坚力量。书院扩展和延伸的直接受益者多为普通民众,无论贫富贵贱,人人都有受教育的权利,这是儒家"有教无类"的教育理念,从而使书院更具活力以及人文精神。

出身于世代簪缨之家的方昊,放弃了吴越王钱镠的聘请,放弃了繁华都城杭州,选择了蛰居常乐一乡,选择了教书育人的事业。按照世俗的眼光,方昊理应属于门阀士族、名门望族,而他从事的偏偏是平民士绅承担的一份责任——重振学术、重建文脉的历史责任。

三

"旧时王谢堂前燕,飞入寻常百姓家"。唐人刘禹锡的诗,引发了人们对历史的思考和人生的感悟。燕子都能感觉世事变迁的气息,方昊岂能不知繁华如同过眼云烟？从这个意义上说，"上贵精舍"的出现符合历史发展的进程，有文化土壤和人文基础。蔗山北麓的上贵寺中，除了晨钟暮鼓和木鱼佛号，还夹杂着抑扬顿挫的读书声，一时在常乐乡引为奇谈。

七嘴八舌哄传上贵寺的奇景，十里八乡的人纷纷云集而来，一颗颗读书的种子在此发芽，一个个灵魂的重塑在此完成，"上贵精舍"成为淳安文化星火发祥地，成为求学者的精神家园。从此，他们下山以后，人生的旅途不再孤独。

三百多年后，石峡派一脉的方逢振——状元方逢辰弟弟——撰有《静乐先生祠堂碑》，内云：

淳安县常乐乡上贵寺静乐祠堂者，唐处士静乐先生方公聚徒授业之所也。先生生于唐末，以节义自高。唐亡，耻非所事，持峻行不屈。五代之吴越钱氏招之不往，遁于深山，读书讲道以终老焉。昔宋咸淳，明堂诏书求历代忠臣烈士有功于民者，令州县岁时祭祠。时知县事承议郎应应偶（应与权）发钱一千缗，下本寺助造佛庐，就其中为先生祠，从众请也。越数年，国家更代，宇宙且运而往，独前代名人遗迹不许废坠，先生之祠如故。呜呼！先生之道，与天地相为久长，岂特若子若孙世守之，邦人士闻先生之风凛凛如生，亦足以为劝。

推算开来，方逢振为方昊十三世孙，他是理宗景定三年（1262）进士。宋亡归隐于"石峡书院"，讲学终身，学者称山房先生。山房先生和他哥哥方逢辰一样，从官场上退隐到书院，讲学于课堂，承继了先祖的流风遗韵，文化基因的图谱开始显现。他们明白一个道理：水的清澈，不是因为它不含杂质，而是在于懂得沉淀；心的通透，不是因为没有杂念，而是在于明白取舍。尽管历经十三世传承，他们最终都选择了教育事业，在淳安这片土地上深耕细作，浇灌园圃，期待桃李满枝头。

方逢振文中提到，"时知县事承议郎应应偶（应与权）发钱一千缗，下本寺助造佛庐，就其中为先生祠，从众请也。"知县应与权顺应民意，拨款上贵寺建造佛寺的同时，修建了静乐先生祠堂，岁岁奉祀先生，为的是"前代名人遗迹不许废坠"，与天地相为久长。

明代景泰五年（1454）进士，官至四川按察使副使的黄隆，曾有诗赞方昊曰：

伊人尚节义，隐迹居禅宫。

门徒侍函丈，如在春风中。

物故已云远，人尚怀高踪。

祀典固弗替，遗泽还隆隆。

黄隆，字自立，润玉子，号南谷，宁波鄞县人。黄隆说方昊有节操和义行，隐居于上贵寺中。那些弟子们听他传道授业，如沐春风。尽管他距离明代五六百年，已经很是邈远，但人们还在怀念他高尚的言行事迹。每年春秋两季祭祀他，方昊留下的深厚德泽，淳安百姓至今还在受益。

受益的是蔗山一带民众。据嘉靖《淳安县志》载："（蔗山）山分八面，水注十派，上有平地二顷，昔有人植蔗于此故名。"蔗山周边大大小小村庄星罗棋布，分布着两百多个自然村，姓氏各异，有洪、刘、郑、聂、吴、胡、蔡、韩、邵，等等。以往我查阅宗谱，看到的书院皆为私塾，内云"课宗戚子弟"而教之。而方昊实施的则是"有教无类"的教育方式，他不分宗族内外弟子，一律平等视之。方昊从富山隐居到蔗山，这里并非他的祖居之地，方姓子弟只是众多学子中的少数，不占优势，但方氏后裔中仍然人才辈出，宋元明清，代不乏人。

宋中书舍人胡安国，在其《唐隐士静乐先生传》中云：

先生讳昊，字太初，姓方氏，门人称为静乐先生，系出汉黟县侯（方储）、唐睦州刺史（方亮）之裔孙也。生而颖悟，气节凛然，迥异恒常，博学稽古，读书务为躬行，有得必穷研其义理精微之所在。故一生抱经济之才，怀渊源之学，见识纯粹，制行端谨，使其出而济世，则功隆伊傅，勋比周召不足言矣。值唐祚云亡，五季横逆，先生节义人也，清风高致，峻行不屈。五代之吴越钱氏屡聘召拜官，不往，遁迹林泉，授徒讲学于里之上贵精舍，安贫乐道，以终其老。土人化之，俗尚敦朴，士有操守，非特邦人士受其熏陶，而闻先生之风者足使顽廉懦立，大有功于名教。先生实当代之伟人，而万夫之先觉也。国朝雍熙四年（987），其孙邦远，即先生讲道之所建祠以祀先生，岁时致祭，俎豆不绝。呜呼！先生之道自兹与天地相为久长矣。昔太史公传夷齐，有曰：闾巷之人欲砥行立名者，非附青云之士则不闻于后世。先生之德行如此，虽未得夫子序列，而静乐高风实足与夷齐并隆休美也。

胡安国毫不吝惜赞美之词,对方昊赞赏有加。说他就像商代的伊尹和傅说一样,又把他比作周成王时期共同辅政的周公旦和召公奭。安贫乐道,品德高尚:"土人化之,俗尚敦朴,士有操守",使本地山民接受教化,民风民俗因此变得敦朴,读书人也很有操守。在他的带领和熏陶之下,贪婪之辈都能够学会廉洁,怯弱之徒能够自立。他用自己高尚的品行,感化和影响着周围的人或事物,大有功于名教。胡安国甚至说方昊是"当代之伟人,万夫之先觉"。

四

对于一个真正的教育家来说,言传身教是他们的本分,也是教育的秘诀。"教化之功"是他们苦苦企盼的,但能否到达预想的彼岸?成效与否不由他们预判。这正是他们的痛苦之处。因为人性之善变,人性也最复杂;所以,让他们倍感欣慰的莫过于培养出优秀的弟子,这些弟子又像老师一样,把承继的美好能量传递给全社会。

在方氏后裔中表现突出的有方逢辰、方逢振、方汉、方道睿、方淹、方中、方天雨、方嗣蕃等。

方逢辰,宋理宗淳祐十年(1250)状元。在官场上几起几落,兜兜转转近二十年,最终选择隐居石峡书院,以教书育人为己任。方逢辰平生坚持"以笃行为修己之要",读书有法,劝诫有条。归隐"石峡书院"之前,他还在吴中和靖书堂、金华婺州书堂、东阳义学、江西鄱江书堂、东湖书院、宗濂书院等地,利用公暇讲学治学,是南宋著名教育家,人称"蛟峰先生"。

方逢振，方逢辰仲弟，原名梦吉，字君玉，号山房，宋景定三年(1262)登进士第，历国史实录院检阅文字，迁大府寺簿。宋亡，公退隐于家，迁居风潭。元世祖诏御史程文海起为淮西北道按察佥事，辞不赴。聚徒讲学于石峡书院，出任石峡书院山长，学者称"山房先生"。

近读余利归先生《淳安高坊龙亭书院》，文中写道：

笔者在看清乾隆四十九年(1784)方之玮纂修的《河南郡方氏宗谱》时，发现方氏在淳城东郭高坊也曾建有书院，名为"龙亭书院"，它创建于上贵精舍之后，石峡书院之前。这是县府志均未记载的又一淳安教育"案例"。

根据该谱，方昊生二子，长子方祁，五代时唐之大理寺评，自上贵迁居淳城东郭高坊。次子都，为富山方氏派祖。方祁孙嵩生文豫、文通、文衡、文瑞、文焕五子。文焕为石峡派祖，后有方逢辰为南宋状元。

文豫孙安期生三子逢、适、随。逢生闳，适生闿，随生闻。方闳、方闿、方闻为从兄弟，同受业太学，俱登进士，仕宋。

据旧志和旧谱记载，方闿，字彦和，宋徽宗崇宁二年癸未(1103)霍端友榜进士，历官卫州司户参军、建昌军教授、大学国子博士、提举京东路学事、淮南西路提举常平等事、授尚书门员外郎、判南京国子监、知常州、江南东路提点刑狱、除国子司业、差充考试官、特授朝奉大夫、秘书少监、除秘书阁修撰、知台州、除尚书都官郎中兼权中书门下处检正、太常少卿、除秘书少监兼给事中、迁起居舍人、兼主右文殿修撰、转朝请大夫、知衢湖二州。绍兴五年,授金紫光禄大夫,行太傅事,主台州崇道观兼主洪州玉隆观。绍兴七年,赐金紫光禄大夫,致仕。宋高宗御书杜诗四首及"龙亭居士"号以赐之。此为"龙亭"之由来。

方闻,字彦直,崇宁三年甲申(1104),宋徽宗幸学策问,赐上舍释褐登第,朝对时复有"两浙三方、天下无双"之褒。历官国史院编录官、太学博士、尚书驾部员外郎、朝请大夫、江东提刑、太仆寺少卿、朝议大夫、中散大夫、尚书省佐仆射、宣奉大夫、主江州太平观。绍兴十年归田里,赐银青光禄大夫致仕。

方阅,字彦中。宋徽宗大观三年己丑(1109)贾安宅榜进士,授朝请郎,宣和七年升朝奉大夫,判南京国子监,累赠朝请大夫。

"两浙三方、天下无双",方氏三兄弟同登进士,创造了淳安方氏科举佳话。他们蒙受恩荣,在高坊创建"龙亭书院",作为读书讲学之堂。元至元八年(1271),蜀阜南宋咸淳四年(1268)进士徐唐佐撰写的《龙亭书院记》,介绍了龙亭之由来、书院之结构、周边之环境、讲学之盛况、学风之传承。高坊方氏自宋至元,课子育材,朝弦夕诵,鼓篋弹琴。这是方昊上贵精舍重教家风的传承。

五

蔗山文气氤氲、文风浩荡;蔗山的历史根脉,则可上溯到新石器时代。蔗山脚下的进贤村高祭台,属新石器——青铜时代的衔接遗址。1957年,新安江考古队在此试掘,面积181平方米。遗址分上下两个文化层,共出土石器162件,铜器2件及大量陶片。

进贤遗址上下文化层所包含石器的形式与种类大体相同,有石斧、石锛、石凿、石镞、石杵、砺石等,石锛、石凿均为有段式。下层有夹砂灰陶和泥质黑陶。器型有鼎、鬲、罐、壶、豆、碗、盘等。鼎足与钱三漾新石器遗址出土的鱼尾式相同。碗为平底,黑陶全为轮制,表面有光亮的黑色陶衣,圈足上饰弦纹和各种镂空纹饰。上层主要是印纹硬陶,有生产工具和生活用具,花纹为曲尺纹、方格纹、席纹和网纹等,可辨器形有鼎、盂、钵、瓮、罐等,其中以瓮、罐最多。

遗址中还发现有柄曲刃铜刀与铜口锛各一件。另有青铜器氧化腐蚀的铜锈粒,表明进贤遗址已进入石器、青铜并用时代。

已故考古学家,浙江省考古所原研究员牟永抗先生,是当时新安江考古队年轻队员,那一年他只有二十五岁,但从事考古工作已经有六七年时间,经验丰富。他退休之后,我曾经就水下古城和进贤遗址相关问题,多次向他请教。牟老师坦率真诚,也很健谈。他说抢救性发掘了淳安古城内二十多座汉墓,发现一个有趣的现象,即墓葬内陪葬品较少,比邻县建德汉墓中陪葬品还要少。据此,他得出一个结论,当时淳安的经济状况不佳。这便是我前文中所说,"历史上,淳安的经济状况其实并不乐观"的依据。

2018年,县委宣传部联合《钱江晚报》,推出了关于新安文化的系列文章,我是审稿人之一。每篇文章见报之前,我们都要审看一遍,看是否有"硬伤"。钱报记者都是些年轻姑娘和小伙子,记得有一天晚饭时间,我接到一个自称是栏目组负责人的电话,说咨询我一个问题,明天准备刊发的"上贵精舍"这篇文章中,有提到"进贤文化"这个用词,不知是否妥当?我明确告诉她"这个提法不合适",应改为"进贤遗址"较妥。电话那头的栏目负责人听声音是位年轻姑娘,语气有些较真儿,追问我两者的区别在哪里?我不得不放下手中的碗筷,走到阳台,细述其中的缘由。

我们一般所说的文化概念,如新安文化、淳安文化、睦州文化、严州文化等,不是考古学意义上的文化。在考古工作中,发现某几种特定类型的器物,经常在一定地区的某一类型的居住遗址或墓葬中共同出土,这样一群有着特定组合关系的遗存,即可以称为"某某文化"。由于它们总是共同存在于同一文化层或是墓葬中,表明它们属于同一时代。一个文化不能由一种特征来划分,只有许多特征的总合,才能把一个文化和另一个文化区分开来。

当年,新安江考古队只是对进贤遗址进行抢救性发掘,出土器物未与同类遗址进行比较分析。至今,我们没有看到相关考古发掘报告。"进贤文化"由于缺乏考古实证,没有与其他文化类型比较区分,也没有在考古学上达成某种共识。所以,称之为"进贤遗址"较为合适。

栏目负责人听完我的话,当即表示认同,把原来那篇文章推倒重来,这便有了后来的《从上贵精舍到石峡书院》。

不错。从上贵精舍到石峡书院,时间跨越了三百多年;从方昊到方逢辰、方逢振,历经世系十三代;从簪缨世家到教育世家,可否算是华丽转身?

还是留待读者诸君评说吧。

瀛山书院

一

如果说姜家文渊狮城是淳安人的文化记忆，那么郭村的瀛山书院无疑是淳安人的文化坐标。这不单是因为它在淳安古代书院中的独特地位，更是在近千年的时间长河里，对周边地区文化所产生的一种辐射力、影响力与号召力。

对我来说，书院留下的话题太多，回头想想，当年我懵懵懂懂，一头扎进去，已有三十余年，若即若离，魂梦相牵不离左右，从此便再也无法脱身。这不是情缘又会是什么？三年前一个秋分时节，我又一次登上瀛山，寻访书院故地。

书院最大的一次劫难，是在十年浩劫时期。世事纷乱，斯文扫地，什么大儒乡贤，什么经史子集，什么典章制度，什么匾额碑刻，甚至连条石青砖都被扫荡一空，只留下一片荒颓。

二十世纪八十年代初我第一次来此寻访，只为考证朱熹《咏方塘》诗。登上瀛山之巅，所见书院遗址上，长满荒草杂木，所幸"大观亭"尚

瀛山书院

存，孤零零矗立着，像一位风烛残年的老者，见证了太多的世事沧桑，物是人非。

山顶上有坪广三四亩。其东、南有凤仪山、樟山、岐山；西为霞山；北麓有瀛溪环绕。极目远眺，郭村屋舍相连，田畴纵横……

步入亭内，见柱子上有一对联，斑驳的字迹依稀可辨，依序读去，"数往知来观太极，象天法地类文明。"梳理文句脉络，品咂词义蕴藉，总感觉不同于寻常，然一时半会又说不清道不明。高一脚低一脚，恍恍惚惚下了山，疑似把自个儿的魂丢失在那瀛山之巅。因工作关系，几乎每年都会去郭村去瀛山，有时路过都会贪婪地望上一眼，似要找寻一个什么身影，或是想聆听一段吟诗的声音？

好吧，那就跟着我来到八百年前的瀛山，进入书院去看一看大儒先贤讲学时的盛况，书意浓厚，学子云集；看一看詹仪之与朱熹谈论"格致"之学，问辩诘难，互不相让；看一看在"得源亭""半亩方塘"触景生情，吟咏诗词的场景……

瀛山人文渊薮，自由活跃，几百年来，是什么东西吸引了各门学派的掌门人纷纷到此？一时成为中华精神的汇聚地。

程门四先生的谢良佐来了，他是上蔡学派的创始人，心学奠基者；理学巨擘朱熹来了，他是理学集大成者；湖湘学派掌门人张栻来了；婺州学派创始人吕祖谦来了；西山真氏学派的创始人真德秀来了；浙中学派的创始人王畿来了……每一位都是学界响当当的灵魂人物，学术思潮的风向标。

我想，最应该感谢的是詹氏祖孙三代，一切归于他们人格魅力的召唤,使瀛山成为当时中国的智库,成为各方学子心中向往的圣地。

二

秋日的阳光温馨而恬静,微风和煦,白云飘逸,山水明净。选择这样的季节登临瀛山,不需要太多的理由,只为一次寻访。

每一次的寻访都是一种仪式,从而成为一次次的精神洗礼。

沿着弯曲的山道,独行至半山腰,一座亭子赫然在目,这便是传说中的"仰止亭",取"高山仰止,景行行止"之意。我翘首而望,再前行半程该到书院了,进到书院之前,先收敛我们的仪容,端庄我们的举止,酝酿我们对先贤的景仰之情,这怕是古人在此处设"仰止亭"的初衷吧。

踏在先贤们走过的山道上,距离书院越来越近了,我不由得想起了三十多年前,与瀛山的那场初遇,此番寻访能否把早间丢失的魂儿捡拾而去? 心中不免忐忑。

书院格局不是开放式的,有砖墙围护。进得"豁然门",依次是"格致堂""双桂堂""乡贤祠";厢房"丽泽所""熏陶所",原先是讲学先生的休憩场所,而今已失去初始功用,作为现在的厢廊;书院整体风格完全是依照原址原貌重构,仿明代建筑营造法式,虽说没有宋代建筑的典雅精致,却也不失简洁明快。

但,这些都不是重点。

重点是瀛山书院复建工程,关乎文化、关乎文明、关乎教化。书院重构的象征意义绝不是造几幢仿古建筑那么简单,它使文化的尊严得以维护,文明的脉络得以延续,历史的债务得以了结,学子的情感得以慰藉。

"大观亭"内那副对联还在吗?

我期盼着再看一眼,重新解读内中真谛。字迹斑驳尚在其次,词句内涵经天纬地,吞吐山河,记忆犹新。咦,怎么不见了呢?我绕着亭内六根木柱转了数圈,没有找到对联的痕迹。细看之下,猛然想起,前几年姜家镇政府曾对"大观亭"进行过修缮,或许将柱子予以更换,因字迹漫漶,不曾恢复吧。亭内对联是朱熹所写,好在我已在心中琢磨过无数遍,默念过无数遍:

"数往知来观太极,象天法地类文明。"

天下万物,生息不灭,皆源于混沌之太极(阴阳),人类理应敬畏自然、尊重自然、按自然规律办事。至于"理气关系""格物致知"等命题,均体现了人类追求文明,认识文明的程度,以期人类行为文明,一切符合"天道"。如此气象,非朱熹这样的大手笔不可为。

明白这个道理,我用了三十多年时间,从一个青涩的年轻人熬成了已届耳顺的中年人。好在能明白事理总归不晚,恢复这副对联也还不晚。

步出"豁然门",顺眼望去,山下便是"得源亭"和"半亩方塘"。我内心一片宁静安详。收拾好心情,再去看看方塘吧,不辜负这明丽的秋日,何愁不见"天光云影"呢?

下山的步伐因此又沉稳又轻快。

方塘不大,半亩有余,水极清澈,平静如镜。塘中犹可见残荷枝叶,驳坎上柳枝摇曳,随风摆动。丢下一块石子,泛起微微涟漪,搅扰了沉睡的时光。

幻影成像,时空穿梭,恍惚回到了846年前的那个春夏之交,万物复苏,生机盎然。塘中小荷露出尖尖的头角。我分明看到有两个晃动的身影,是他们——詹仪之与朱熹。绕着方塘边走边谈论"格致"之学,下面这场对话将见证一首千古绝唱的诞生。

看上去,詹仪之心情不错,饶有兴致,显然他与朱熹有过一场隐匿机锋的辩论。但见他手指方塘,顾谓朱熹道:"你看这天光云影,山峦翠岚,在荷叶间穿梭、变幻、游走,俱在方塘之中一一呈现,敢问先生,此中之'理'何在?"

朱熹顺着詹仪之手指方向望去,顿时心有所触,他想起了昨晚披阅的上蔡先生(谢良佐)遗稿,内中有这样一句话:"天下之物,有生意是为仁。"生意就是生气,就是活的生机、活的灵魂,周而复始,流转不息。朱熹面对方塘,犹如面对着一面镜子,照见万物也照见自己的内心,泼喇喇似银瓶泻地一片清辉,他灵光乍现,当即诗兴涌动,口占一绝:

半亩方塘一鉴开,天光云影共徘徊。
问渠那得清如许?惟有源头活水来。

沉吟片刻,道:"不妨就叫《咏方塘》吧。"
"妙,妙,妙。尤其末句'惟有源头活水来',可谓以一'理'喻万'理',尽得'格致'风流啊。"

朱熹借着詹仪之的话头，巧妙、有机地活用了上蔡先生的"生意"说，且将方塘水和源头活水这两者事物联系在一起，从极寻常的自然现象中悟出带普遍意义的生活哲理，可谓放之四海而皆准。

自此，瀛山书院名声大噪，与白鹿、鹅湖比肩。

三

如果说詹安是书院创始人，那詹仪之就是书院"弘法"人。

据明万历壬子本《遂安县志》载："瀛山书院，在县西北四十里。宋熙宁间，邑人詹安辟建于山之冈，凿方塘于麓，其孙仪之与朱晦翁往来论学于此。"《瀛山书院志》也有类似记载：瀛山书院，宋熙宁时宣奉大夫詹安所建。堂曰"双桂"，池曰"方塘"。淳熙中，其孙仪之以理学显，朱子访此商补格致之章，观书有感作方塘诗。

詹安年轻时去往东都开封，进入太学。此乃全国最高学府，云集了一大批士子。在这里他认识了后来被称为"程门四先生"之一的谢良佐，为以后朱熹、吕祖谦等大儒访问瀛山书院埋下了伏笔。

詹安创办书院的初衷很单纯，就是教宗戚子弟读书。看看这一串儿孙的名字，就知道瀛山书院有多牛。詹安有五个儿子，依序是詹林、詹至、詹厚、詹桎、詹械，皆考中进士，号称"五子登科"，这在当时是何等的荣耀。老二詹至有子詹攸之，攸之生子绍祖，绍祖有子詹骙。詹骙是宋孝宗乙未科（1175）状元。孝宗御赐墨宝，詹骙亦有"谢表"，他们手书的原件均珍藏在故宫博物院，复制品在淳安博物馆有展出。老五詹械有子詹仪之,仪之生子三:尊祖、怀祖、彭祖,也均有功名。

詹仪之是詹安孙辈中人,也是书院文化传承过程中一个承上启下的关键人物。

詹仪之,字体仁,号虚舟,他"幼承庭训,尤好理学,有志于学问"。绍兴二十一年(1151)举进士,累官吏部侍郎,以集英殿修撰,知静江军府事,兼广南西路经略安抚使(相当于明清时期的总督,人称帅司),赐紫金鱼袋。秩满进敷文阁待制,官至二品。

1169年冬,时南宋乾道五年。史载:"公方占家食",说詹仪之恰巧赋闲在家。他出面邀请朱熹到瀛山书院讲学。朱熹在当时并未名满天下,理学也未成体系;但詹仪之向他抛出了一个诱饵,说先祖留有"上蔡先生"谢良佐的遗著《论语说》原稿。

谢良佐是湖湘学派的创始人,也是心学的奠基人。他别开生面用禅学来解读《论语》,不同于冬烘先生,只知分章析句,从字面上去理解,不得要领。他认为,圣人辞近旨远,辞有尽而微旨无穷。有尽者可求助于训诂,无穷者要领会深远的精神。犹如观人,他日识其面,今日见其心,虽改容更貌,人则如故。所以难读。同声相应,同气相求。只有使"本真"的心恢复,才能探得《论语》之真谛。

朱熹对上蔡先生学说心仪已久,特别是对他提出的"格物穷理"说,大为赞赏。朱熹的理学体系其时正处于草创时期,需要不断完善,需要先贤的启发。他曾说:"上蔡高迈卓绝宏肆,善开发人。"

听到詹仪之如此一说,朱熹自然乐于前往,一睹为快。在朱熹眼里瀛山书院已属前朝的古迹,这里不仅有好友詹仪之,更有前朝先贤谢良佐的遗著,可以批阅、可以释疑、可以参悟、可以佐证、可以立说,无疑算是福祉。朱熹此番前来除了披阅谢良佐遗著,再就是与詹仪之探讨"格致"之学。

何谓"格致"之学?朱熹的解释较直白,我们就用他的原话:"格,至也;物,犹事也。穷至事物之理,欲其极处无不到也。"(《大学章句》)又说:"致,推极也;知,犹识也。推尽吾之知识,欲其所知无不尽也。"(同上)说白一点,格物就是至物,通过对事物的接触、感知和观察,达到对事物本然之"理"的认识,进而穷尽事物全体之"理"。

此刻,瀛山书院"丽泽所",朱熹下榻处。但见朱熹双眉微蹙,在狭小的屋内,来回走动,胸中诸般理念一起涌动,正在相互纠缠碰撞翻腾着:太极、阴阳、理气、知行、正心、诚意、格物、致知……要将它们组织、糅合、条理、序化,有步骤,利践行,这无疑是一项庞大的系统工程。如果有一处哪怕极细微处,不能说服自己,或是自相矛盾,都要推倒重新构架。他意欲将"格致"学系统化。

窗外天空低垂,彤云密布。

"先生在吗?"詹仪之手提书匣,上山看望朱熹来了。他带来的是谢良佐先生的遗稿。此时,天空飘飘洒洒下起了鹅毛大雪。朱熹忙开门相迎,瑞雪扑面而来,朱熹不禁打一个寒战,他接过詹仪之手中的书匣,顺手置于案头,便索性伴着詹仪之信步闲庭,观赏起雪景来了。詹仪之望着满庭乱舞的雪花,兴之所至,当即口占一绝:

北阙彤云掩曙霞,东风吹雪舞山家。

琼章定少千人和，银树长芳六出花。

朱熹听罢，不动声色，撩起长袍兜了一些雪花，顾谓仪之道："詹兄方才说'银树长芳六出花'，不知雪花为何是六出的？"

仪之见问，若有所思，道："天公造物，自然之妙也。"朱熹微微颔首，自言自语道："天下之事，皆谓之物；天下之物，莫不有理；物之有理，格而后知之。"

朱熹边说边将长袍上的雪花，指示给仪之道："雪花有六出，也有五出、四出，此乃空中气流冲击碰撞所致。只要我等用力勤，则事物之表里精粗无不到也。"

仪之拱手道："先生见教极是，于细微处见精神。然詹某尚有一事未明：'理'是在事物之先固有的，还是在事物之后才有的呢？若说在事物之先便有此'理'，则事物岂非多余？若说在事物之后才有这'理'，则辨之何益？"

朱熹沉吟片刻，断然道："'理'与事物本无先后，'理'非别为一物，它存在事物之中，若无事物，则'理'亦无挂搭处。"

詹仪之听闻，豁然贯通，随即口吟一联赠予朱熹："紫阳学问当千古，白鹿规模又一天。"

这是詹仪之与朱熹在瀛山书院的初次论道，句句藏匿机锋。三年后，也就是乾道九年(1173)，詹仪之出任信州知府前夕，再次邀请朱熹来瀛山讲学。朱熹欣然前往，时值春夏之交，万物复苏，生机盎然。

朱熹讲学以启发为主，而非灌输记问之学。学生可以和老师意见相左，甚至激烈辩论，互相碰撞启发，这便是教学相长。詹仪之时而参与教学，时而参与辩论。瀛山耸秀叠翠，学术氛围浓厚，一时远近学子云集，草木沾香，声名远播。

朱熹在书院讲学之暇，常与詹仪之往来徘徊于登瀛桥、得源亭和方塘之间。两人问辩对话如电光石火，激发了朱熹的灵感，那首《咏方塘》就此诞生，成为千古绝唱。

如今，在瀛山书院内依然保留了明方应时《得清亭歌》，方世敏《和〈咏方塘〉二绝》，乾隆辛卯(1771)仲春南州后学闵鉴重书的《咏方塘》，以及明王阳明弟子王畿的《瀛山书院记》等碑数通。

四

关于《咏方塘》这首诗，历来有许多不同的版本，在诗题、诗意和用字上均存在分歧，给后人留下了许多的困惑。

如清嘉庆丙子年(1816)家塾藏版《注释千家诗》、陕西人民出版社1981年11月版《千家诗新绎》，以及漓江出版社1982年10月版《常用古诗》，所收该诗尾联均为"为有源头活水来"。《注释千家诗》释"半亩方塘"："皆方寸心地也"；《千家诗新绎》注"方塘"是"方的河塘"；《常用古诗》谓："作者在观书时，可能忽然把某些难懂的书读懂了"。

上海锦章图书局石印的《绘图千家诗注释》和浙江人民出版社1980年7月版、湖南人民出版社1980年10月版的《千家诗》中所录该诗尾联则是："谓有源头活水来"，其注释说："半亩方塘，言其小也。""谓，设为答词。""源头,水有本源而长流不竭也。"其他版本的《千家诗》也都对该诗作了不恰当的解释,并且多以"观书有感"为题。为扣此题目,硬把此诗说成是朱熹"因观书而见义理之高明"。这样解释显得勉强。

《五刻瀛山书院志》(道光十六年版·卷五)所收该诗题目《咏方塘》,尾联是"惟有源头活水来"。这一"惟"字用得颇为有理,此诗就是朱熹被眼前自然景物所触发而写下的。"半亩方塘""源头活水"均为实指,并非"观书"之感。

"景乃诗之媒",见景而生情。朱熹所见方塘水中,天光云影,徘徊摇动,自然成趣,是他写这首诗的客观条件。就诗中尾联各本所用"为""谓""惟"三字进行比较,显然"惟"字具有排他性,它强调了"源头活水"的重要性。方塘水清、透澈、明净如"一鉴开",本是"惟有源头活水来"之故。

"景以情合,情以景生"。"惟"字和"咏方塘"的诗题互相映衬,明显地突出了这种客观因素。《五刻瀛山书院志》以及闵鉴重书该诗的碑刻用的正是"惟"字,闵鉴撰《四刻瀛山书院志序》云:"……越二年(1770),因公过银(瀛)山……诸生告余曰:此即瀛山书院,詹虚舟与紫阳讲学处……于是与诸生攀藤蹑蹬而上,求所谓方塘遗址,则断碑剥落,已半卧荒烟蔓草间矣!诸生属余重书。以揭诸石表章前贤胜迹,不致就湮,是可嘉已……"既是重书,而尾联所用"惟"字当是作者原意,"为""谓"两字由于读音和"惟"字相同,或是长期口耳相传过程中讹误所致。

另一方面,我们不要忽略,朱熹是一个学者,一生讲学不倦。他来瀛山书院的目的,就是"论道讲学",与詹仪之"商订格致"之学的。何谓

"格致"之学？"格致"之学即"格物致知"，它是朱熹认识论的核心，弄清它的内涵，对于我们理解《咏方塘》诗是有裨益的。

朱熹的"格物致知"，历来人们对它颇有争议，但综合起来，大致有两种观点。一种观点认为，朱熹的"格物致知"论含有探求客观世界真理的合理内核。如朱熹在《大学章句》里对"格物致知"注云："格，至也。物，犹事也。""致，推极也。知，犹识也。"朱熹把"格"训为"至"，把"物"看作事物："物，谓事物也。"（《朱子语类》卷十五）格物，即至物，可引申为接触、感知和观察事物。格物的目的是达到致，即所谓"穷尽（事物之理）到得十分，方是格物"（同上）。通过格物达到认识和把握事物的规律，把格物作为把握事物规律的前提和方法，毋庸说是合理的。

另一种观点认为，朱熹的"格物致知"的目的，在乎"知所止"。"物格知至，则知所止矣。""止者，所当止之地，即至善之所在也。"（《宋明理学史》上卷）这里，朱熹要求认识所当止的"至善之地"的途径是"格物致知"。这样的"格物致知"就不在于探求客观事物的规律，而在于明道德之善了。

持这一观点的人又引了朱熹在《近思录》卷三（格物穷理）对程颐论"格物穷致事故之理"一段语录的解释。朱熹说："如读书以讲明道义，则是理存于书。如论古今人物以别其是非邪正，则是理存于古今人物。如应接事物而处其当否，则是理存于应接事物。"朱熹所说这三条穷理途径，看上去都与探求客观世界规律了不相涉。

如何看待上述分歧？我们不要疏忽朱熹的"格物致知"毕竟是作为实现其哲学宗旨的一种方法或形式，这就要求我们从认识论的角度来对它作辩证的考察。关于朱熹所说的三条穷理途径，实际上属于朱熹"格"精神现象、社会现象和道德规范的物的方面，并不包括自然界的物。朱熹说过："盖天下之事，皆谓之物。"（《朱子语类》卷十五）又说："天下之物，莫不有理。"（《大学补传》）在朱熹看来，一切自然现象、社会现象、精神现象和道德规范都是物，都是事，都有理，也都需要"格"。特别是对于自然界的各种事物，朱熹认为就连"一草一木一昆虫之微亦有理"（《朱子语类》卷十五）。这使他在接触"半亩方塘""源头活水"这些具体事物时能随事观理，力求"著逐一件与他理会。"（同上）。所以，朱熹能巧妙、有机地把方塘水和源头活水这两者联系一起，从极寻常的自然现象中悟出带有普遍意义的生活哲理。

现行各种《千家诗》选本都选有朱熹这首诗，为了迁就《观书有感》的诗题，许多人对此作了不适当的解释。如浙江版《千家诗》对该诗的释义就认为："此诗文公因观书而见义理之高明，犹水之澄清而洞照万物。问渠何其澄澈光明如此，则谓有源头活水周流。水周流而不竭，如人之义理有万事之殊，其本源归于一，不外圣贤道统之真脉而已。"为扣"观书"之题，把这首诗说成是朱熹"因观书而见义理之高明"，其实，这完全是朱熹"读书以讲明道义，则是理存于书"这句话的翻版。再像"人之义理有万事之殊，其本原归于一"的"一"字，显然指的是"理"，它是朱熹最高的哲学范畴。朱熹认为"理"是宇宙的本源："合天地万物而言，只是一个理。"（《朱子语类》卷一）这个"理"虽只有一个，但却分别体现在万事万物之中，能统驭万事万物。浙江版《千家诗》释义与上海锦章图书局石印的《绘图千家诗注释》的释义一般无二，显然是沿袭了旧说。

我们知道,平易简洁,不事雕琢是《咏方塘》诗的特点。对于这类诗,朱熹就认为"不可于名物上寻义理。后人往往见其言只如此平淡,只管添上义理,却窒塞了他"(《朱子语类》卷一百十七)。

五

朱熹与詹仪之瀛山会晤后,詹仪之便出任信州(上饶)知府。

作为地方行政长官,他明理思辨,关心学问之道,为此,他组织了一场"世纪之辩",辩论时间在淳熙二年(1175),辩论地点在江西铅山鹅湖寺,他邀请了朱熹、张栻、吕祖谦、陆九龄、陆九渊作为辩论双方人员。辩题是以朱熹为首的理学,命题是"格物致知",以陆九渊为首的心学,命题是"心外无物"。辩论双方针锋相对,且都是学派创始人,史称"鹅湖之会"。

毫不夸张地说,这是当时世界范围内顶级的一场学术交锋,对思想界和后世学人产生了积极而深远的影响。

我们应该记住詹仪之这个名字,朱熹《咏方塘》诗问世的契机与他有关;作为地方官员,他对推动学术交流、融合、繁荣、进步和发展,可以说居功至伟。

詹仪之组织"鹅湖之会"后,他与朱熹在相当长一段时间没有谋面,各忙各的。詹仪之位居官场,身不由己,三年后他出任广西转运使,治所在静江(桂林)。朱熹则在各地讲学,两人主要是通过书信的形式保持联系,继续探讨"格致"之学。如《答詹体仁》,朱熹回复詹仪之的来信,谈到了当时学者通病:"湘中学者之病诚如来教,然今时学者大抵亦多如此。其言而不行者固失之,又有一种只说践履而不务穷理,亦非小病。"(《朱文公文集》卷三十八)

朱熹给詹仪之的书信,据我所知,大略有《答仪之书》《答詹帅书》《与詹帅书》《上仪之书》《与詹体仁书》等。

淳熙十六年(1189)二月,詹仪之退归故里。

退归的缘由是因"广西盐法"被革职。淳熙十六年(1189)正月,詹仪之以"罔上害民"之罪,责授安远军(北京城西南)节度行军司马,袁州(江西宜春)安置。此间,二月初二,正值孝宗禅位于光宗,"光宗登极,念公故宫僚,许自便。既归而殁,公论惜之"。

据《景定严州续志》记载:"除公吏部侍郎,知静江府,因任六年,官鬻弊革。"他出任静江知府兼经略安抚使的时间是淳熙十年(1183)四月(《南宋经抚年表》),到他因广西盐法事被革职,离开桂林的时间是淳熙十六年(1189)正月,与《景定严州续志》所载的"因任六年"相符。

詹仪之虽被贬官,但他并未赴任,七月,归家即病逝。

次年,朱熹来到瀛山致奠,写有《祭詹侍郎文》:

维绍熙元年(1190),岁次庚戌,七月癸丑,朔十有一日,癸亥具位,朱熹谨致奠于近故经略阁学侍郎詹公之灵。呜呼!世之学者众矣。其所以为学者,类不过出入乎口耳之间。求其笃志力行,以期入乎圣贤之域者,则鲜矣!惟公粹美之资,得于天禀,孜孜学问,乐善不倦,其尊闻行知之效，见于日用之间者，在家在邦，随事可纪。盖一本于中和，而行之以慈恕，信乎所谓，志于仁而无恶者矣！晚登从班，出镇南服，急于救弊，以绥其民，故不暇计百全之利，而其害有出于意虑之外者。上虽不获已于积毁之言，然暂谪而亟还之，则既有以知公之无罪矣！众亦咸谓商度、财利、钩校、米盐，本非所以烦儒学老成之士，莫不冀公之复起，而有以卒究其所学之蕴也。不谓归未及门，而遽以病告税驾，未几而遂至于不起。此则有志于学者所以叹息流涕而遗恨于无穷也。熹辱知惟旧蒙念亦深闻讣，踰年一奠，莫致其为愧负，盖不胜言缄词寓哀，尚祈鉴享。呜呼哀哉！（《四库全书》）

祭文情真意挚，读罢潸然泪下，在他眼里，詹仪之资质美、禀赋高，追求学问之道："孜孜学问，乐善不倦"，为人则"本于中和，行以慈恕"，即便如此，仍然遭到流言蜚语的攻击，以至获罪。朱熹接下来这段话算是替詹仪之鸣不平："晚登从班，出镇南服，急于救弊，以绥其民，故不暇计百全之利，而其害有出于意虑之外者。上虽不获已于积毁之言，然暂谪而亟还之，则既有以知公之无罪矣！"

朱熹在祭文里讲得比较委婉，詹仪之为了安抚百姓，急于救弊，无暇顾及自身的周全，却遭到流言的恶意中伤，其实皇上知道詹仪之无罪，之所以革他的职也是权宜之计，迫于"积毁之言"。

朱熹来到瀛山写下这篇祭文，是在绍熙元年（1190）七月，距离詹仪之去世正好一周年。

《东源詹氏宗谱》（民国十五年版），卷九"墓志"载有《阁学侍郎詹公墓志》：

公以宣和五年(1123)六月辛丑生，用考致仕，恩补将仕郎，登绍兴
二十一年进士第，历舒州宿松簿，绍兴府余姚县丞，知湖州乌程、常州
宜兴二县，入御史台为主簿。出知台州，移信州(上饶)，提点广南东路
刑狱，就改转运判官，又易广西路转运判官，提点荆湖南路刑狱。召拜
吏部郎中，枢密院检详文字，由起居舍人兼太子侍讲，迁起居郎，权吏
部尚书，兼太子左谕德，遂为吏部右侍郎。以集英殿修撰，知静江军府
事，兼经略安抚使，赐紫金鱼袋。秩满进敷文阁待制……淳熙十六年
(1189)七月丙寅，终于正寝，享年六十七岁。

墓志铭有詹仪之明确的生年——1123年，以此推算，他享年67岁。
接着再浏览下去：

葬于县西新安乡芹下源，元配余氏，继配叶氏，俱先公卒，追封新
安郡夫人。子男三人。尊祖，修职郎，衢州龙游县尉；怀祖，承直郎，南康
府(江西庐山)通判；彭祖，文林郎，绍兴府诸暨县知县。女五，长适进士
杨九功，次适进士余朴功，三适乡贡进士吴硕中，四适修职郎温州乐清
县知县陈铭，五适宣教郎荆湖北路常平司干办公事周环。

落款为："孙男登仕郎孝本等立石"。孝本是尊祖的儿子，他对自己
祖父的生平记载当是值得信赖的。

詹仪之元配夫人余氏，继配夫人叶氏，她们去世早于夫君。三个儿子都有出息，功名在身；五个女儿也均嫁给了门当户对的好人家。这是一个根深叶茂的官宦之家。

根据"葬于县西新安乡芹下源"这句话，我们推知他葬在现在浪川乡新桥村。经了解，詹仪之墓位于新桥村后山，二十世纪八十年代初，村民开辟茶园时意外发现了该墓葬，由于当年文物保护意识淡薄，村民没有报告县文物部门，而是自行挖掘平整了土地，随葬品也遭到严重破坏，事后县文管会只征集到三条铁鱼，现藏淳安博物馆。

詹仪之虽然距离我们八百余年，但瀛山有他的余绪，书院是他的归宿。他与明代的方应时一并列入乡贤祠，岁岁受人祭祀，年年香火供养。

邑人余凤鸣，清道光乙未（1835）恩科举人，曾任湖南衡阳、通道、桂阳等县知县。他曾在《瀛山书院詹先生祠记》中说：

先生沉潜圣学，南宋时读书邑西瀛山之双桂堂。下凿方塘活水一渠，清浅可爱，朱子就而商补传之义。半亩方塘之句，由此咏焉。阙后有《与詹侍郎书》、有《答詹侍郎书》、有《答詹帅书》。反复以"格物致知"之理，《论语》《孟子》之旨，《太极》《西铭》之解相商榷。至《祭侍郎文》，则曰尊闻行知之效，见于日用。直以中和慈恕，志仁无恶相许。夫人品为朱子所推重，其为圣贤之徒可知。学问于朱子相考稽，其能阐明圣道又可知……自宋而元而明，道学衰而先生之双桂堂以废。邑侯宛陵周少峰先生倡复旧迹，堂仍旧名，增格致堂于其前，颜曰"瀛山书院"，而祠于其后,以祀朱子,配先生于左侧。

詹仪之道德垂范后世,配祀朱文公祠是实至名归,复建的瀛山书院也应给他留有一席之地。

六

作为思想学术平台,瀛山书院注定磨难多。

嘉靖、万历年间,王阳明的心学开始流播,读书人追求思想解放,全国各地建书院、兴学校,已蔚然成风。士大夫进驻书院讲学,创立自己的学派,拥有大量的粉丝,对朝政进行品评清议。张居正对此深恶痛绝,他奏请神宗于万历七年下旨:全国各地巡按御史,提学官切实查访,将各省所有私建的书院,一律改为诸司衙门;书院所立粮田俱查归里甲;各地师徒不得聚集会议,扰害地方。

此令一颁,天下书院纷纷被毁,实乃读书人的一场浩劫。

瀛山书院虽说是朱熹的过化之地,朱夫子曾在此讲论格致之学。但书院作为会讲的平台,自然允许不同的学派宣讲不同的主张和各自的道义。书院教学自由,允许百家争鸣。

这不,瀛山书院内至今保存一通《瀛山书院记》,作者是王阳明的弟子王畿。这通碑记还牵涉到一桩历史公案。那便是"尊王辟朱",扬"心学",贬"理学"。

王畿写《瀛山书院记》的缘由,碑记中已经明确无误地告诉了大家："明隆庆戊辰，宛陵周子恬来令遂。周子伯兄太常君怡，尝从予与绪山钱子游，深信师门良知之学。其治遂也，以振起斯文为己任，每携同志诸子弟访瀛山方塘之旧，锐意兴复，聚材鸠工，辨方正位，命方应时董其役，方嘉会、方言等任其劳。经始于七月之望，再越月而落成，凡为屋二十有四楹，仍匾曰'瀛山书院'。中为'格致堂'，前为'登瀛亭'，后为'二贤祠'，规制宏丽，而数百年之既废者焕然复新矣。应时谓事不可以无纪，因受命于周子，走书币来征言。"

说在隆庆戊辰年（1568），宛陵（今安徽宣城地区）的周恬任遂安知县，他的长兄周怡（隆庆元年，擢太常少卿，故称太常君怡），曾游学于我和钱德洪，对恩师王阳明的"良知"学说深信不疑。周恬把振兴文化事业作为自己的责任，与方应时等人倡复瀛山书院，并于隆庆二年七月十五日动工，历时两个多月完工，修整房屋二十四间，使瀛山书院焕然一新。

王畿写这篇碑记的时间是隆庆三年（1569），即瀛山书院修复后的次年。方应时那时还是一介生员，他作为修缮项目的主持人和管理者，认为文化复兴这么大的事，不能没有一篇记文，于是受命于县令周恬，"走书币来征言"，带着书信和稿酬来请王畿写篇记文。

碑记文字委婉，若不细加甄别容易忽略作者的真实意图。书院作为一个文化阵地和学者讲会的平台，政府历来重视并时刻留意。王畿作为王阳明弟子，时时处处不忘播撒"心学"的种子，他的意图很明显，就是促使书院由朱熹的理学转向阳明心学，占领思想高地。这从侧面也反映了当时的一种社会思潮和文化现象。直到明万历七年（1579），宰相张居正出头，不惜得罪"心学"，力劝神宗禁毁阳明讲学书院。朱熹理学重新成为学界主导，阳明心学黯淡退隐。清朝开始，"尊朱辟王"已成为主流。乾隆年间编纂的《四刻瀛山书院记》就未收录王畿的这篇记文，有些地方志中即便收录，内容也刻意进行了删减，弱化了作者的本意。

那么，王畿在碑文中到底说了些什么？

他说："自阳明先师倡'致良知'之教，风声遍于海内，凡名区胜地，往往创置书院，以为聚友讲学之所。"这话确是实情，没有虚夸的成分。自从阳明先生创立"心学"以来，大江南北盛行了百余年之久。

接着道："夫道有本，学有机，不探其本，不循其机，虽豪杰之资无从而悟入。千古圣贤，惟在会理性情。是谓喜怒哀乐未发之中，道之本也。"在王畿看来，"良知"是每个人先天自足的本体，就是那一点虚明，无须学习、无须思虑、无须修正；若是你不能体悟这一点，纵使你具备了豪杰之士的资质，也难以悟得进去。"喜怒哀乐未发之中"，便是作圣之机。听上去是不是有点"玄"？这与朱熹的"格物致知"学说有本质的区别。

我们知道，王阳明提倡"知行合一"，其中的"知"便是良知的意思，不是我们理解的知识、知道的意思，"良知"就是我们先天的道德本心，"良知"发动就是"行"。善念发动保存它，恶念发动剔除它，时时观照它。所以他说："世上的人都外衣冠内禽兽，心理不一，言行不一，我太恐惧这样的事，所以揭'知行合一'之教。"

王阳明为说明这个"良知"，做了一个很形象、生动的比喻："良知犹如主人翁，私欲犹如豪奴悍婢。主人翁沉疴在床，奴婢便敢擅作威福，家不可以言齐矣。若主人翁服药治病，渐渐痊可，略知检束，奴婢亦自渐听指挥。及沉疴脱体，起来摆布，谁敢不受约束者哉？良知昏迷，众欲乱行；良知精明，众欲消化，亦犹是也。"（《传习录拾遗》）关键的话还在后头：

"颜子没而圣学亡，千载不传之秘，始终于濂溪而传之明道，曰主静无欲，曰定性无事，此其的也。龟山、上蔡、豫章、延平皆令学者先立大本，观未发已前气象。师友渊源，相守以为学脉，沿至考亭，学始一变。其曰为学在于穷理，穷理在于读书，读书在于循序致精，而居敬持志以为之地。隔涉几重公案，延平尝欲授以未发之旨，自谓当时贪听讲论，又方酷好训话，不得尽心于此。至今若存若亡，无一的见，易简支离，孰同孰异，必有能辨之者矣。"

王畿这里说："颜子没而圣学亡，千载不传之秘。"这是《传习录》中师徒间的对话。王阳明弟子一个叫陆澄的心里久存了这段疑惑，所以他向老师提了出来。王阳明告诉陆澄说："颜回是体悟孔子圣道最全面的，所以他死后，你看孔子'喟然一叹'就知道了。颜回说：'夫子循循然善诱人，博我以文，约我以礼。'这是他看透学透以后才能说出的话，博文、约礼为什么善于教导他人呢？学者需仔细思量。圣道的全部，即便圣人也难以用语言表达给他人，必须由求学者自己用心体悟才行。颜回说：'虽欲从之，末由也已'，亦即文王'望道未见'之意。望道而未见，才是真见识。所以颜回死后，正宗的孔子圣学就不能很好地传下来。"

"龟山、上蔡、豫章、延平"是指四个人，有必要解释一下。王畿说的

"龟山"即杨时,字中立,号龟山。他是程颐、程颢的弟子,与游酢、吕大临、谢良佐并称"程门四先生"。又与罗从彦、李侗并称"南剑三先生",是公认的"闽学鼻祖"。

上蔡先生即谢良佐,因他是蔡州上蔡人,故有此称呼。他还是上蔡学派的创始人,是心学的奠基人,是湖湘学派的鼻祖。他上承二程之学,下启朱熹之学,在理学发展中真正起到了桥梁的作用。

豫章即罗从彦,字仲素,号"豫章先生"。他是豫章学派创始人。他认为默坐澄心,"不唯进学有力,亦是养心之要"。如果"心官不肯思",就会误入歧途,成为"死灰枯木"。

"延平"即李侗,字愿中,福建南平人,学者称"延平先生"。他是程颐的二传弟子,也是朱熹的老师。他认为万物皆统一于天理,主张"理与心一",体认"天理"的最佳方式就是"默坐澄心"。朱熹曾将老师的语录编为《延平答问》。

"沿至考亭,学始一变。"这明显是在批评朱熹了。朱熹人称"考亭先生"。说他老师延平的学说传到朱熹这里,学说开始变味了,只是讲什么"为学在于穷理,穷理在于读书,读书在于循序致精,而居敬持志以为之地"。这些"穷理""读书""居敬""持志"的功夫,距离"道"的本体相差甚远。

接下来话锋一转,道:"自先师发明不学不虑之旨,以开来学,循濂洛之绪,上遡洙泗之传,所谓未发之中也。慎其机于不睹不闻之微,推其至于无声无臭之妙,范围曲成,通昼夜之道,而知者惟此而已。"

说他恩师的"致良知"学说,追循濂(周敦颐)、洛(程颢、程颐)之余绪，往上溯源洙泗（孔子）儒学之道统，是"未发之中"的虚明状态："不睹不闻""无声无臭"，静默澄明，不著一相。按照我的理解，这就是道家所谓天地初始的"混沌"，佛家证悟之后的"空明"，只能意会不能言传，因为这种状态一旦用言语解释，便著了"相"，难免以偏概全，听者如坠云雾之中，不得真谛。也难怪禅师只能等候机缘，瞅准时机，靠猛然一声"断喝"来相助弟子开悟。正可谓"一声一乾坤，一花一世界"。

王畿想起了老师曾经说过的话："先师尝谓'格致之说有异，每疚于心，因取晦翁全书读之，晦翁固已深悔之矣'。"这里更以朱熹的口吻，深悔自己偏重外在事物的"致知"过程，而忽略了对"心性"的揭示。

王畿写这篇碑记时已是七十二岁的高龄，文末有"不肖年逾七十"句，但他还想"策杖访瀛山，相与登格致堂，问活水之源"。目的是"申究先师与晦翁证悟之因，以助成弦歌之化，非徒一叹而已也"。

这个愿望在第二年，即隆庆四年（1570）就达成了，王畿应门生周恪的邀请来到瀛山书院讲会，据方宏绶《四刻瀛山书院记》载："隆庆庚午，周侯恪以礼请抵瀛山，发明格致之学，风驰云附，称盛绝焉。"王畿为了宣讲"心学"也是拼了，他以七十三岁的高龄应邀来到瀛山，把阳明心学作为瀛山书院讲会的主旨，并迅速占领了这个阵地。巧的是，这一年秋试，方应时考取了举人。史载他"喜聆钱、王绪论"，为此，王畿特作《梦征篇》勉励方应时，莫要辜负了师友兴办瀛山讲会的期望。

隆庆六年（1572），作为一个标志性事件，瀛山书院将周恪奉祀于乡贤祠，并改"二贤祠"为"三先生祠"。你想，周恪只是离任遂安，并未过世，这时候书院把他与朱熹、詹仪之一并奉祀，可见阳明心学一脉在瀛山书院的尊崇地位。

七

瀛山书院能说与阳明学说无关吗？此后，虽经邑人方应时（时任福建长泰知县）上疏力保，没有遭到灭顶之灾，但田产被查，先生被黜，弟子被逐，沉寂落寞，一片荒芜景象。

此时，远在南京的方应时，已擢升为工部员外郎。他心中总是惦记着瀛山书院，仿佛有个声音在召唤着他："活水漾洄半亩漾，文澜之泽瀛山秀。"培植文化，守护文化是方应时一生的夙愿。他明白是瀛山书院在召唤他，不能再等了，回吧，回吧。遂萌生退意，辞官归来。

心中虽牵挂担忧，然而眼前的景象还是让他失望，书院"垣颓壁坏，一望草深"。痛心之余，他没敢耽搁，瀛山书院是他心中的圣地，当年自己在长泰任上，夤夜秉笔上疏，就是为了保住这块圣地，今日岂能让它再度荒废？

第二天他便联络詹氏一族，发出倡议重整瀛山书院，带头捐田捐资，复使格致有堂，方塘有亭，岁虔祀事，规条以约。他则每天与几个同道者，讲学于瀛山书院，因自号曰"止庵"，乐其道而自得。

方应时是幸运的，退归瀛山书院这七八年来，他既是为文化复兴而活，也是为自己而活，他找回了内心的那份真实，充满了一种喜悦之情，回应了生命中潜藏的那个音符，如空谷传声，幽深而旷远，直达人心扉。正如后人所说："（先生）正而不阿，婉而不迫，能令党同者改容，

执礼者动听,是先生大有功于名教也。"(《乡贤录序》)

万历乙巳(1605)三月二十九日,方应时卒,享年六十九岁。

方应时去世后,由仲子方世敏出任瀛山书院山长,天启年间他考订《瀛山书院学规》刊行于世。学规分为格致、立志、慎修、戒傲、安贫、会文等十条,使书院教学更趋规范严谨。四百多年来学规条理清晰,传承有序,可谓方应时培植文化,守护文化的一种延续。

老大方世教出仕为官,由生员援例任云南布政司都事署禄劝州事。禄劝州是少数民族彝族居住地,山高林密,道途陂隘,方世教带头捐资修建,彝民感其德,特立"景行碑"以记之。

老三世效由增生援例未仕。

先生之风山高水长,守护文化者人必守护之。直至一百多年后的清雍正七年(1729),邑令王锡年奉圣旨饬查方应时祠墓,勒加巡视防护。

雍正八年(1730),被荐举入乡贤祠。据周辅(仁和教谕)《乡贤录序》记载:"为表彰潜德风励人伦,诏观风整俗使偕封疆大吏,搜罗幽隐事迹之未达于史馆者,列名以上,乃下部科集议,得二十有五人,准入乡贤祠崇祀。其驳回保举不实者七人。夫天下大矣,两浙人物亦不乏矣,乃合宇内仅二十五人,而浙江十一府七十五州县,崇祀者独遂安止庵方膳部一人。盖崇祀固若是其郑重也。"

当时,全国各地推荐到礼部复议的名单,共有德高望重、学问精醇而低调内敛者二十五人,其中又有七人与事迹不符被刷掉,放眼浙江全省十一府七十五州县,有资格配享乡贤祠者,只有方应时一个人。

瀛山书院的祀事活动，颇具仪式感。崇祀乡贤的目的是维护师道尊严，维护理学道统。使后学有了奋进的动力，有了前行的方向，有了行为的准则。祀事仪式中主要有祀位、祭期、陈设、仪注和祭文等，这些都构成了瀛山书院不可或缺的一种礼仪文化。

这便是我们今天看到的，瀛山书院朱文公祠正中，左庑崇祀方先生祠的由来，也是作为一个读书人最高的荣耀。

瀛山的"源头活水"成就了一位乡贤——方应时，他有诗碑《得清亭歌》留存于"得源亭"内，其中有"天光云影留佳句，半亩方塘蓄真趣"。

瀛山半亩方塘波澜不兴，却蓄真趣，我想，但凡有了源头活水，瀛山半亩方塘，终究是不会干涸断流的。

瀛山不高，不足百米，却是方圆百里百姓心目中的图腾山；书院不大，三间四进。堂名"格致""双桂"，供奉朱文公祠与乡贤祠。有亭二，曰"仰止亭""大观亭"，取"高山仰止，景行行止""数往知来观太极，象天法地类文明"之意。

八

新安江水库形成后，祖居瀛山脚下八百多年的詹氏后裔，举族迁徙到了江西崇仁。詹氏家藏墨宝是一个藏不住的秘密。二十世纪八十年代后期，文物贩子嗅到了商机，一路追踪到江西，找到詹氏后人，几个不肖子弟经不起诱惑，私下以八十万元的价格，把祖上传承几代人数百年的墨宝卖给了文物贩子，这批墨宝很快流失海外。二十世纪九十年代中期，故宫博物院在一次拍卖会上，用高价拍得部分墨宝。2002年，故宫博物院又在嘉德拍卖会拍回一批詹氏墨宝。如今珍藏在故宫博物院，属于国家珍贵文物。

故宫博物院的资深专家朱家溍先生，是朱熹第二十五代世孙，专门负责鉴定院藏古代书画碑帖，他在看到先祖真迹时，展卷再三，激动不已，提笔写下了这样一段话："先文公朱子手书《春雨帖》真迹，与张宣公(张栻)手书《新祺》《佳雪》《桑梓》三帖真迹，共裱一卷，为遂安詹氏所藏。自南宋以降，至今经数百年，洵可贵也。余得展卷伏读，深感庆幸。辛巳二月十五日，朱家溍敬书。"从朱家溍先生落款来看，时间是2001年的2月15日，朱先生时年八十八岁。

走进淳安博物馆历史厅，在"宋史"一处展柜内，陈列着数帧"詹氏墨宝"。推介词是："方塘依旧源头活，吏部家藏翰墨真"。

"方塘依旧源头活"是指墨宝延续了朱熹与詹仪之关于"格物致知"理学命题的话头；"吏部家藏翰墨真"则是说詹仪之作为宋孝宗时吏部侍郎，家藏的墨宝皆为真迹无疑。詹氏墨宝流传过程，历经坎坷，多有故事。

"詹氏墨宝"包括宋孝宗敕詹棫及夫人书卷、敕詹傚之授文林郎牒卷、赐詹骙诗及詹骙谢表，以及元明清诸家七十余人题跋，朱熹、张栻等三家行书六札合卷。卷首有明翰林院陈登篆书题额"孝宗皇帝赐詹骙诗"，落款："宣德戊申卯月辛酉，中书舍人石田陈登观而敬书"。

邑人余国祯曾有《阅詹氏家藏文公真迹纪异》一文，记述了墨宝是如何与火神擦肩而过的：

……其(墨宝)屡经兵燹，岿然无恙。往不具论，即予所睹记二事足异焉。当崇祯季年，邑显官第四郎者，气豪侠，假是卷阅之岁余，无归意。詹裔国鼎纠族辈所以求之者，百计周劼。至甲申五月，丐其狎客一言，忽掷还之。越日而宦室负乌之祸作，百堵奥藏悉烬焉。詹氏乃大惊异，自是缄益加毖。不意辛丑秋，有以卷闻郡侯者，檄县以征，雷霆之势，虩虩岌岌矣。国鼎负锧搏颡，哀吁当事以佚于兵火告，而其事遂徐徐寝。谓非两先生在天之灵所阴牖冥相，能然欤?

余国祯说，詹氏墨宝虽屡经战乱火患，却安然无事。以往的不去说它，我目睹的两件事就很是灵异。崇祯末年，县里有个显赫官员，人称"第四郎"的，也是豪侠之辈，向詹家借阅墨宝长达一年多，仍然没有归还的意思。詹氏后裔詹国鼎联合族中同辈，千方百计向这位官员讨要，依然无果。到了崇祯甲申年(1644)五月，詹氏后裔再次上门乞求归还，得到了官员身边一位伴从亲随的劝言，遂将墨宝归还给了他们。第二天，这位官员的密室起了一场诡异大火，家中所有秘藏都化为灰烬。詹氏一族大为惊异，自此以后对墨宝愈加谨慎看护。没料想，到了清代辛丑年(1661)秋月，詹氏墨宝又被郡侯看上了，竟动用官府檄文到县里征用，有如雷霆之势，(墨宝)再次岌岌可危。詹氏后裔国鼎诚惶诚恐，上衙门磕头请罪，悲叹地说墨宝已在那场大火中佚失。这件事遂慢慢平息下去。试想，如果不是朱熹、张栻两位先生在天之灵暗中护佑，能躲过这一劫吗?

余国祯，字瑞人，别号坳庵，遂安人。明崇祯庚辰(1640)进士，官四川富顺县知县。归乡后著有《见闻记忆录》五卷。这篇记文收录在《见闻记忆录·卷一》中,内中所言是他目睹,当是可信的。

九

我们今天非常有幸,能够看到朱熹《与詹体仁书》真迹。

《与詹体仁书》这封书信,因为首句有"春雨复寒"字句,按惯例名之"春雨帖"。

这封书信是詹氏墨宝之一,现藏故宫博物院,二十世纪九十年代中期,这件"春雨帖"出现在拍卖行,故宫博物院不惜花费巨资(395万元),最终拍得。书信内容如下:

熹窃以春雨复寒,伏惟知府经略殿撰侍郎丈。闻制威严,神物拥护,台候动止万福。熹区区托庇,幸粗推选。但祠禄已满,再请未报。前此延之诸人报云,势或可得,未知竟也何如? 居闲本有食不足之患,而意外之费复尔百出,不可支吾。亲旧有躬耕淮南者,乡人多往从之。亦欲妄意为此,然尚未有买田雇夫之资,方此借贷。万一就绪,二三年间或可免此煎迫耳。衰病作辍亦复不常,此旬月间方粗无所恼,绝不敢用力观书。但时阅旧编,间有新益。如《大学》格物一条,比方通畅无疑,前此犹不免是强说。故虽屡改更,终不稳当。旦夕当别写求教,前本告商省阅,有纰漏处,痛加辨诘,复以示下为幸也。桂人蒋令过门相访,云尝上疏论广西盐法,见其副封,甚有本末。渠归必请见,因附以此。匆遽不暇详悉。未有侍教之日，临风惘然。切乞以时，为国自重，有以慰善类之望，千万至祷！

右谨具呈

二月廿七日宣教郎直徽猷阁朱熹劄子

朱熹给詹仪之写这封信的时间是淳熙十二年(1185)二月廿七日。朱熹时年五十六岁，詹仪之六十三岁。

书信抬头称詹仪之为"知府经略殿撰侍郎"，此时詹仪之任职的全称应是"吏部侍郎、集英殿修撰、知静江府兼广西经略安抚使"，所以朱熹省称为"知府经略殿撰侍郎"。

朱熹这里所说的"祠禄已满"是什么意思呢？这是宋代特有的一种现象，谓之"祠禄官"。一般由年老的大臣充任，他们可以不理政事，而俸禄照常领取，以示优礼。这样的"祠禄官"需要有人荐举，也有一定的名额。詹仪之作为经略安抚使是有权举荐的，所以他举荐了朱熹，但不知何故，朱熹落选了，他的生活陷入拮据困顿，以至于出现"食不足之患"，连吃饭都成了问题，到了靠借贷度日的境况。尽管生活窘迫如此，朱熹治学未敢懈怠，他"时阅旧编，间有新益"，对原先写的文章再做修订，又有了新的认识和收获。

从字里行间可以看出，朱熹把詹仪之当作"知交"。本来像这种"吃了上顿没下顿"的事情，读书人难以启齿，也只有在知心朋友面前才能倾诉。有人就会提出疑问，朱熹落款不是写"宣教郎直徽猷阁"的官名吗？

"徽猷阁"原本是宋徽宗时建造的,用来收藏哲宗御制、御集的,政和六年(1116)九月,增置直徽猷阁。南宋时期延用,只是个贴职,无职守、无所掌,为从七品官。宣教郎乃迪功郎的别称,官阶更低,是朱熹最初入仕时授予的,相当于八品官。可见,此时的朱熹正处在闲居期间,没有俸禄就失去了经济来源。

　　墨宝中还保存有詹仪之手书真迹,《荐故常熟簿詹俲之剳子》,此函落款是"右谨具申呈大丞相钧座",可见是写给当朝宰相的,内容如下:

　　仪之不避僭越之诛,辄有诚悃上渎钧听。伏念仪之有胞弟俲之,少年叨魁,荐有俊声。三举始窃一第,初任平江常熟簿,留心职事,诸司交荐关陞,授信之永丰令。到官月余,不伏水土,力丐寻医以归。郡守留之不得,非有所规避也。今赴部参选,仪之重惟舍弟早失怙恃,立□好学,同居四十年,饱谙世故,其才可用。今年逾五十,蹭蹬选调,寸进之难,甚于登天。而仪之亦老矣,属此远别,心甚念之。妄意仰干造化,欲望矜怜,特赐陶铸一京局差遣,俾遂改秩,实戴生成之恩。仰恃知遇,辄犯不韪,下情不胜皇惧,仪之临行,作此纸授舍弟,令渠将来到都下,进干典谒。故不敢繁叙寒温,伏惟熏慈,特垂钧察。右谨具申呈大丞相钧座。
　　七月□朝散大夫充集英殿修撰新知静江军府事詹仪之剳子

　　詹仪之弟弟詹俲之,生于高宗建炎庚戌年(1130),比仪之小7岁。淳熙二年(1175)进士。初授平江府常熟县主簿一职,后授江西永丰县令。上任一个多月，出现水土不服的现象，力求归乡寻医诊治。信州郡守挽留不住，并不是想要规避什么。现在他病愈赴吏部参与选拔，我尚且考虑到这个弟弟早年失去父母庇护，自己立志好学，熟悉人情世故，才情可用。如今已年过五十，加上调理身体耽误的时机，选调之难难于登天，仪之我也老了，今离开京城远到广西任职，心中十分挂念他，望能得到您的怜悯，妄想着仰仗您求取舍弟的造化，赐他在京局谋一官职，培养造就于他，使他得到提拔任用，则感戴成全之美德。我仗着知遇之恩，总是这样冒昧，不胜惶恐，我临行之际，写此信交付舍弟，让他（儆之）到京都为晋身为官一事拜见您。所以我也不敢跟您絮叨家常，希望您大发慈悲，能够访察允准。

詹仪之此信写于淳熙十年（1183）七月，恰是他出任静江知府的时间，临行前把胞弟的大事安排周全，这样也就放心走了。其间朝廷左丞相是王淮，王淮于淳熙八年（1181）八月拜相，至淳熙十五年（1188）五月罢左丞相。其时赵雄已被罢右丞相一职，淳熙九年（1182），梁克家拜右丞相，封仪国公。据我推测此信是写给王淮的。

劄子作为对尊长或上级的一种"指事而陈"的书信形式，确实出现于南宋时期。公牍劄子逐渐与私信结合在一起，为了表示对收信人的尊重，"平阙"和"抬头"是尤为重视的，在行文中遇到对方的官衔称谓，或以对方为表述对象时，都需要另起一行，与前一行第一字齐平，若不另起一行，则需上空缺一至两格，书写自己的名字时，不但字体略小且要侧写，这样才显得谦卑。书体则以楷书或是行楷为主，以示尊重。书法艺术方面，恭谨有余，随性不足。这是"理学"熏染之下，礼教文化在人际交往过程中的折射。缺点也是显而易见的,如称谓讲究"具全衔",附于信尾显得冗长啰唆。

詹仪之母亲叶氏去世较早,卒于绍兴戊午年(1138),留下仪之、儆之、价之三个儿子,皆未成年,老二儆之只有八九岁。价之是淳熙甲辰年(1184)进士。父亲詹棫为他们娶了继母王氏,后又有了同父异母的三个弟弟。父亲去世那年,詹仪之才22岁,詹儆之只有15岁。俗话说长兄如父,詹仪之作为家中的长子,承担着照顾弟弟的责任。我们从这封书信中能够感受到父爱般的温暖,为了这个弟弟,詹仪之不惜拉下脸面,言辞卑微谦恭,尽其所能替他求情谋官。

十

詹氏墨宝中还有明永乐乙未(1415)进士,邑人余思宽的题跋,从中可以捕捉到许多重要的信息,兹录于后,再行解读:

天地之间有君子之宝,庸人之宝。昆玉、南金、珍珠、锦绮,庸人所宝也。文章、翰墨、遒劲、英华,君子之宝也。若夫发身科第,捷占邓林,又遭夫明良之盛,而光沐徽音妙墨,褒宠优异,且能传之子孙,世济厥美,不谓宝之宝可乎?宝之若阿咸士瑛暨乡贡进士曰士诚,复表著以彰大之,缙绅文士见者多为诗文以扬其芳。予与詹有姻娅之好,一日,登其堂,迺属予言。予尝病世人终日孜孜惟利诱之图,抑孰知转瞬之顷,业田之变,犹齐景公之驷马,石崇、王恺之华丽平泉金谷,果安在哉?

龙图公不宝其他，而独以此传之子孙；为子孙者，皆效维海父子，什袭珍传，与乾坤相悠久；清声伟绩，千古高风。而宋孝宗皇帝之笔法珠玑，拔出群类，人人耳其诗，目其笔，皆将欣跃叹美之，抑亦庶使贪黩珍宝者或有省焉。顾不题欤？予深有志推慕此者，特才行拂逮耳。故不辞，述此赞于卷末云。

时宣德元年季冬月上澣之吉
赐进士文林郎河南道监察御史同邑松林余思宽书

余思宽认为，天地之间的宝物，分为君子之宝和庸人之宝两种。所谓庸人之宝，就是昆玉、南金、珍珠、锦绮这类物质的东西；而君子之宝，非文章、翰墨、遒劲、英华这类精神产品莫属。至于(詹骙)出身于科举，状元及第，从此进入官场，遇到了明君盛世，能够聆听皇上的德音，接受恩赐的墨宝，受到皇帝的褒赏荣宠，又能传给子孙后代，使子孙能传承祖先的美德，不亦可称为宝中之宝吗？我亲家侄儿辈士瑛和士诚视之若宝，又撰述使之显扬昭著。缙绅文士看见了无不吟诗作文来赞颂它(墨宝)。

我与詹家有姻亲关系，有一天，我到詹家登门拜访，(亲家)乃嘱咐我写点什么。我曾诟病世人整天忙忙碌碌，只是贪图利益，经不起诱惑，哪知转瞬之间，祸福相生，人生无常，好比齐景公有高车大马无数，死了以后谁也不觉得有什么值得称颂的。石崇和王恺争豪斗富，如今平谷金泉恰似浮云一般，又在哪里呢？

状元詹骙不以别物为宝，单单以皇上赐诗和这些文士题跋传给子孙。作为子孙,也都效仿祖先,小心珍重加以收藏,与天地一样久长,清声伟绩,千古高风。孝宗皇帝的御笔,字字珠玑,出类拔萃,人们争相吟诵其诗,观赏其书,一边欣然欢跃,一边感叹羡慕,或许可使那些贪玩珍宝的人有所省悟,这难道有什么不对的吗?

我很有志向来推慕这件墨宝,只怕我才情学力不足罢了。故遵嘱,在墨宝卷尾写下这段话。

余思宽题跋中所说的:"宝之若阿咸士瑛暨乡贡进士曰士诚",据查《东源詹氏宗谱》,得知士瑛、士诚乃堂兄弟,他们均属詹仪之这一支脉。祖父辈分别是詹原良、詹原善、詹原佑。原良有子允津,原善有子允庆、允贤,原佑有子允能、允福。士瑛名詹资壮,乃詹允福之子;士诚叫詹资信,乃詹允贤之子。此两人属余思宽亲家的侄儿辈,故称"阿咸"。

"詹氏墨宝"中,宋孝宗封赠詹仪之故父詹械的《詹械赠朝议大夫、夫人赠安人告身》,后面附有宣德甲寅(1434),詹仪之九世孙詹资信过录张栻的《詹至墓志铭》。

詹资信,字士诚,自号梅坡。永乐十五年(1417)举人,生于洪武庚午(1390)三月十二日,卒于正统元年(1436)四月四日。官承德郎、直隶镇江府通判,娶妻周氏,生一子曰文珊,二女,长适纯峰张行,次适儒洪监察御史濯公之子余昕。

翰林侍读罗万化与余乾贞是同科进士,他还是此榜的状元,受其所托,撰写了《明故广东按察司副使闲斋余公墓表》,内云:"(公)卒于宣德癸丑(1433)九月十六日,享年四十五,葬开化独山。"余思宽葬于开化独山,可能与他母亲有关,母亲汪氏,乃开化包山人,宣德三年诰封太孺人。

我们在詹氏墨宝中,还看到邑人詹理的题跋。是一首七言律诗,内容如下:

有宋明元重股肱,制科抡选纲罗弘。
自缘独步陈三策,深沐裁诗逾百朋。
御笔劲道阴鬼哭,奎章绚耀彩云烝。
传家什袭能珍重,分付儿孙谨服膺。
三策曾缘达紫宸,奎章裁赐勒贞珉。
已知摹刻流千载,不负传胪第一人。
隐约若闻神鬼泣,摹挲犹认墨花新。
假饶当日荣金帛,纵善收藏岂足珍。

落款:时隆庆己巳(1569)三月甲子,赐进士前巡按陕西兼提督河西学政、陕西道监察御史、西原后人詹理谨书。

"詹氏墨宝"中,淳安籍官员留下墨宝的有:詹仪之、詹骙、詹资信、余思宽、毛一公、毛一瓒、詹理等人。

十一

2018年,瀛山书院复建工程正式启动。书院重构不失为文化的救赎,对于瀛山,对于书院,我们始终欠历史一个交代,欠先贤一个道歉,没有仪式感,救赎便失去了诚意。

"正心诚意"是朱熹格致学的"法门"。跨过这道门径便升华为一种文化的信仰,类似宗教般的虔诚。怀揣这份虔诚,便有了做人的底线,有了前行的动力和方向。

书院从创建伊始,已近千年的历史,它无疑成为淳安人的文化坐标和精神主脉,有望成为维系淳安学术秩序、引导淳安学术思潮、弘扬淳安文化、彰显淳安精神的主战场。书院重建之后,如何礼遇召集各方贤才,会聚瀛山,进行学术交流,不同学派之间开展切磋争鸣,开放包容,共同发展,再创辉煌,力争成为八方学子的向往之地,是一个值得思考的课题。

融堂书院

一

有一天,我接到一个陌生电话,打电话者自称姓程,是金华图书馆的工作人员。我问他有什么事?他说在网上看到我的一篇文章:"露出先天一片心",是写宋代学者方一夔的。文章中引用了胡长孺的诗,对方一夔等人的《七子韵语集》予以高度评价。他说自己研究地方文史,对婺州(金华)学者胡长孺很感兴趣,想问一下这首诗的出处?

我对这位程先生的严谨态度表示赞赏,对地方文史的话题也饶有兴趣,电话里顺嘴问他,对哪些淳安宋代学者有印象?他告诉我比如方逢辰、何梦桂、詹仪之。对了,还有钱时钱融堂。他补充一句,说当今学界对他重视不够、研究太少。我好像一下找到了知音,心里早已为他点了一个赞。我接过话头说,非常赞同你的观点,我始终认为钱时是我们淳安历史上,真正意义上的理学家,没有之一。

我所称之为的"家",有我自己的定义标准,那便是有方法、有步骤、成体系、启心智、利推广、可验证。末了,特别提到他创办的"融堂书院"。

"是的，是的。"程先生听完也表示认同。我们在电话中畅聊，相见恨晚，他说有机会一定来千岛湖拜访我。我由衷表示欢迎。

在说"融堂书院"之前，我觉得有必要先做点考证文章，那便是书院创始人钱时的生卒年。以便我们后面的叙述。

二

钱时，字子是，号融堂，淳安蜀阜（今威坪镇）人。他是南宋著名理学家杨简的得意弟子，曾做过秘阁校勘、浙东仓幕、史馆检阅等官，但一生还是以治学见长。《宋史》有钱时的小传，对其生平叙述不可谓不详，但唯独没有记载钱时的生卒年月。《文学家大词典》在钱时传中则言："生卒年均不详，约宋宁宗庆元末前后在世。"

钱时的生卒年虽不见于正史，所幸的是，1985年淳安县文管会在威坪镇蔗川村发现了一通钱时的墓记，后经我们拓片辨识，该墓记为我们考证钱时的生卒年月提供了可靠的线索，恰可补正史之缺憾。

碑额篆书：《融堂先生钱公墓记》，碑石高166.5厘米，宽66.4厘米，厚11.5厘米。正文为阴刻楷书，共23行，每行40字。碑文曰：

天地有道，圣贤有学，道以率人物之常，学以尽古今之变。是故，天地必因诸圣贤以明其道，圣贤必本诸天地以行其学。非观诸天地，不足以知道之原；非求诸圣贤，不足以得学之要。然圣贤之生，实与天地之气化相为盛衰而流通焉。人文既开，风气自北而南，始生神圣于幽冀之

融堂书院

区所，以倡明道统于千载之上，若尧舜禹汤是也。阅数百年，气运自北而西，而文武周公之治兴焉。又数百年，萃而于东洙泗之上，邹峄之间，圣贤接迹而起，可谓盛矣。又千五百年，南方春陵之下，乃生大贤，得绝学于遗经，而二程夫子之学，亦且出于南服。又百年而晦庵朱文公、象山陆文安公二先生相望而起于江东西之间，有以集群贤之大成焉。象山一传而得慈湖杨先生，再传而得融堂钱先生，为能推明往圣不传之妙，警发人心固有之善。一时信从之盛，则有部使者、郡太守交致书币聘莅讲席。其后庙堂列荐，史阁奏辞，想望风采，怀慕道德，隐然名动于天下。士趋其学，民化其训，方之古人不为过也。夫圣贤之生，殆非偶然，盖亦天地之心，欲以扶植斯道，绵延绝学，而非人之所能为也。先生既殁七十有八年，而托体之藏，芜秽浸没行道，嗟伤有感泣者。至治元年，少府郑公来莅兹邑，行己治民，学有师法，嘱沿府檄过墓下，叹息追慕，亟命泛扫兆域，祭以特牲，伐石凑级，树以双表，然后里俗色然，知吾道之可尊、斯文之不坠也。呜呼！天地之道，圣贤之学，所以终古不可磨灭者，以其人心在也。天地有古今，而此心无古今；圣贤有存亡，而此心无存亡。尧舜禹汤文武周公所以继天地、立人极者，此心也。孔孟所以为天地立心，为生民立命，为万世开太平者，此心也。周程朱子所以继往圣、开来学者，亦此心也。是心之大，参赞化育，经纶纲常，维持世教于千万年，谓非圣贤心学之功可乎？石麟埋没，断础凄凉，牛山之悲，雍门之泣，何可选数？而后之贤者，每惓惓于前修之流风余韵，宁非得是心之同者耶？邑之学士大夫咸谓少府表章先贤为盛事，请书于石而嘱暾记之。暾窃惟迩年以来，道学湮废，人心沦靡，廉耻之节交丧，功利之习日滋,无复识先生长者之风。则公之所以发明幽光、警畏薄俗,其正人心、扶世教之意深矣。暾虽末学庸陋,亦尝读先生之书以自淑者,故不敢让而为之记。先生名时,字子是,家邑之蜀阜,墓在故居之侧。少府名千龄,字耆卿,新安人。家世为仕族,记之成,至治二年壬戌十月望也。后学吴暾记。

同样内容的碑文,我们在明万历《严州府志》卷二四中,也查阅到有相关记载,碑额曰:《融堂先生墓表记》。除极个别字有出入外,其余均高度吻合。

书写碑文的人叫吴暾,也是蜀阜人,元泰定二年(1325)进士。碑文中有这样一段话:"先生既没七十有八年……至治元年,少府郑公来莅兹邑……亟命泛扫兆域,祭以特牲,伐石凑级,树以双表……邑之学士大夫咸谓少府表彰先贤为盛事,请书于石而属暾记之。……暾虽末学庸陋,亦尝读先生之书以自淑者,故不敢让而记之。"落款时间是"至治二年(1322)壬戌拾月望也"。

以上碑文,记录了墓记立石的缘由和经过。少府郑公名叫郑千龄,字耆卿,安徽歙县郑村人,初任延陵巡检,后调祁门尉,历任淳安、休宁县尹,操守廉介,多有惠政。人称"贞白先生"。更重要的是根据"先生既没七十有八年"这句话,可以准确推算出钱时的卒年,即宋理宗淳祐四年(1244)。

掌握了钱时的卒年,我们另辟蹊径,随即查阅《钱氏宗谱》,找到相关记载:钱时晚年归居家乡蜀阜,建有一楼,名"经史阁",阁成不久即病故,寿七十岁。据此可推知钱时出生之年,乃宋孝宗淳熙元年(1174),从而弥补了史书中钱时传记之不足。

三

既然推知了钱时的生卒年(1174—1244),接下来,就有必要对地方史志中长期存在的某些谬误和讹传加以澄清。钱时在蜀阜创办"融堂书院"的时间是宋理宗嘉熙年间(1237—1240),据《融堂先生行实》记载:"右丞相乔行简荐举理宗,嘉熙元年丁酉以布衣召见……帝大悦,特赐进士出身,授秘阁校勘,修国史宏编。后又辞求去,退居蜀阜玉屏街北山之岗,创融堂书院,日与群徒讲道,为世大儒。"乔行简(1156—1241),东阳人,是婺州学派创始人吕祖谦的弟子,他欣赏钱时的学识人品,不但向理宗举荐,还亲笔题写了"融堂书院"四字相赠。

我在查阅钱时资料时,有说他自从创办"融堂书院"之后,名震东南,四方贤士,辐辏而至,连朱文公(朱熹)都"屡挈诸徒,枉车访蜀阜,深合道契"。并留下"朱文公街"。(见徐树林《威坪》116页)

朱熹生于宋高宗建炎四年(1130),卒于宋宁宗庆元六年(1200)。钱时创办"融堂书院"之际,朱熹已去世近四十年了,不可能"屡挈诸徒,枉车访蜀阜"。朱熹去世那一年,钱时二十六岁,之前他们有无交集,是否"深合道契",现已不得而知,但以钱时"幼年即奇伟不群,年少好学"而论,他理学体系成型过程中,是有充分理由去寻访当世高人契合印证,朱熹无疑是最佳人选;况且乔行简的老师吕祖谦也是朱熹的好友。

当然这种可能性需要史料的佐证。徐树林先生是我所敬重的一位学者，他文中的引文未标明出处，但我知道如他之严谨一定是有来历的。史书之精芜繁杂，不可不深究细辨之。

有一点徐树林先生所说依据充分，那就是钱时当时确实名望很高，前来求学者络绎不绝。钱可则（字正己）是宋景定元年（1260）的严州知府，他有一首《招贤里》的诗可为佐证：

学行文章彻九重，故旌闾里振颓风。
旁人莫作寻常看，几百年中有此翁。

因为钱时在蜀阜"融堂书院"开讲，一时"四方贤士，辐辏而至"，蜀阜因此又被称"招贤里"。在钱可则这位知府的眼里，像钱时这样的学者，道德文章流传后世，几百年里才会出这一个，可不像寻常人眼里那么普通啊。

还有南宋末年的方一夔，比钱时小七十余岁，他出生钱时已去逝，及长读到钱时著作，深为折服。曾专程前往蜀阜拜谒融堂先生，有《谒融堂墓》一诗传世：

安车束帛此招贤，梦冷冬窝又一年。
已是无人守坟墓，空令过客问山川。
时方大用文公学，士亦深排陆子禅。
回首蜀天青不尽，临风一酹一凄然。

方一夔,字时佐,自号知非子,状元方逢辰侄,人称富山先生。他说钱时名重一时,想当年,朝廷用装满财物的车辆,到他家乡招贤里来征召他。如今,他的书斋"冬窝"冷冷清清,墓地也无人守护。忆往昔,士子皆推崇朱熹的"格致"学说,对陆子(陆九渊)的心学禅理很有些排斥,融堂先生发明心性,议论精辟,融通陆朱精义,实属不易。我回望蜀阜的青天,临风举杯祭奠先生。

乔行简对钱时创办书院给予高度认可。这种认可体现在两个方面。一是对钱时的自信。我们知道,一般书院以地名冠之较为常见,如石峡书院、瀛山书院、龙山书院、五狮书院、易峰书院等。即便大儒朱熹创办的书院,最初也是称"武夷精舍",南宋末年扩建时后人才用朱熹别号,改称"紫阳书院"。钱时却特别有信心,索性一步到位,直接用自己的字号命名书院,这在淳安书院史上极为罕见,大有开宗立派的气势,自信心爆棚。

二是对钱时弘扬"心学"的赞赏。尽管乔行简是婺州学派创始人吕祖谦的弟子,学术派别不同,但做人底线高度一致。他很欣赏也很乐意看到陆九渊的再传弟子,将"心学"衣钵传承下去,布道弘法,利益大众。

他有底气称"融堂书院",必有过人之处。

他是淳安本土真正意义上可称为理学家的人。

他生活在一个理学家辈出的年代。

他学有传承,是"心学"的嫡传正脉。

四

传统儒学发展到宋代,产生了一种新的哲学流派——理学。奠基者是号称北宋五子的周敦颐、邵雍、张载、程颢、程颐。在我看来,北宋五子的出现绝不是偶然。每个历史阶段出现何种历史人物,其中一定有内在的某种关联与需求。正如黄宗羲在《宋儒学案》中所说:"孔子而后,汉儒止有传经之学,性道微言之绝久矣。"这种时候,需要有人出来提振信心,重兴儒学。北宋五子可谓道义在肩,顺势而为。他们提出了诸如无极、太极、元气、阴阳、五行、象数、性命、善恶等一系列理学命题,试图重新审视和解读客观世界,拯救世道人心。

钱时出生时已到了南宋时期,理学已在全国盛行。

钱时幼年即奇伟不群,年少好学,不同于世俗儒生之见,绝意科举,他对于参加科举考试不感兴趣,喜欢研究理学道义,如此举止,单从背影看去,就是个特立独行的人。

据说钱时豁然悟道后,如醉醒梦觉,心融神化。三年后,他出门求证,拜谒慈湖杨简(陆九渊弟子,人称"甬上四先生")。杨简与钱时晤面,出现了戏剧性一幕,杨简打第一眼望见钱时,自觉"目击而道存,一言与之契合"。这场面与禅宗的参悟是不是很像?师徒之间不需要喋喋不休的交谈,机锋互参,一言便契合。杨简不禁大赞"严陵钱子是人品甚高"。遂书"融堂"二字相赠。

依据学派传承关系,杨简的得意弟子,就可视为陆九渊的再传弟子,属于"心学"正脉。我们从钱时简短的行状来看,应该已经在学界扬名立万了。江东提刑袁甫，深知其人品才学，特设象山书院，力邀钱时为主讲席。一时声名大噪，从者如云，儒林推重，争相礼聘延请。自此，莅讲于新安、绍兴等郡学，成为学界红人。

袁甫何许人也？他是嘉定甲戌科(1214)状元，绍定三年(1230)兼任江东提点刑狱，后移司鄱阳，讲学学官，创建贵溪象山书院。象山书院与长沙岳麓书院、金华丽泽书院、庐山白鹿洞书院齐名，号称南宋四大书院。袁甫还有另外一重身份，他也是杨简的弟子。试想，如果不是真心服膺钱时，认可钱时的理学体系，他会邀请钱时当这个主讲人？

宋代书院林立，学派丛生，思想活跃是有社会基础的。皇帝对文人历来宽容优厚，文人著书立说，批评朝政，妄议国事，不用担心杀头坐牢、不用担心惹祸上身。因为太祖曾立下以文治国，不杀上书言事之人的誓约，等于给了文人一道免死金牌。文人因言获罪，最多就是贬官、撤职，说不定等风头过去，又都官复原职。

钱时在象山书院首开讲坛，在当时可以说标新立异，其学说发明心性，议论宏伟精辟，听闻者耳目一新，大获裨益，为他赢得了良好的口碑。由于钱时的出色表现，右丞相乔行简把他推荐给理宗皇帝，称赞钱时："夙负才识，尤通世务，田里之休戚利病，当世之是非得失，莫不详究而熟知之，不但通诗书，守陈言而已！"

嘉熙元年(1237)，理宗召见布衣钱时，特赐进士出身，授馆阁秘书校勘。又召为史馆检阅，修国史宏编。诏令严州守臣抄录钱时著作，奉上御览。这在当时可是一种殊荣，无形中帮钱时抬高了身价——皇帝不但没有指为异端邪说，还抄录去阅读学习，显然是被他的学术所吸引。接着出佐浙东仓幕，不久以国史宏编未毕求去。后授江东帅属归里。

钱时其学发明心性，辨析义理，参错事物。如他说"本心虚明，纯然无间者"（《融堂四书管见》卷三）。又说："圣人之心，澄然如太空，如止水，未尝纤毫微动。"（《融堂书解》卷十七）钱时学说直指本心，明心见性，闻者如醍醐灌顶，皆有所得，有如禅宗的顿悟。

说实话，我在拜读《融堂四书管见》和《融堂书解》等书时，也为之着迷。有一种撩开面纱，拨弄心弦的感觉。

钱时说的这个"本心"，就是"一"。他曾说："何谓一？曰由乎心，不明乎心而欲逐项正救，难矣。"（《融堂四书管见》卷八）

"本心"乃初心，是没有被外界蒙蔽、污染之心，它与天地万物共生，澄然虚明，洞照一切。一旦有了意念干扰，起心动念之间，遂失去了"本心"。所以他说："天即吾心也，地即吾心也。"又说："天地万物与我浑然一体，圣人身任化育之责，凡一草一木，一鸟一兽即我也，非外物也。"（《融堂四书管见》卷十一）

我们从钱时留存的诗词中，可以看到他对"本心"的诠释。如《无题》二首：

其一

蜗角封疆几废兴，壶中日月尽分明。

世间多少不平事，只有心平处处平。

其二

一分事实一分人,痛惜无人认得真。

终日呶呶饶吻燥,不曾回首自家身。

该诗选自《蜀阜存稿》。"蜗角封疆"是《庄子·则阳》中的一则典故。蜗牛很小,然而在它的左触角和右触角上,分别建立了两个国家,经常征战不休,伏尸数万。在我们人类看来是不是觉得很可笑?对于宇宙来说,人类生存的地方不也显得很渺小吗?只有了悟事理,看明白壶中日月短长,世间之事又有什么值得争斗呢?终日唠叨不停,喋喋不休,不怕口干舌燥?不如"回首自家身",心平则处处皆平。

"自家身"即让人反身内求。禅宗有一则公案:"俱胝一指。"说唐代一个俱胝禅师,每次有人问禅,皆闭口不言,只伸出一根大拇指示人。身边的一个小和尚也学模学样,遇到有人问道也伸出大拇指。一日,俱胝禅师把小和尚叫到身边,问他学禅的事,小和尚习惯性地伸出了大拇指。俱胝禅师抽出一把刀,冷不丁削去小和尚的大拇指,小和尚负痛而逃,俱胝禅师喝止小和尚。待小和尚回过头来,俱胝禅师猛然伸出大拇指,小和尚下意识伸大拇指时,空空如也。此时此刻,小和尚如醍醐灌顶,见到了自己的"本心",他彻底开悟了。

在钱时看来,万物皆一体,天人皆合一。这便是心学的高明之处,一事不向外求,专注关照本心。王阳明也有所谓的"心上用功,事上磨炼"。这与朱熹的"格物致知"大相径庭。朱熹在《朱子语类·卷十五》说:"眼前凡所应接底都是物。事事都有个极至之理,便要知得到。若知不到，便都没分明。"朱熹认为事事都有理，事事都要去"格"，以此达到"致知"的目的。

在钱时看来这些都是枝枝叶叶的学问，不是"根"上的学问。万事万物如何能够穷究？"理"本来就在人的心中，何须外求？"心即理也。"万物之理"非智探力索可强也，一旦感悟，心通内明，乃自得耳"（《融堂四书管见》卷五）。

而欲达到"心通内明"和"自得耳"是有一定的途径的。这个途径便是"敬"与"诚"，换句话说它是钱时理学体系中的"方法论"。他认为内心持敬"则本心无弊，物我一体"。又说："习俗虽异，本心则同。忠信笃敬，感无不通。见其参前，见其倚衡，则是无时而非忠信笃敬也。举天地万物万变万化，皆我忠信笃敬之妙也。"（《融堂四书管见》卷八）

什么叫有方法、有步骤？就是他所说的"诚""敬"二字。内心持敬，能够感通天地，能够与万物融为一体，能够举天地万物万变万化，纤毫毕现，奥秘尽窥，简直妙不可言。

诚则是不自欺。他在《融堂四书管见》卷十三中说："诚者，己分当然之事，岂为人而诚哉？有一毫为人之心，即非诚也。故诚乃自成，而其道乃自道也，非有假于外也，我固有之也。……仁者，不失其本心之谓。苟诚矣，则纯明融一，一无所弊亏而已，成矣，故曰仁成己固所以成物也。"由诚还可以唤醒本心之"仁"，从而达到无欲无求，"纯明融一"的境界。

钱时授课有自己的特色，他强调发明"本心"的修养功夫。所谓"仁"，即人心也。心即仁，本无亏缺。如果"意"有所动，"物"有所迁，

"习"有所移，"欲"有所纵，始失其所以为仁；颠倒梦想，皆是己欲所致，是非本心。用力克己，实则践行的功夫。要求弟子在日常生活中，持敬守诚，体悟本心。

他有一首描写蚕妇的诗——《蚕妇叹》，表面上看是在感叹蚕妇之艰辛，夜卧也没个安稳觉。实则是通过蚕妇日常劳作，从而发现她流露出的的真心（本心），借此感叹世人、感叹"三纲"皆非出于"本心"：

> 蚕妇指蚕叶如缕，爱之何啻珠玉比。
> 呼奴勤向帐前看，夜卧摩宁三四起。
> 未必便能丝挂体，睠焉于怀有真喜。
> 人人办得此时心，推而广之岂不美。
> 以此事君定忠臣，以此事父定孝子。
> 以此事夫定贤妇，一念真成转枢耳。
> 嗟哉世人胡不然，三纲茫茫不如蚕一纸。

养蚕的妇女指望着蚕叶吐丝如缕，蚕妇对它们如同珠玉一般呵护不已。晚上睡不踏实，总是迫切起来三四遍去照看喂养它们。自己尽管知道今后未必能够穿上丝绸衣服，但回顾那些蚕宝吐丝结茧总是满怀喜悦。如果人人都有蚕妇这样的心态，推而广之难道不好吗？用这样的心态侍奉君王，定然是位忠臣，用这样的心态侍奉父亲，可知必为孝子，用这样的心态侍奉丈夫，一定是位贤妻。其实都是这一念的真心，起到转枢的决定作用。真是令人叹息啊，世上的人为什么不这样做呢？三纲(君为臣纲，父为子纲，夫为妻纲)看似辽阔无边，其实还不如这一张蚕纸管用啊。

诗的前半部分写尽蚕妇之艰辛，养蚕之不易，蚕妇对之呵护备至，堪比珠玉般珍惜，彻夜守护，来来回回给蚕宝宝投食喂料，如此辛劳也未必能穿上蚕丝衣服。然目睹它们吐丝结茧，那种喜悦之情是发自内心的。

后半部分话锋一转，感叹世人缺少蚕妇的那一念真心，所谓的那些"三纲"，君臣、父子、夫妻之间，说起来头头是道，洋洋洒洒，如果没有实际的真情维系，只注重外部的形式，到头来只剩下名目繁多、虚头巴脑的一些程式，把一分真诚挪饬成十分的伪饰，竟抵不过一张蚕纸的作用，着实是可笑、可悲、可叹啊！

五

钱时既是一位理学家，又是一位教育家。他的教育理念，我们在其《广塾规约序》一文中，可得窥一斑：

古者家有塾、党有庠、术有序。生斯时者，人人有士君子之行，岂人固异于后世哉，教则使然也。先圣曰：性相近，习相远也。犹之物焉：藏之丹则赤，藏之漆则黑尔。不教以义方，不闲于师范，而耳目熟乎小人之事，则其长也，乐见小人而惮见君子。又其甚，则安于为小人而仇君子矣。本心之良，人人所同，与天地同，与尧舜、禹汤、文武、周公、孔子同。事亲自孝，事长自悌，自恻隐、自羞恶、自忠信、自笃敬。一失其教，遂至此极，岂不甚可痛哉。

吾家自文穆三世而后，大理丞来新安，支属散远莫可谱，叙曾祖而下，类多美质，固已蔚然成俗，得为儒家。独有屈于力而遂终于失教者，时每感同气之义，思所以处此而未能也。呜呼！与其长大而悯其不为君子，孰若教之于童稚而使不为小人也哉。则不自揆，岁延一师于高斋，凡子弟同曾祖而力弗及者，日廪而专教之。慈湖先生闻之喜，名曰"广塾"。继自今，吾族无家贫不教之子，咸知孝悌忠信，为士君子之行，固不美欤。事甫经始，条画未备，方将次第增辑，使吾子孙之贤者，可守而不坏云。嘉定十二年已卯六月十有八日书。

古代的教育制度是，每二十五家的间设立塾，每五百家的党设立庠，每二千五百家的术设立序，在国都设立大学。生在那个时代的人，人人都拥有君子的德行。是他们有什么不一样的禀赋吗？是教育让他们成为这样的人。先圣有言：人出生时，本性都是善良的，性情也很接近；随着生存环境的影响与变化，他们的习性才产生了差异。这与物的习性很相似：所谓近朱者赤，近墨者黑吧。不从小教导他们行事的规矩和法度，不使他们熟习效仿的典范和榜样，则必然对小人的行为举止感兴趣，等到他们长大，则喜欢与小人为伍，而害怕与君子成为朋友。更有甚者，心安于做小人而仇视君子。

我们每个人本心善良，人人具有良知，不但与天地相同，与尧舜、禹汤、文武、周公、孔子这些圣人也一样。侍奉双亲自为孝，敬爱兄长自为悌,有恻隐之心、有羞恶之心、有忠信之心、有笃敬之心。他们亲近小人是因为缺失了教育,难道不痛心吗?

钱时这篇文章中提到了钱氏源流,表明自己是吴越王钱镠之后。钱镠属一世祖,钱元瓘为二世祖,谥"文穆王"。"文穆三世"即钱弘佐、钱弘倧、钱弘俶。此后,五世祖隐之公,以大理寺丞出守新安,卜居歙县汝溪,为新安始祖。至九世臻公之子钱岂和钱嶲定居淳安蜀阜后,禀赋好、资质佳,读书已蔚然成风。当然,其中也有个别教育缺失者,每感于同族兄弟之情义,想要帮助他们却又做不到。哎呀,与其看着他们长大了再去怜悯他们不能成为君子这类人,不如在他们小的时候就教育他们不要让自己成为小人该多好啊。

我不估量自己的能力,冒昧聘请了一个塾师执教于高斋堪,凡是同宗子弟,家境不好读书有困难的,每天提供饮食,专门教导他们学习,让他们懂得什么是孝、悌、忠、信这些君子的德行,这难道不是一件好事吗?这件事我刚刚开始实施,还没有考虑成熟,以后将根据情况逐一增补名额,使我钱氏子孙恪守贤德,不至于学坏罢了。

落款:"嘉定十二年己卯六月十有八日书"。嘉定十二年(1219),钱时时年四十六岁。

钱时作为教育家,可谓独具慧眼。他肩负起整个钱氏家族的教育事业,不但免费提供师资,还负担学生的一日三餐。目的只有一个,那就是让他们将来成为君子,不做小人。德泽披于后世,蜀阜的精神面貌为之一变。即便在今天看来,这样的教学理念也是值得推广的。

明代学者程敏政在其《篁墩文集》中评论:"融堂钱氏,实得杨简之传,上宗陆子,其言渊以悫,其行硕以颛,真可谓百世士也。"他还在《教谕许君置酒藏书阁有怀融堂钱先生》一诗中,心中默许钱时为自己的老师:

登高元不为伤离,雨后溪山一倍奇。
野寺晴岚随画出,石林残照与诗宜。
醉呼豆荚供新茗,闲扫苔花读旧碑。
前辈风流谁复在,百年融老是吾师。

"前辈风流谁复在?"借问前辈之中谁的学问最牛?在程敏政心中还是推崇认可钱时。

明末清初启蒙思想家黄宗羲也认为象山后学,"严陵一支,自钱融堂为盛",并称钱时为"豪杰之士"。黄宗羲素有"海内鸿儒"之称,他的评语不是随随便便下的,"豪杰之士"实指思想上的伟人,行动上的英雄。

理学家从来都不是空谈心性义理的酸腐学究,他们要找回自己的本性,探求"人之为人"的终极意义,唤醒生命力量,启迪社会良知。钱时正是这样一位理学家。

六

钱时出仕之初,恰逢浙东大饥,饿殍满壑,更有赴江自溺者。民之艰危如此。钱时直笔上疏："陛下为民父母,推饥溺犹己之念,未闻何以处此;然陛下深居广内,日享八珍,民之利病,无由亲见,言者未敢以实,故犹未切于圣虑也。"

作为一个理学家,不是高居于象牙塔内,而是心忧天下,呼吁皇上拯救大宋子民于水火之中,而不是深居高堂大屋,每天享受山珍海味,无视百姓的疾苦。如此犯颜直谏,为民请命,担负起社会责任,真正体现了一个理学家"知行合一",学用一致的文化实践。

他关心民间疾苦。在其《蜀阜存稿》中就有多首哀叹民生之艰的诗篇。如《山翁吟》:

> 岁云暮色雪塞门,白发山翁病且贫。
> 鹑衣百结皮冻裂,旦暮拨雪寻草根。
> 催租暴卒打门户,妻子惊恐翁怖惧。
> 尽道长官如母慈,如何赤子投饥虎!

字字句句泣血带泪,贫病交加的老人,风雪中寻草根果腹,还是遇上了凶残如虎的官差上门催租。深切同情百姓的遭遇,替天下苍生鸣不平。

钱时记述生活感受的散文不多见,在《蜀阜志》中,我们有幸看到了那篇《亨泉记》,在充满情趣的描述之中寄寓深刻的人生哲理:

> 井之德,大较有四:曰甘、曰洁、曰寒、曰清。平畴旷野,荒墟聚落与

于城邑阛阓之中，远于涧溪，不可以朝暮汲，则往往窃穴路隅，穿泄地脉，给烹饪，具盥濯，斯已矣，于四德不暇问也。至于山阿涧曲有坎，窪然可以照须眉，可以数沙砾，然其源不远，其汲不深，而又炎光之所磨荡，地之所蒸迫，虽清而未必寒。深岩穷谷之阴，长林巨麓之下，亦有穿石窍幽幽而出者，掬为渊泉，映澈肌骨，然而蛇虺浴之，蛙龟浮之，狐狸猿狖猩鼯雀鼠之俦又下食之，清且寒矣，而未必洁也。或者砻石为方，铸金为圆，足以固内而捍外，虽洁矣而未必甘。蜀溪之有井古矣，嘉定己巳，闾里潹而新之，请名于予，刻曰亨泉。泉之脉远出东岩而旁出乎蜀阜之北绹，三寻始得水，方石作栏，园窍其上而出之，重檐叠覆无风日之扰，无尘秒之侵，兼四德而独备者钦。旁数十家，日给者数百人，此地又诸源之喉襟，商旅之辐辏，日往来而丐酌者又数百人。乡之人谈泉之美，皆曰蜀溪焉，而未有真知其味者。癸未夏六月既望，余病，晼卧融堂，深夜烦渴，不可以寝，索水左右不得，仆请事于亨泉，余欣然喜极，加冠起坐于牖下。疏月满棂，荷风微度，一酌漱，又漱，至三至四而又漱之，甘泉流溢，韵绕牙颊，肝鬲毛骨为之洒洒，通体皆亨泉泽也。快哉快哉！虽然，应渴者之求而后可，执涂人而强酌之，不唾之去者几希！先圣有曰：鲜能知味也。余于是不得无言矣，嗟夫。

钱时认为，衡量井水的优劣，大致有四个标准：一是甘甜；二是洁净；三是寒凉；四是清澈。平坦的田地和开阔的原野上，荒山村落或城市墙垣围绕之中，远离溪涧，不方便早晚随意取用，往往就在路旁挖坑掘洞，穿越地层与水脉相通，以供烹饪和盥洗之用，也就满足了。至于水井的四种妙用是不去追求和过问的。在山湾涧曲坑洞里的水,虽然清澈得像镜子一样可以照出胡须和眉毛,数得清水中沙石,但距水源太近,蓄水不多,又经阳光照射,地温蒸迫,虽然清澈而未必寒凉。在深山高岩之下,山谷深处的背阴之地,高大的林木或大山脚下,也有穿透石缝幽幽渗出的泉水汇为源泉,清澈如镜又寒侵肌骨,然而蛇虫蛙龟会游浴其中,狐狸猩猿、鸟雀山鼠之类结伴而饮于其中,虽然清澈寒凉但未必洁净。或用平整的石材作井壁井台,或用铸铁为井圈,井是足够坚固了,而且还可以防止外面尘秽的入侵,虽说井水是洁净了,而味道不一定甘甜。蜀溪有井年头已久,大宋嘉定二年(1209),村人把蜀溪井淘洗修筑一新,让我起个井名。我就以"亨泉"命名并刻石立碑。亨泉的水脉自东山岩体而来,斜出至蜀阜北面。须用二丈多长的井绳汲水,以平整的方石筑成井台、护栏以及圆形的井口,上方设置重檐叠瓦作为遮蔽,无日光曝晒或风吹蒸腾的扰乱,无飞尘污秽的侵染,唯有这口井具备了甘甜、清澈、寒凉、洁净四种妙处。周围数十户人家数百口人饮用水全靠这口井。这地方位于淳安西乡诸都的咽喉必经之地,客商和行路之人纷纷会集而来,每天行人讨水饮用的又有数百人。因此,附近各乡的人评论泉水时,都称赞蜀溪井的水好。然而,未必有人能真正品味此水,且能说出这泉井水的百般妙用。

宋嘉定十六年(1223)夏六月十六日,我伤于暴热而中暑,卧病于融堂(居室厅堂名,钱时以此堂名为别号)之中。深夜心烦口渴,无法入睡,要水解渴一时又无处求得。仆人主动提出去"亨泉"汲取井水,我欢欣至极,起身坐于窗下。朦胧的月光照着窗棂,微风轻拂过荷塘。我饮一口"亨泉"又漱一口，再饮再漱，一直饮了三四口，泉水充溢咽喉，清凉甘甜之韵，绕牙满颊，回味无穷。五脏六腑，肌骨毛发无不感到通体舒坦，全身被"亨泉"浸润，快乐舒服极了。"亨泉"尽管有这般好处，但必须干渴之人自己有需求时再给予饮用，方能够真切体会"亨泉"的妙处。如果拉着过路之人强行要他喝"亨泉"，估计没有几个人会不吐掉走开。古代圣人说，能够体会事物真味的，毕竟只是极少数人。我不得不说几句，算是有感而发吧。

钱时笔下的蜀阜，不仅有水之韵，更有山之醉。水之韵甘甜，山之醉陶然，可以避世归隐，可以安抚心灵。如《蜀阜山》一诗：

　　无竞心源妥，幽居气象生。
　　相呼林下鸟，穿隙野狐行。
　　且呼从吾好，初非避世荣。
　　向来莘野地，知有几人耕。

来到蜀阜山中，心境安详妥帖，随适不与世争；徜徉林间，鸟鸣兽行，各自相安。商朝伊尹初隐时耕于有莘之野，现在能有几个人像他这样呢？

再如《冬窝夜话》一诗：

　　幽人只合卧山邱，不觉心幽境更幽。
　　青汗有时昭帝则，黑甜余暇伴宾游。

黄花粲粲冬窝夜,丹叶萧萧蜀阜秋。

会得个中消息理,两眉不著世间愁。

　　钱时在蜀阜讲学著书有四斋、三堂、五亭,"冬窝"为四斋之一。幽居的隐士适合在山丘高卧,内心沉静山境更显幽远,所谓心远地自偏吧。史书记载汉昭帝如愿我们去效法。我酣睡之暇陪伴好友出游。秋夜的蜀阜,在我"冬窝"书斋有黄花粲粲,屋外的红叶则冷落凄清。如果明白万物盛衰消长的道理,那么人世间就不会有这么多忧愁。

七

　　随着千岛湖的形成,千年古村蜀阜在人们视线中消失了。山色葱茏,烟水渺茫,何处更觅蜀阜景?蜀阜古称锦沙村,虽说它距离威坪镇西北不到五里之遥,然而,"融堂书院"也只能于前人的著述中翻捡找寻。据明代工部尚书、太子太保徐贯在其《蜀阜十景记》一文中,提到"融堂书院"的具体位置:

　　蜀阜距淳安县治西六十里许,予家世居焉。家之前西北有池,泉深数尺,涵泓净洁,四时不竭,忽一夕偶浅,则翌日必雨,曰天泽灵池。西有岭,高不过数丈,夹道多丹枫翠柏、茂林修竹相掩映,佳气如云,葱郁可掬,曰云程秀岭。岭之东稍北有阜,其状如釜,上有竹数百竿,乃宋儒融堂先生讲道之所,其弟子凤山吕首之为作高斋竹赋,至今传咏焉,曰高斋翠竹。阜之南数百步有泉出两山间,沿涧皆石壁菖蒲,一道十余里,莹然清澈可见,曰石涧清泉。阜之西有溪自东北环绕之,溪之旁有山如桃状,秀丽特出,每日色初霁,烟雾散落,爽气逼人,曰桃屏爽气……

　　阅读这段文字,不由得对"融堂书院"心生向往之情。书院四周有"天泽灵池",有"云程秀岭",有"高斋翠竹",有"石涧清泉",有"桃屏爽气"等景观环绕其间。云岭之东偏北处,有一座小土山叫高斋堪,其形状就如一口底朝天的铁锅,堪上有竹子数百竿,这里原是南宋名儒钱时融堂先生讲学传道之地。融堂先生的弟子厚屏人(威坪)吕凤山曾为此写了《高斋竹赋》,至今还广为流传,因而这里就叫"高斋翠竹"。

　　高斋堪之南数百步,有一道涧水出于两山之间,沿着山涧大都是危崖峭壁和青苔菖蒲,此涧源流达十数里,涧水清澈洁净如镜,因而叫"石涧清泉"。高斋堪的西面有一条小溪自东北环绕而过,溪旁有座山头,形如桃状,景色秀丽异常,在雨过天晴、云消雾散的时候,清爽的空气逼人而来,因而这座山景就命名为"桃屏爽气"。

　　徐贯文中所说钱时弟子吕凤山《高斋竹赋》,在此一并予以解读,有助于我们加深对"融堂书院"的印象:

　　维蜀阜之西兮,有山突出。不棘不艰兮,不倚不侧,怡然安坐兮,象瑞人之正席。上有修竹兮千竿,环萧萧之书室。吸玉露而啸清风,扫青空而傲白日。疏者如散,密者如织;动者如飞,静者如默;下者如慕,高者如揖;仰者如思,俯者如忆;环者如侍,导者如迪;分者如离,聚者如集;并者如和,对者如敌;远者如行,近者如立;嫩者如玉,老者如石;柔者如柳,健者如笔;风者如吟,雨者如击;春者如画,秋者如刻。有繁其类兮,挹高风而涵盛德。似君子之与居兮,不寒而栗。诵淇奥于卫篇,想如苞于周什。夹道兮琅玕,当窗兮剑戟。助书声之抑扬,应瑟音之缓急。可以清心兮寡过,疼病兮进食。歌曰:天有清气兮,众木未得,散入此君兮,聪明俊逸。地有正性兮,众木未得,钟手此君兮,坚刚正直。洒然疏通,谧尔宁一。外强兮多节,中虚兮无物,栖凤兮何时,化龙兮有日,非此君兮谁归,予何人兮托迹。

在蜀阜的西面,有一座突起的小土山叫高斋堪,它不瘦脊也不险峻,不偏不斜、端端正正,和悦安静,像正人君子安坐于显要席位上一般。土山之上,有修竹上千竿,环绕于宁静的书斋之外。这些竹子吸收了纯净如玉的露水,迎着清风发出悠长动听的啸声,挺立于蓝天之下,不畏炎炎烈日。竹梢摇摇摆摆,似乎在清扫天空中的尘土和污秽。竹子稀疏的地方,好像分离散开一样;竹子紧密的地方,又像编织在一起;摇动时像飞翔,静止时如冥想;低垂的像是仰慕高大的,高大的又像在弯腰作揖;昂首向上的似乎在仰天思考,俯首向下的像是低头回忆;环绕而立的如童仆侍奉主人,长在前面的像引路的向导;分开的像离别,聚拢的如集会;并立的像一对亲密的朋友,对立的看上去像仇敌;远处的像在行走,近处的如站立不动;稚嫩的像玉笋,苍老的像石头;柔软的如柳枝轻扬,刚健的似笔锋爽利;微风吹拂时有如吟诗,骤雨吹打时如檀鼓敲击;春来时美如图画,秋临时劲节刻板。如此这般不可尽述。竹子保持高风亮节兼具许多优良品德，与竹子共处，就像和正人君子在一起，让人敬畏，不寒而栗。诵读诗经卫风篇"瞻彼淇奥，绿竹猗猗"，不由想到周什篇中对竹子的赞颂。路旁的竹子如同夹道欢迎的玉树，临窗的竹子如同宝剑画戟，书院中传出的琅琅书声听上去更加抑扬顿挫，好比时缓时急的琴瑟之音在回响。这些修竹可以清净心灵让人减少过失，可以让病人痊愈而增进食欲。有首歌词这样赞颂竹子："天地间清正之气，众多的树木未得吸纳，而被竹子吐纳吸收了，故而竹子聪明俊秀，飘逸洒脱；大地正直刚强的禀性，众多的树木未得吸纳，却独钟情于竹子，故而使竹子坚强刚劲而又正直无私。"竹君的潇洒豁达，使你清静而安宁不乱、专心致志。君子能够像竹子这样外表顽强而内有节制，心怀谦虚无任何保留和隐藏，那么，就像这片竹林有朝一日，终会引来凤凰栖息，不须多少时日，君子也会化为蛟龙而腾飞。不具备竹君这种情操，谁又能有这样的归宿呢？我是什么人啊，能如此赞美竹子？是竹子本身的高尚品德，使我托物叙事罢了。

吕凤山的《高斋竹赋》，与其说是一篇竹赋，不如说是对恩师钱时的赞颂。他借颂竹来表达对先生高蹈的仰慕之情。

八

融堂先生弟子众多，书院教育成就斐然。《高斋竹赋》作者吕人龙，为景定三年（1262）进士，仕官承务郎，有《凤山集》行于世；洪杨祖（字季扬，号锦溪），理宗绍定五年（1232）进士；其侄子钱竹间（字允文），咸淳九年(1273)进士,仕忠翊郎,历武冈县令,传其家学,为《首修流光谱》作序;弟子徐唐佐、徐梦高,同为咸淳乙丑(1265)进士;钱瑞琮(字正叔,号南窗),宋咸淳中进士;钱庑(字登夫,号足山)等相继荣登进士,功成名就者不胜枚举。《淳安县志》将融堂先生与淳祐七年(1247)进士黄蜕、淳祐十年(1250)状元方逢辰、明代"三元宰相"商辂并称为"四大著名教育家"。

在钱时众多弟子中,夏希贤(字自然)是个例外。他不求功名,杜门不出三十余年,究心性理之学,虽家无隔宿之储,仍泰然自若。学者称自然先生。我们从他身上可以看出融堂先生的影子。

夏希贤曾有一首《谒融堂墓》,对自己老师给予了高度评价,情谊真切,感人至深:

我观圣贤心,万古无终穷。不必亲听融翁之言,不必亲觌融翁之容。光风霁月,古涧苍松,人人具足,物物贯通。于此可以见融翁之真容。融翁相去数十载,在我一片心腔中,深衣瓣香拜翁墓,落叶满地寒山空,昭昭灵灵不死,翁固知我我知翁。安知后此千百载,所见更无与翁同。

夏希贤治学穷明性理,洞诣本源,著有《先天易书》《读易十字枢》等书。他深衣瓣香,整衣肃冠,拜谒融堂先生墓。在他心目中,千百年以后,也不会有出其右者。

钱时卒后,时任淳安知县虞炆,偕同僚赵师詹、刘崇隽首访师儒,于宿草未薙之日,与钱时旧门弟子三百余人迎其遗像祀于乡贤祠,永享奠祀。虞县令还亲自撰写了《融堂先生行实》一文。有像赞曰："伟哉丰神，潇洒出尘，光风霁月，陶写性真，道山穹窿，蜀阜嶙峋，穷耶通耶，千古今名。"(《吴越钱氏七修流光谱》)

时隔十年的宝祐甲寅(1254)，严州知府李鏞读了钱时的著述，怀慕先生之道德，让人手绘了钱时肖像，奉祀于郡学的"先贤祠"内，与严子陵、方元英等九先生并祠。

除讲学外，钱时一生著述亦丰，有《周易释传》《尚书演义》《学诗管见》《春秋大旨》《融堂四书管见》《两汉笔记》《蜀阜集》《冠昏记》《百行冠冕集》《融堂书解》等十余部著作传世。其文阐释经义，发明心性，在陆象山、张栻、杨简等理学名家学说上，每有己见，屡有心得。这些独特的理学阐述系统性地见诸《融堂四书管见》《融堂书解》等著作中。

凤山书院

一

往事悠悠君莫问,游子天涯恋故乡。

2009年,陆彬回到了阔别半个世纪的故乡——茶园山。少小离家老大回,如今归来两鬓白。六十出头的他,此番回来是想完成一个心愿:重建"凤山书院"。为此,他与金峰乡政府、文广新局接洽、商谈,作为书院创始人陆震发的后裔,他愿意出资五十万元,完成书院重建大业,只为了却少年时期书院短暂的求学经历,萌发的对于文化的憧憬。

恢复书院本来就是个义举,何况是有陆氏后人来续接文脉?从而使开工奠基仪式具有尊祖崇道、缅怀先贤的意义。

屈指算来,陆彬先生是震发公第二十六世孙。从一世祖缙公迁淳,至震发公也恰好二十六世。家族间传递的密码不可谓不神秘,我想陆彬先生是怎样做出如此精准的判断?冥冥中又是接收了怎样的信息,做出这样一项决定,让他一个杭州工作的工薪阶层,退休之际欲独资完成这项文化复建工程?

我甚至想象着，陆彬先生在原址破土动工窥探书院基址时，也在窥探自己祖先的真相，八百多年过去了，脚下的泥土像历史一样厚实，这里掩埋的是蒙昧和野蛮，他只想把失落的文化重新构建。陆先生已到了退休年龄，岁月的唏嘘在皱纹里轻叹，挖掘机"咔嚓"一声惊响，一块门槛石露出了峥嵘，陆先生满怀期待，叮嘱师傅小心施工，遗址无声，文明易碎。陆先生至今还记得小时候迈过这块门槛石时的心情，好奇与兴奋交集，忐忑与期盼交加。迈进书院那一刻他刚满8岁，是他人生最重要的一步，也是走近文明的第一步，是告别蒙昧的第一步。

　　在陆先生眼里，这块门槛石就像一件稀世宝物一般，看到它自己就像回到了童年，回到了那个启智开蒙的年代；在这里，陆先生听老师讲学规、讲学则、讲堂训、讲规条，人生的规范就是在这里定型的，精神的风帆也是在这里起航的。他打量摩挲着这块赭红色的门槛石，半个世纪过去了，石头的颜色未变，当年的场景犹如昨天，却又恍如隔世。他嘱咐工人们将门槛石小心搬移到安全的地方，打算书院竣工后再妥当安置，予以展示。

二

　　对于锦湖村、对于茶园山、对于"凤山书院"，我不陌生，也不止去过一两趟。早在2012年，锦湖村（原先叫泽峰庄）的叶氏宗祠，就是在我主持下修缮的，上山途中见一座书院，粉墙黛瓦，掩隐在树木丛中，清幽雅致。外墙上题有"凤山书院"四字行楷，观笔墨应是邵华泽先生手

凤山书院

迹。我蹑手蹑脚地绕过围护的砖墙，跨入院内，迎面可见一通石碑，乃"重修凤山书院记"，碑记下面放置一块赭红色条石，事后才知道就是陆先生挖出的那块门槛石，置于显眼处展示给众人。

我去的时候书院竣工不久。听陆彬先生介绍，书院是2010年10月竣工的。次月，还举行了一个简短的落成仪式，省、市、县、乡都有相关部门领导参加，大家对书院文化重建表现出极大的热忱，金峰乡党委、政府更是高度重视，书记、乡长亲临现场，杨京艳书记还做了热情洋溢的发言。

2017年，农村历史建筑修缮申报工作启动，金峰乡报上来的项目是"陆氏宗祠"，地址栏标注"茶园山"。年底我赴现场勘察，该乡文化站长郑玉飞陪同，介绍了"陆氏宗祠"的情况。"陆氏宗祠"与"凤山书院"近在咫尺，郑玉飞告诉我，书院创始人陆震发后来隐居于茶园山，宗祠是为纪念陆震发而建。我饶有兴趣，说等一会儿看完祠堂再去看书院，去拜谒书院创始人震发公。

可惜书院内陈设太简单，除了些文字介绍，几乎不见原有的匾额、碑文，甚至连宗谱也不见其踪，更遑论书院创始人震发公的相关著述。

三

近期，为了完成《淳安书院》的创作，我查阅了《锦沙陆氏宗谱》，据谱载："锦沙陆氏自吾始祖，一迁由陈逮今，传世五十七衍派，二十四共源流，可谓远矣；其支派可谓繁矣。然一血脉相关系者，仍一谱牒所贯

注,恐求之淳邑他姓中,寥寥不可多得。于是,不觉有感于孟子之言曰:
'人人亲其亲、长其长,而天下平。'孟子以此望众人,予亦以此望宗族
之千万人,更不得不以此望民族之四万万五千万人,庶几宗族民族一
道德、同风俗,其不至同族而干戈也。幸甚、慰甚,漫序。"

落款:时中华民国三十六年,岁在丁亥荷月吉旦,缮公五十二世孙,
阜州派清府庠生云谨撰。

民国三十六年即1947年,还是一个战火纷飞的年代。陆氏后裔一
个叫陆云的人,有感于孟子所说的,"如果每个人都孝敬自己的亲人,
爱戴自己的父母,尊重自己的长辈,那么天下就会太平,家庭就会幸福
美满"。他希望宗族里的每一个人,更希望全国四万万五千万同胞,能
够看在同一民族、同一道德、同一风俗的分儿上,化干戈为玉帛。陆云
的愿望自然十分美好,看得出他是一个善良的读书人,希望天下太平、
百姓安宁。但他不可能明白"枪杆子里面出政权"的道理。

锦沙村一迁始祖,应该是缮公。时间在南朝的陈朝(557—589),史
称南陈。谱载:"吾祖缮公仕陈,除新安太守。以子克明公请为防御,领
兵同戍新安。至爱此地,不忍舍。遂卜居于锦沙焉。此崇缮公正威将军
为一世祖者。"

缮公出任新安太守。南朝梁武帝普通三年(522),将原属吴郡管辖
的寿昌县(今建德寿昌镇,划归新安郡),新安郡从此复领六县,即海宁、
始新(淳安)、遂安、寿昌、歙县和黟县。南朝陈文帝天嘉三年(562),再
次将黎阳县并入海宁县,复将新宁郡并入新安郡,领歙、黟、海宁、始新
(淳安)、遂安和寿昌共六县,治所在贺城。缮公在太守任上,对境内情

况了如指掌,他曾多次到过锦沙村,溪中沙石五彩斑斓,熠熠生辉,不觉流连忘返。口中喃喃吟道:"曾到锦沙向往,弯弯曲曲回环;山青水绿景幽,至此豁然开朗;莲峰座拥仙岩,名胜搜归一览。"卸任以后,遂选择到锦沙村(金峰)定居。

锦沙村,邑图经旧属新安歙之东乡,距淳邑西十八里。《新安志》云:林木森耸,波流澄澈,映石如锦,故名。《寰宇记》云:傍山依壑,素波澄映,锦石舒文。鼓枻游泛,弥旬忘返,叹曰:名山幽谷,殆不虚赏,使人丧朱门之志。为黄陆二姓世居,故后人相语,又别为黄村、陆村,以便指称。

《锦沙陆氏宗谱》传承有序,卷一载明:"二十三世时雍公续修于宋;二十四世孔明公,二十五世珀公,二十六世震鸣公,震发公重修于南宋;三十四世茂祥公修葺于元;三十七世瑄公、三十九世子澜公、四十世楦公续葺于明;四十三世合熙、合彩公等葺于清康熙;四十四世永欣、文峰公等,四十五世自淮、自森公等重葺于乾隆,又四十五世本珸、光倡公等辑修于嘉庆……值兹世易时移,乱离糜定之日,倘不亟加修治,沿而久之,将何以收宗族于涣散之间,而使人人叙亲疏、辨长幼、明生死、笃恩义,备知实在乎?"

正因谱系本正源清,没有理由不加采信。一路翻阅浏览,脉络渐次明晰起来。茶园山就是凤山,距离锦沙村北八里地,锦峰之麓,外锁石门,涧水泻其中,沿着涧溪而入,不过数百步,一山特起,登山之半则豁然开朗,前峰后屏,左环右抱,形若凤之飞翔,呼名曰凤山。

南宋嘉定己巳(1209),震发公爱其山水清幽,人迹罕至,遂重构书屋,讲道其中。这便是"凤山书院"的雏形。

<h1 style="text-align:center">四</h1>

据陆震发弟子洪扬祖《凤山书院记》载:

> 陆子德甫爱其山水清幽,重构书屋数楹,讲道其中。春秋之暇,纠里中子弟会讲五经,环皋比而听者不下百人。凡执卷问难于前,陆子依方辩对,咸出意表。古来匡鼎之解,顾戴凭之夺席,不是过也。使陆子见用于时,比之汉儒,不当作五经博士耶?惜乎沦落不偶,徒然枕经藉书,寄食于江湖寂寞之滨,亦足感也。虽然,君子用则相,不用则师,师者所以传道授业解惑也,与坐而论道者何异。然则纵有好爵,吾知陆子终不以彼易此也。吾向爱凤山之景之奇,今见陆子又出一奇矣。因书凤山书院额赠之,而复为之记。

> 大宋绍定六年岁次癸巳冬月吉旦,养村进士洪扬祖拜撰

洪扬祖,字季扬,号锦溪、洪璞子。金峰养村人。理宗绍定五年(1232)进士。尝从杨简、袁燮游,而卒业于钱时。历太学博士,官至秘书省正字。以正心诚意为启沃。从洪扬祖的简历来看,他所交游的均是南宋时期的理学家,无论是杨简、袁燮还是钱时,无一例外皆属于陆氏心学一脉。

洪扬祖应该是"转益多师",说他的老师震发公集合"里中子弟会

讲五经",这样一来,讲学范围就不局限于族中子弟,所以围绕老师听讲者众多,不下百人。这里说的"会讲",其实是一种自由的辩论,不是单纯听老师讲论,有不同见解者可以当场发难,讲论现场可谓风云激荡、电光石火,进行针锋相对的辩论。输者退出讲席,由获胜方继续主讲,故称"夺席"。南宋时期会讲风潮兴盛,可以看作是一种文化创新形式。在这场会讲中,陆震发表现强劲,不仅对挑战者对答如流,而且立论往往出人意表,听讲者无不叹服。如果放在汉代,绝对可以称作"五经博士"。所谓五经就是《诗经》《尚书》《礼记》《周易》《春秋》的合称。说陆震发学识渊博,完全可以在太学充当教授五经的学官。

可惜他漂泊江湖,无人相知,枉然枕经藉书、满腹经纶,让人感慨不已。君子被任用则施展抱负,辅助帝王,不被任用则为人师表,传道授业解惑,与坐而论道者没有区别。虽然如此,纵有高官厚禄,陆震发也不会拿老师的身份去交换。我一向喜爱凤山景色之奇特,今见吾师震发公又是一奇人也。因而手书"凤山书院"匾额相赠,并为之写下这篇记文。

记文落款:大宋绍定六年(1233)冬,也即洪扬祖考取进士的第二年。在这之前,他追随陆震发门下,折服先生的学识人品。宗谱上有陆震发简短的生平,结合清乾隆邑人余光远所撰《宋孝廉国子学录陆德甫先生墓志铭》记云:

　　震发公墓在桐村对岸。向顾考旧谱,亦未立墓志者。丙寅陆氏重修家牒,谬以文事嘱予。初至其乡,即求指先生之墓而往拜之,谓其后裔曰：陆先生一代名儒，奈何不作志以表其墓乎？诘朝遂焚香呲手而为之特笔大书焉。按先生讳震发，字德甫，世居锦沙村，性颖敏，嗜学五经史鉴及诸子百家，无不博览融贯，而又绝不以雕琢诗文见长。迄今读先生所撰儒学记，有云：人之一心本自虚明广大，特患物于物而不能物物耳。又云：古者明庠序之教，以淑人心，使知有义利公私之分，是非邪正之别。此心昭然则此理洞然。观先生之言，知先生之学直接尧、舜、禹、汤十六字之心传矣。去锦沙八里有凤山，先生爱其幽秀，筑室数楹，讲道其中，一时负笈者履满户，教人之法，惓惓以端品为先，文艺次之，从游者多成名去。进士洪扬祖、徐唐佐，皆先生所造就也。先生以诗经冠浙省乙科，赴春官不第，州别驾王似、邑侯虞兟素敬先生，淳祐中力荐于朝，先生以亲老乞乡校官，授本邑学谕，旋升国子学录，后卒，崇祀乡贤。所著有《诗经讲义》《春秋发微》《易经通元》《锦山吟稿》《庭芳棣萼连辉集》藏于家。配李氏孺人，子四：楷、宣、贾、卿，皆能世其学。志毕而复为之铭。铭曰：

村号锦沙，山清水秀。

灵育先生，才高德厚。

国子司成，士多造就。

晚作志铭，殊惭固陋。

特笔大书，庶几传后。

时大清乾隆十一年龙集丙寅腊月榖旦，后学余光远顿首拜撰

余光远，《光绪淳安县志》载有小传：字蓂秀，城东隅人。落笔秀生，

修然尘外。学使者行部无不怀余生才者。性潇洒,无鄙近之累。尝游白岳小天台,诣南海普陀诸名胜,肢齿所及,动有题咏,山川为之生色焉。所著有《磊人集》。

从《宋孝廉国子学录陆德甫先生墓志铭》中,我们知道余光远也是受人所托来写这篇墓志铭的。他考之旧谱,没有发现震发公的墓志铭,他还询问了陆氏后裔,陆先生作为一代名儒,为什么连墓志铭都没有呢? 所以,借着这次修谱的机会,补录进去。

铭文中说:

陆震发世代居住在锦沙村,他禀性颖敏,对于五经史鉴和诸子百家,都能融会贯通,不以雕琢卖弄诗文为能事。到现在我读陆先生的《儒学记》,里面说:天地之间以人为本,以人而论则为心。人心中自居一天地,虚明广大,无边无垠,不论是有贤德还是无贤德之人,其内心均具有那个天地原有之理。我特别担忧人被外物所役使,而不能驾驭、主导和利用外物,保持内心的安宁与逍遥。古代设立学校、开展伦理道德教育,就是为了让人明白这个道理,培养善良的品德。使大家都能分辨义利公私以及是非邪正。那么,此心就能主持公道、分明善恶,此理便也贯通明了。

我观先生之言,明白先生之学来自尧、舜、禹、汤十六字之心传。舜把天下禅让给禹之前,说了四句话、十六个字:“人心惟危,道心惟微;惟精惟一,允执厥中。”距离锦沙八里有一座凤山,先生爱其幽胜,筑书室数间,讲道其中,一时间,游学者众多。陆先生教导方法是把品德教育放在首位,文字技巧是次要的。跟随他游学的后来成名的有很多,比如洪扬祖、徐唐佐等,都是陆先生的学生。……

五

我们知道陆震发还考取了乡试,至少是一名举人。后来参加会试未中,即"赴春官不第"。严州府知州王佖和淳安知县虞姚,一向敬慕先生,淳祐年间(1241—1252),把他推荐给朝廷,初授本县学谕,再擢升为国子学录。宋代国子监置学正、学录,掌执行学规,考校训导。卒后,崇祀乡贤祠,在他身后留下许多著述,如《诗经讲义》《春秋发微》《易经通元》《锦山吟稿》《庭芳棣萼连辉集》。

可惜余光远在铭文中提到的这些著述,大多亡佚,我们无缘得见。但从目前留存的一些散论中,仍可窥其学术倾向之一斑。在《淳安儒学记》中,开篇就阐明自己的观点:

人之一心,本自虚明,本自广大,无贤不肖,均具至理。特患物于物而不能物物耳。古者设庠序之教,明此理以淑人心,使知有义利公私之分,是非邪正之别。此心昭然,则此理洞然。

陆震发所处的南宋后期,理学在社会上盛行,书院遍地开花。书院作为一个学术交流的平台,往往你方唱罢我登台,各种学术思潮涌动,理学流派纷呈,大致有周敦颐的濂学、邵雍的象数学、张载的关学、二程的洛学、吕祖谦的婺学、陈亮的永康学派、朱熹的闽学和陆九渊兄弟的心学。但纵观起来不外乎两大学派，即以二程、朱熹为代表的程朱理学和以陆九渊为代表的心学。

陆震发的思想主旨属于陆九渊心学一脉。与他同时期的邑人钱时、方峰辰、黄蜕、何梦桂等人，都或早或晚创办了书院，成为一方教育的先驱者、领头羊。比较而言，陆震发与钱时学术观点更接近，钱时是杨简的弟子，又可视为陆九渊的再传弟子。陆震发的师承关系，由于资料匮乏，我们不得而知，但其思想是无法掩饰的，从其散论文的字里行间，会不自觉流露出来。我们从其弟子洪扬祖、徐唐佐等人身上也能感受到这种影响。

徐唐佐，字君甫，力学自奋，登进士第，历衢州教授，至行在榷院官。晚年居贫，操行峻洁，为后学师表。后来，徐唐佐还成为陆震发的乘龙快婿。

六

陆震发留传至今的诗词不多，《凤山隐居吟》一诗，是将在"凤山书院"讲学的经历视为隐居：

陶陶耕钓自成村，风雨山庄昼欲昏。
鸟送春来先到牖，云移月云却当门。
高吟短句随流水，倦卧绳床学放豚。
正是幽居无限兴，又看修竹长龙孙。

凤山是个自然村，现在也只有二十余户人家。陆震发在此办学期间，有人负笈游学于此，喜欢这里，选择亦耕亦钓亦读的生活方式，追随先生、定居于此，怡然耕钓自成村落，遇到风雨交加的天气，凤山的白昼如同黄昏。春天小鸟在窗户外面啾鸣不已，我高声吟诗作赋都随流水飘逝远方，困倦了便在绳床上暂憩，心生怜悯众生之情。幽居在此我兴味无限，你看凤山四周，一夜四山雷雨起，满林修竹长龙孙。

其他的诗词不多，我们附录于后，诸如：

示诸弟

从来尼父欲无言，须信无言已跃然。

悟到鸢飞鱼跃处，工夫原不在陈编。

燕岩石泉

云影晴还驻，残花落自流。

辋川不用买，聊作鹿岩游。

草座

谈经安用施皋比，明月蒲团良足喜。

春深花谢绿成祖，秋老枫飞黄作绮。

凤山草庐

手结蜗庐漫学焦，斋堪容膝即名萧。

茅茨竟日无车马,一曲禽歌暮与朝。

锦沙村,多么富有诗意的一个村名,如今已成为鱼鳖之乡,故土难离,乡情难断。陆彬先生对自己求学"凤山书院",对自己离开家乡感触颇深。我在翻阅《千岛湖地图册》时,没有找到锦沙村。我想,能不能以后再版之时,考虑把那些淹没的文化古村落、古遗址标注在地图册上,让那些渴望了解记忆中的故乡的人们,以解悬想。对于当初他们匆忙离开时那么潦草的一场告别,多少是个慰藉。

石峡书院

一

二十世纪七十年代末，我即将高中毕业，学校组织一场横渡龙山岛的游泳比赛，让大家自由报名。我正犹疑之间，听同学说龙山岛上有一座"石峡书院"，很有些神秘。我忙凑过去打听，说是班主任楼老师告诉他们的。于是，我毫不犹豫地报名参赛。不想赛程过半，体力不支，只好中途放弃，被人拉上小船，然后换乘客船返程，船舱内已经有好多人，既有熟悉的同学，也有社会上的人员，年龄也参差不齐，原来学校只是参赛方之一。大家在用排岭话交流，有说有笑的。我则有点沮丧，望着渐行渐远的龙山岛，顾自发呆，一言不发，错过了与"石峡书院"的相遇，内心充满着遗憾。

多年之后才明白，"石峡书院"早已沦为水乡泽国，哪怕当年坚持游到终点，也是无缘与之相见的。

对于淳安人来说，"石峡书院"文化学上的意义，远超建筑学上的意义，更深远、更恒久、更广阔、更有象征性。看过县内几位老先生写的回忆文章,语气中尊崇与自豪扑面可感,有人做过统计,说"石峡书院"自创办以来,曾走出七十多位进士,其中还有状元、榜眼、探花。

今天,我们就走进"石峡书院",走进那座深宅大院,走进播撒文化种子的基地、走进淳安人心目中的文化圣地,去探访其中的奥秘。

二

淳安历史上共有三位状元,而南宋时期占了两位,他们分别是遂安瀛山书院的詹骙、淳安石峡书院的方逢辰。这不是偶然现象,证明书院文化教育成就斐然。书院性质虽属私学,却为中国官场培养、输送了一大批栋梁之才。书院看似管理松散,却有明确的学规,课程安排有序,松紧适度,与官学相比教学生态更具活力、更有弹性、更加灵活,学术氛围也更独立、更自由。书院的"山长"具有绝对的权威。

"石峡书院"的初创年代,历来存有不同说法。有人说书院始建于淳熙元年(1174),按此推算,当属方逢辰祖父方谦所创办。可惜,淳熙元年之说,没有翔实史料作支撑,有的只是关于方逢辰与黄蜕、何梦桂三人从小求学就读于"石峡书院"的片言只语,据此得出的推论。

近读余利归先生《"石峡书院"创建时间考》,文中提及元代文及翁所撰《故侍读尚书方公墓志铭》,内云:

(咸淳)五年(1269)己巳,郊礼成,(方逢辰)列爵开国男,食邑三百户,除权兵部侍郎同修国史实录院修撰兼侍读。上日御经筵,虚心问

石峡书院

道。公每事启沃，所以格君心者多矣。上眷隆渥，问公读书聚徒之所，奎画昭回，赐名"石峡书院"。赞书曰：近进士一科文章盛而古意衰，卿以儒硕创家塾，以程朱之学淑其徒，朕甚嘉之。七年辛未，典贡举竣事，除吏部侍郎。丁母令人忧，去国，哀毁至。服阕，除左侍郎，辞不就。贾相国十六年，而公屏居十余年。德祐初元，除公荆湖四川宣抚司参谋官，以父命辞，遂专侍汤剂，绝意仕途。寻除权户部尚书，改礼部尚书，皆不拜。是年夏丁父忧，公力疾负土营葬，惟恐不及。未几乡寇不靖，焚荡官舍民居。公居室虽毁而书塾岿然劫火之外。避地来归，命子梁等洒扫文庙，修葺书院廊宇斋序，日与生徒讲明修己治人之道，若将终身焉。

余利归先生据此认为："从墓志铭来看，石峡书院，原本为方逢辰所创家塾，是其读书聚徒之所。至南宋度宗咸淳五年（1269），始赐'石峡书院'额。七年，方逢辰丁母忧去国（即回家乡），修葺书院，日与生徒讲明修己治人之道。"

单凭这段墓志铭所述，就推断"石峡书院"为方逢辰始创，也难以令人信服。况且，三先生（方逢辰、黄蜕、何梦桂）年龄相差不大，肄业于石峡书院的记载由来已久，绝不是空穴来风。此外，方逢辰中状元后，曾给当时的淳安知县写过一篇《辞建状元楼》，内有"某自束发读父书，便以致君泽民自任"（后文还将提及）。古代男子束发成髻是在15岁至20岁之间，"读父书"不能理解为读父亲写的书，而应该是在父亲的教导下读书，或者说是在父亲开设的书馆（屋）里读书。据此推断，"石峡书院"的前身便是方逢辰父亲方镕创办的书馆，它属于方氏的家塾，而且实实在在都与方逢辰有关，所有链接也均指向方逢辰。

方逢辰（1221—1291），原名梦魁，逢辰二字是理宗皇帝钦点状元后赐的，于是他便以"君锡"为字。南宋淳祐七年（1247），黄蜕廷试第二名，俗称榜眼；方逢辰跑去祝贺，留诗戏言道："状元留后举，榜眼探先锋"，意思说你这榜眼先去探探路，状元还是留给我吧。虽然没有挑明了说，但黄蜕还是听出了弦外之音，这才是方逢辰的性格。他打趣着回道："欲将状元留地位，先将榜眼破天荒"，黄蜕心想书院自创办以来，从未有进入一甲序列的考生，那就让我来破了这天荒，才好把状元位置留给你啊。

托黄蜕吉言，三年后（1250）方逢辰果然考中状元，恰好30岁。这一年，严州知府赵汝历在府衙正街为方逢辰建造"状元坊"，牌坊背面题"甲第魁首"四字，荣耀尊显。事隔十五年（1265）后，何梦桂又中一甲第三名探花。一时间，石峡书院名声大噪。

方逢辰初入官场只补了一个无关紧要的"承事郎"，属正八品，后迁佥书平江军节度判官厅公事。平江军就是今天的苏州，相当于市政府秘书长一类的职务。宝祐元年（1253），召为秘书省正字，三年，方逢辰上疏理宗，指斥宦官与奸佞擅弄威福，言辞偏于激烈，理宗大为不悦，方逢辰只得告病求去。次年，程元凤升任右丞相兼枢密使，他极力推荐方逢辰，遭到朝中大臣反对，理由是说他"交游学舍"。

"交游学舍"竟然成了一项罪名，这里的"学舍"应指书院一类的场所，方逢辰接受各地书院的邀请，去讲学授徒，传播理学思想，这是官方禁止的。方逢辰本人十分重视教育，他曾说过："今天下人心陷溺甚矣,急起而救之,责在学校。"(《全宋文》)他是这么说的,也是这么做的,愿意到各"学舍"去讲学。

开庆元年(1259),召为著作郎,次年是景定元年,兼权尚书左郎官,不久又因上疏言事,得罪权相贾似道而被罢官。方逢辰索性应聘婺州学堂,开坛授徒,盛况空前,从游者达数百人之多。景定二年(1261),朝廷意欲任命他为婺州知府,还未上岗就被罢官。再出任嘉兴知府,屁股还没坐热,又到瑞州(今江西高安)任知府,不等届满又被罢官。景定总共不到五年,方逢辰在此期间起起落落折腾了三回。

据方逢辰年谱记载,这期间,他曾前往东阳蒋沐的"横城义塾",参与修订《义塾纲纪》。元黄晋《文献集》之《怀远亭记》曰:横城义塾迎致故礼部尚书方公为之师。公时自著庭归卧蛟峰下,欣然为之出。其立教先德行而后文艺,凡所揭示一本于先儒,月书季考,具有程序,担簦负笈者不远数百里而来。居无何,闻廷议欲畀以婺之郡符(郡太守)。东阳婺属邑也,公遂撤皋比(讲席)而去。

方逢辰一有闲暇不是讲学就是修订教规,他似乎更适合从事教育事业,而不是在官场疲于奔波。

据方逢辰自己所言,他在横城义塾的活动,首先"与塾主相与订正所以为教之条目,一旬之中,以九日读书讲明义理,而以一日为科举业,条画具行之。越月,塾主请载之册,曰:又当创新塾而恪守之"。黄晋《远怀亭记》亦载:"其立教先德行而后文艺,凡所揭示,一本于先儒,月书季考,具有程序。"清代《浙江通志》卷一八九引《金华先民传》云:"其教法一遵白鹿洞遗规,月书季考,砻石题名,二十名以前给赠币帛书籍,其余分赠有差。"方逢辰在横城义塾所施行之"教法",即其与义塾主蒋沐"相与订正所以为教之条目",见载于《东阳横城蒋氏重修宗谱》卷首,名《义塾纲纪》。

方逢辰参与修订的《义塾纲纪》,其实是横城义塾之学规,成为义塾生徒必须遵守的规约。此学规参考了朱熹的《白鹿洞书院揭示》,明确以"义理之学、修养之道"为教育宗旨,主张恢复古昔圣贤教人为学之意,提出"修身""处事""接物"之要,作为学生实际生活和思想教育的准绳。

三

《白鹿洞书院揭示》尽管得到官方的认可,宋理宗时颁行于太学与州县官学,成为官定的正式学规,民间书院义塾也普遍采纳。但《白鹿洞书院揭示》作为学生道德行为的规范、原则,而缺少相关学业、课程的具体规定。《义塾纲纪》恰好补上了这块短板,详尽地规定了横城义塾的教学、作息内容以及奖惩措施。我们来看看它有哪些具体的内容。

一、义塾教职员工及其职责:宋代书院一般设"山长一员,教养之事皆隶焉"。山长以下设堂长、讲书、司录、学录等。民间书院因其规模小,山长、教师、执事一人兼任也属正常。但横城义塾规模较大,教职员的设置大体仿照州县官学,人数较多,分工甚细。如设置有:

学长一人,掌赞公堂教导之事,以身规矩之。凡讲说用史书,诸生有未通者,为敷陈义理而申说之。

学谕二人,掌教谕之事。凡讲书后诸生有未谕者,赞学长敷陈义理而陈说之。

直学一人,掌书塾一切事务。

司纠兼掌仪一人,掌学规及每日谒祠会揖、月朔会拜、春秋释菜之礼。

司宾一人,掌宾客迎送交际之事。

司计,月轮请一人,掌一月金谷出入之数。

司日,日轮请一人,掌公堂一日事务及诸斋坐斋、请假员数。

司膳,日轮请二人,掌一日公厨之事。

斋长,每斋一人,择斋生中齿长者为之,掌规矩一斋之事。其中学长、学谕、直学、司纠、司宾由塾主聘请学者或乡贡进士、国子进士等担任,司计以下学职由学生轮流值日。此外义塾还设工役多人,有学司、厅子、书司、斋仆、轿番、门子、堂厨、厨子、直厅、公厨厨子、火头、园子、市买等。

二、学生的入学资格及其待遇:横城义塾接受四方学子入学,"凡入塾者,不限其来,始入为陪供生,考其德业而升行供生"。这里所说的"陪供生",是指学生需自备钱米,"每人每天米二百文、重钱二十文足","每日二膳,一肉一蔬","每日晚粥、菜"。学生经德业考核合格以后,才有资格升为"行供生",即由义塾日供钱米的学生,免费食宿。这是一个创举,办学灵活有弹性,而且将学生德(品德)业(成绩)与食宿津贴挂钩,以此激励每个学生的学习积极性。官学中则无此项奖励。

三、讲授、修学规定:"望日点请职事一人讲书"。义塾每月中旬举行一次会讲。"每日昧爽闻鼓而起,升堂会揖毕,长、谕就诸生中签三人以隔日所读书,其对本各随所见详解说大义一遍。其通否则正之。诸生各执经以听,有疑者问,有见者说。毕,司纠书其通者姓名于讲簿,揖退各归斋肄业,自立课程。午后供小课,史评论说策略间之,或间以赋前二韵。晚间闻鼓再升堂,长、谕签请三人以隔日所看史,诸生应答、书簿如早间故事。"

学生每日上午、下午和晚上三次升讲堂。老师每次抽查三名学生前一天所读之书,让他们根据自己对经文的理解讲解大义,其他学生拿着书本旁听,有疑义者可提问,有不同见解的也可发言讲论。讲论有讹误则老师加以纠正,讲说通畅则记录在册以为奖惩的依据。讲课完毕,学生退回斋舍自习,其读书进度由老师预先制定。这样既有利于老师掌握学生的学习进度,进行针对性的指导,又能增强学生的学习兴趣,提高他们学习的积极性、主动性。

四、考试规定:义塾效仿太学及州县官学"月书季考"之法,规定每旬之三日举行"课试,上、中旬本经,下旬论、策间之;每试十人取拔三人"。考试分"堂试""拟试"两种。所谓堂试为一般课业测试,而拟试是指仿照科举考试方法进行的考试:"堂试只用课册,不誊录,各自封弥投柜,学司打号用印,申发考校。用卷子誊录。并具体规定"应试诸生并依参斋簿姓名别立,姓名异同者不行食""每试交课并以次早听鼓为节,早食后不收";也接受义塾之外的人来参加考试:"在外士友就试者听,若试中后行食并要坐斋。"于拟试后还"磬石题名,二十名以前给赠币帛书籍,其余分赠有差",以为学业优异者的奖励。

五、学生行为规范及其奖罚：从对学生的道德行为规范要求上，与州县官学偏重于禁止惩罚之学规稍异，横城义塾较为讲究劝诱引导，仅规定"人定时堂上击鼓，诸斋方许就寝，未鼓前撞点，有先寝者议罚""职事诸生有干事而出者书假簿""诸生犯规矩者，司纠弹之议罚"等数条。

六、义塾经费管理、使用规定：两宋时期，基于"士不可以无教，尤不可以无养"的观点，书院为可持续性发展，蒋沐于"割田租一万以隶焉"之外，对义塾的经费管理、使用也有详细的规定。横城义塾的经费支出除建置、维修书院费用以及老师薪金之外，还承担着"行供生"的食宿费用和义塾杂项开支等。

方逢辰在《义塾记》中，称誉其"教育有节"，"若夫起居出入有度，登降揖逊有数，周旋游息有矩，条目纤细备具"，其中许多内容是官学所不具备的。可以说《义塾纲纪》的修订，直接影响了此后"石峡书院"的办学方向。

方逢辰《义塾纲纪序》，落款为景定辛酉（1261）二月朝奉郎新知嘉兴府方逢辰君锡甫序。

度宗即位，咸淳元年（1265），方逢辰应召为司封郎官兼直舍人院，实录院检讨官，寻迁秘书少监、起居舍人，其后历任秘阁修撰。三年，出为江东提刑，徙江西转运副使。五年，权兵部侍郎。七年，迁吏部侍郎……累官至户部尚书，丁母忧去国，从此绝意仕途，归隐石峡书院著书讲学。

四

宋亡之时，方逢辰59岁，正是暮秋时节。元世祖忽必烈下旨征召他，派出的使臣级别不低，是御史中丞崔彧——国家最高监察机构负责人。既然是皇帝征召，直接拒绝驳回多有不便，不妨委婉一点，赋诗言志吧，题为《被召不赴》：

> 万里皇华遣使轺，姓名曾覆御前瓯。
>
> 燕台礼重金为屋，严濑风高玉作钩。
>
> 丹凤喜从天上落，白驹须向谷中求。
>
> 敲门不醒希夷睡，休怪山云着意留。

万里之外皇帝派遣使者，来征召于我。无奈归意已决，心如止水，哪怕是用燕昭王招贤纳士所筑的黄金台以及黄金打造的屋子，自己也丝毫不为所动，愿学那东汉名士严子陵，隐居垂钓于严陵濑，云山苍苍，江水泱泱，先生之风，山高水长。

白色的骏马本应有远大的志向，不应该萦于空谷之中。这里的丹凤和白驹比喻贤者和隐士，但因生不逢时，迫于环境就连白驹也只能"向谷中求"。想当年隐士陈抟，曾受周世宗召见，高卧不醒，坚不出仕，怪只怪山林白云着意要挽留于他。

如今，山林白云着意挽留于我，这一留便是终身的约定。崔彧是文臣也是直言敢谏之人，他对方逢辰心存敬意，既然话说到这个份儿上，再劝已然多余。与白云有个约定够浪漫的，崔彧不禁心生羡慕。

"石峡书院"无疑是最好的约定去处。

2020年"5·18"国际博物馆日，淳安博物馆为胡建明的水下古城摄影，成功举办了一个展览，60余幅照片的文字说明由我撰写，当我看到他传送过来的一幅幅"石峡书院"内拍摄的照片时，不由得有些小激动。我想通过这些碎片化的短镜头，力图将它拼接成一座完整的书院全景。我的努力没有变成现实，但这种想法一旦生成，便一发不可收拾。

于是，我查找资料，决定一探书院究竟。2003年，由大连出版社出版、严建刚主编的《湖底回声》一书，收录方浩然的《石峡出芝兰——石峡书院散记》一文，据方浩然先生的回忆，"书院坐落在石峡山谷中。龙山北麓山脚下的石壁和长龙山脚的石壁在这里形成一个葫芦口，天然生就的石峡，把书院的建筑物掩藏在深处，两岸青山相对出，石峡最狭窄处不过数米，一股清流缓缓地从峡中流出，水声潺潺，清澈见底，细石可数。从县城北门向北走约里许，穿过一片面积数百亩的田畈，便是石峡处。此地建有一凉亭，可供过往农家子弟在此小憩。再穿过长约20米的石峡，豁然开朗，土地平旷，又有一片大田畈展现在眼前，远望正前方小山包下，黄墙青瓦，便是石峡书院的建筑物了。如今，登上龙山岛上钟楼，楼前北侧一片广袤的水域，便是当年石峡书院的所在地"。

《湖底回声》还载有应树芳先生所撰《石峡书院》一文。应先生回忆道："书院旧址，离贺城不远。记得我读小学时，曾随同老师数次去远足（即现时的春游或秋游）过，也曾随同好友去看过。它给我留下了美好的印象。自贺城北门行两华里，有一亭立于龙山山尾端，沿渠走则峰回路转,此处,流水淙淙。续走数百步,豁然开朗,土地平旷,有良田百余亩,四周环山,苍松翠柏,覆盖山岗,望之无际。山丘之下,有一大院,就是石峡书院。书院屋舍俨然,占地五亩余,其规模之大,算得上全县之最。院门高数丈,高悬直匾'理学名家'。院门内有'石峡书院'匾额。书院为两层建筑,楼上是学生宿舍,楼下分前后两堂。入前堂石柱林立,柱上有楹联数十对。匾额十余块,均为名人手迹。"

　　方浩然、应树芳两位先生都是1930年左右生人,方浩然先生至今健在,他们青少年时期就读于"石峡书院",对书院的描述虽有小出入,但大体上是可信的。石峡书院以俯临石峡而得名,光绪《淳安县志》卷二"方舆志二·学校"记载:"在县东北三里龙山麓",即今千岛湖中心湖区龙山北麓。这与方浩然、应树芳两位先生的描述基本吻合。胡建明先生水下探摸书院遗址时,定位于龙山岛北码头外300米的地方,距离老县城大约三里。

　　应树芳先生文中提到的"理学名家"匾额,胡建明在水下探摸过程中也拍有照片,一同发给了我。"理学名家"乃竖式石匾,四字楷体阴刻,乃度宗皇帝御笔,匾额制作精良,四周云龙纹罩边,贵气雍容。由皇帝赐匾"理学名家",想来方逢辰当年名头一定不小。胡建明先生还有些石质匾额上的文字拍不太全,经我查找资料,推断为书院门联,上联为:继往开来,天传日月家传宝。下联为:重今厚古,地有山河国有材。

　　"石峡书院"是幸运的。它创建于南宋时期,虽然几经兴废,命运多舛,但结局却是圆满的,历经七百多年的风雨沧桑,直至新安江水电站筑坝蓄水,才最终淹没于千岛湖底。

五

据牟巘《重修石峡书院记》载：南宋景炎三年（1278），浙西按察佥事夹谷之奇聿至严陵，以书院中更多故，渐至颓圮，命公之子梁为山长，任责经理。于是，所当兴修者次第为之。古意复振，书院悉用武夷规模，置居仁、由义、复礼、近智四斋。每旦签讲，略说大义。

我们可以脑补一下这样的画面：一边是元军铁骑滚滚，攻城略地，举兵进犯；另一边是方梁接任书院山长一职，破土动工，兴修书院。"石峡书院"有使命担当，欲在废墟之上构建自己的文化体系，大有浴火重生的无畏精神。

随后方逢辰避地来归，方梁率人洒扫文庙，日与生徒讲明修己治人之道，修葺完工，诸生也渐渐来集。当时的情形是国土沦丧，士风颓靡；方逢辰父子所以振起而作，可谓成效显著。

改元之后，方逢辰一度亲自主讲于此，后由其弟方逢振主讲。据《宋元学案》记载，富山方一夔也曾主讲于此。南宋遗民黄蜕、何梦桂先后在此论道。汪斗建（字昌辰）在太学读书时伏阙上书攻贾似道误国，入元从方逢辰学并讲道石峡书院。吴兴庞朴也从方逢辰讲学。元明之际，应道惠、鲁渊、徐尊生也多论道于此。可谓大儒云集。

继方梁主持修缮"石峡书院"三十年后，元至大二年（1309），达鲁花赤（地方军政长官）爱祖丁亲自担纲修建石峡书院任务，别为东西二祠。东祠以奉先生（方逢辰），以先生之弟山房（方逢振）先生配。西祠以奉黄警斋（黄蜕）、何潜斋（何梦桂）二先生。新圣师，从祀像。周、程、张、朱四先生为宋朝理学之宗;方逢辰、黄蜕、何梦桂、方逢振作为淳安石峡理学之流派。黄蜕、方逢辰、何梦桂合称"三元",加上方逢振,合称"四隽"。石峡书院设蛟峰先生祠,立祀像,自元至大二年开始。可见,此次修缮在原有基础上,增扩了东西二祠,而且是官方主导的。不管出于什么政治目的,客观上对弘扬书院文化,普及书院教育是值得肯定的。

方逢辰的理学思想,承继的是朱熹学派,"以格物致知为本,以笃行为修己之要",讲求"正心诚意",推崇二程(程颢、程颐)、周子(周敦颐)与朱熹。从他目前遗存的著述看,他的理学并未形成体系,不足以开宗立派、以启山林,对后世学术产生深远影响。而只零星见于其散论文中,如《赣州兴国先贤祠堂记》[作于咸淳十年(1274)甲戌]曰:

周子将教人以穷理之所自来,不得不探天地之根、极万物之源以为言,故名曰太极。又以其形形而实无形也,故曰无极而太极。二程子将教人以体理之所实在,则不得不就日月事物切近者为言,故曰道不离器,器不离道。

这是《易经·系辞》关于"道""器"关系的论述:"形而下者谓之器,形而上者谓之道。"器为道之体,道为器之用;体用一源,如影随形,所以说"道不离器,器不离道"。二程与朱熹用"体理"来表述,实质一也。

明清之际思想家、史学家黄宗羲,在《宋元学案》中认为方逢辰"盖淳安之学皆宗陆氏,而先生独为别派一也"。我们在方逢辰的文章中确实可以看出,讲究"理"与"气"结合,在官场中更是一身"浩然正气",不与内竖、权相沆瀣一气，敢于直言时政，导致"七起七落"，但在理学上绝非"独为别派一也"。

其次，我也不认可黄宗羲所谓"盖淳安之学皆宗陆氏"的说法，窃以为，淳安学者其实大多数是宗朱氏的"理学"，朱熹几次三番到瀛山书院讲学，私淑弟子云集，"理学"成为一门显学，起到了很好的引领示范作用。陆九渊并没有来过淳安，南宋时期，"心学"传播还属于初始阶段，许多学者仍然将它归于"理学"的范畴。钱时作为淳安"心学"的代表人物，他只是陆氏的再传弟子，著书立说，开坛授徒，取得学界广泛的认可，也都需要一个过程。

我曾写过一篇文章，标题是"理学名家钱时"，有人微信上留言说，应该叫"心学名家"。这个建议提得好，我先前就有过考虑，历史问题往往如此，同一现象站在不同时代、不同角度去看，得出的结论是不一样的。当时的"心学"远未成气候，大众的认可度和辨识度不高，把"心学"(二陆)"象数"(邵雍)、"元气"(张载)、"太极"(张栻)等其他学派皆归于"理学"，这是可以理解的。朝中大臣甚至有斥之异端邪说，指摘为"伪学"的，这些都不足为奇，新生思潮从来是伴随骂声而诞生的。

话说回来，如果"淳安之学皆宗陆氏"，那么，直到明代王阳明弟子王畿莅临瀛山书院，也大可不必借《瀛山书院记》一文，隐晦地表达"心学"意欲主讲瀛山书院，充分利用其弟子周恪(时任遂安县令)和其兄周怡(太常少卿)的便利条件，力促书院由朱熹的理学转向阳明心学，占领文化思想高地，尽可能地争取热衷者、信奉者和追随者，比如像方应时这样的，从瀛山书院走出来的高才生。

书院作为一个文化阵地和学者讲会的平台，历来成为各派学者眼里的重要资源，不辞辛劳、辗转游学，传播各自学术主张，可谓你方唱罢我登台。这也从一个侧面反映了当时的一种社会思潮和文化现象：自我意识的觉醒，文化表达的张扬、炽热、活泼、宽松、自由。

六

先祖的遗风流韵悠悠绵长，始终在方逢辰的血液里徜徉。不成理学家，必为教育家。

方逢辰在《青溪县修学记》讲述了兴学的重要性：淳祐辛亥（1251），石孝闻为令尹，志于修建学校，立志"以礼义救人心之溺"，并带头捐赠俸禄，同乡也相于筹措，终于宝祐二年（1254）竣工。方逢辰称赞石孝闻此举："固足以见尹无仇民之政"，一改青溪县多年以来，官吏以赋税为功，"守迫之令，令迫之民"，以至于"弱者买吏为安，强者伍吏为市"的局面，鼓励官员积极兴学。

另在至元乙丑（1265），受邀作《常州路重修儒学记》一文，认为三代以来，"学校废，教法衰，人之道不立，天下遂为纷纷争战之场"，教育崩坏是导致国家体系、人伦纲常崩坏的主因，此后，之所以斯文未丧，皆因孔孟之教不废："后之学孔、孟者，其以四书为根本，以六经为律令，格物致知以穷此理，诚意正心以体此理……庶不负天之未丧斯文之意。"在方逢辰看来，兴学办教育不但可以知礼义、守斯文，而且可以固人心、稳社稷。

"人生而群,不可无教",这个理念来自其父亲。

方逢辰父亲名叫方镕,字伯治,别号耐轩,谦公长子。石峡谱有其传:公于宋绍熙甲寅(1194)十月十六日生,于德祐乙亥(1275)五月十七日卒,寿八十有二。娶邵氏,累封太令人,先公五年六月十六日忌。合葬合义乡二十八都之石壁飞凤形,曰石壁府君。

据嘉靖、光绪版《淳安县志·儒林》载:少以词章名两魁,郡试后,弃举业,尽心圣贤知行之学。日训诸子,所讲明必以穷理尽性为先,至于应事接物,则以持敬实践为功。后授宣教郎,秘书省检阅文字转奉直大夫,两淮制置司参谋官。

方逢辰是家中老大。二弟方逢振,字君玉,景定三年(1262)进士,历国史实录院检阅文字,迁大府寺簿。宋亡退隐于家,讲学于石峡书院,人称山房先生。三弟方逢源。

妻子名叫邵满,据方逢辰《恭人邵氏墓志铭》载:"方逢辰之妻,乃吾母夫人之姪也,名满,生于嘉定癸未十六年(1223)六月十日,以淳祐辛丑(1241)归于我……男三人:国孙、梦孙、鄱孙;女三人:省女、福女、孑女。"可惜34岁那年就去世了;方逢辰在墓志铭中称赞妻子"秉心塞渊",说她持家用心,踏实深远。

另据《蛟峰先生阡表》载:"(方逢辰)再娶朱氏,子男三人,长梁,太学生;次栋;次杰。女三人,长(德纯)适修职郎无为军无为县主簿徐敏中,次(德恭)适武学生项雄飞,次(德温)适邵元廷。"

朱氏所生长子名叫方梁,于至元戊寅(1338),出任石峡书院山长。儿子接替书院"山长"之位,乃是顺理成章。这样他就可以腾出更多时间著书立说。

三元宰相商辂曾在《蛟峰方先生文集序》里说：

宋蛟峰先生学圣贤之学，期以行圣贤之道，制科首选，才猷已概见矣。自是而入参法从可也。进秉钧轴可也。而乃使之低徊于群僚中位，不副其名，而才弗竟其施，遂使致君泽民之术，徒见于书疏文字之间。夫然后浩然而归，与一二同志，举圣贤之道，讲而明之，以诏示方来。此石峡书院之名，所为与洙泗同传于悠久也欤！予生也晚，素勤想慕。往岁家食时，尝敬造石峡山中，追寻先生遗躅，而断烟落日，惟见残碑数片欹斜于芳草之间而已。兹先生裔孙渊胄贡来京，偕其任兵科给事中辅，持先生遗文见示，俾为之序。噫！先生之文如秋霜烈日，类其为人。览者当自有得，奚俟予言。特以用世之志有未尽遂，人固无能知者。此予之言，所以不容已也。先生姓方氏，讳逢辰，字君锡，别号蛟峰，世家严之淳安。擢理宗朝进士，累官吏部侍郎、礼部尚书，阶中奉大夫，爵淳安县开国男，而其职止于修撰而已。先生所著：有《孝经章句》《易外传图说》《尚书、中庸、大学释传》《名物蒙求》诸书，是皆文集所未载者。黄文献公晋卿，撰先生阡表有曰："公之道虽不行于当时，而其学有以传于后世。"真名言云。

景泰三年壬申仲冬至日，赐进士及第、嘉议大夫、兵部左侍郎、翰林院学士兼左春坊大学士、直文渊阁知制诰经筵官、同邑后学商辂拜书。

商辂所说"往岁家食时，尝敬造石峡山中"，"家食"即不食公家俸禄。商辂于宣德十年(1435)乡试摘魁(解元)之前,他曾专程造访"石峡书院",当时所见景象是断烟落日、残碑欹斜,一派荒凉凄楚。"石峡书院"如风烛残年的老者,已是颓败不堪,摇摇欲坠。

明初百废待兴,石峡书院经历了相当长一段沉寂期。"田入于官,士养于学,而书院遂废"(光绪《淳安县志》)。直到正统四年(1439),"县令洪公渊始于旧址重建祠堂"(嘉靖《淳安县志》)。此后,成化十三年(1477),"知县汪贵又重修祠堂"(嘉靖《淳安县志》)。

明代正德年间,知县高鹏倡导重修书院。据高鹏《重修石峡书院记》载:正德庚辰(1520)首夏,正郎蒋公与余寻胜于石峡书院,见其垣于尽废,故址犹存,残碑遗像偃然于荒烟草野间,经请于两浙宗师盛之后,爰辟草莱,起仆石,一镌洗而新之,鸠工于九月既望,落成于辛巳(1521)春三月,高其垣墉,其中为祠堂,堂之外有门,丹垩不施,翼然规模宏远。

石峡谱载正德十六年《严州府淳安县为修理先贤祠宇事》贴,称"国朝另建学官,作养人材,因以擅宇奉祀蛟峰等贤,其基址税粮一概蠲免,年月经久,祠宇日废……诚为缺典,呈乞修理"。此次修理由方逢辰裔孙方俌督工,并准许"四围原额官田地塘八亩取租,以备整理祠宇等项"。

准许"四围原额官田地塘八亩取租,以备整理祠宇等项",这是书院学田的保障。学田可以为书院建设修缮、师生膳食,乃至参加考试等提供经费支持。早期的石峡书院,从学之士多裹粮而来。后置书院附近田地十余亩,蠲租养士,以示奖励。元初,方梁兄弟以吴会平江田二百一十亩为赠。至元、至大年间,县尹爱祖丁新县学,增学田,士之裕于家者乐以田入，还有义士助田租以入之，以养士贤。

商辂所说"兹先生裔孙渊应贡来京，偕其侄兵科给事中辅，持先生遗文见示，俾为之序噫！先生之文如秋霜烈日，类其为人，览者当有自得。奚俟予言，特以用世之志有弗尽遂，人固无能知者"。这个"裔孙"，是方逢辰五世孙方渊，是他收集整理了方逢辰散失的文章，辑为《蛟峰方先生文集》八卷，亲自到京城请商辂写篇序言。商辂对此评价颇高，谓之"文如秋霜烈日"，跟他的为人一样，正气凛然，豪健奇挺。

商辂序言提道："（方逢辰）低回于群僚中位，不副其名，而才弗竟其施，遂使致君泽民之术，徒见于书疏文字之间。"商辂为方逢辰觉得惋惜，有"致君泽民"之心，却无施展才能之地，说他："其职业止于修撰而已，先生所著有《孝经章句》《易外传图说》《尚书、中庸、大学释传》《名物蒙求》诸书，是皆文集所未载者。"

七

《名物蒙求》还是我国早期儿童读物之一。众所周知，《千字文》是南朝梁朝散骑侍郎、给事中周兴嗣编纂而成，由一千个汉字组成的韵文，成为我国最早的儿童启蒙读物。宋元时期，儿童读物则有《百家姓》《三字经》等。到了明代，《小四书》开始流行。所谓《小四书》是为了有别于朱熹的《四书》。朱升将四种蒙书，即方逢辰所著《名物蒙求》、程若庸所著《性理字训》、黄继善所著《史学提要》，以及陈栎所著《历代蒙求》，合而为一，称为《小四书》。此四书者，四字成言，幼童所识，精熟融会，成为明代官学、私学中，儿童必读的启蒙教材。

《名物蒙求》的"名物"，即事物的名号及貌象声色；"蒙求"取《易·蒙卦》之意："匪我求童蒙，童蒙求我。"全书分为天文、地舆、人伦、草木、鸟兽、时令、饮食、宫室、器用等十六个部类。如：

"地舆"篇曰：

天尊地卑，乾坤定位。轻清为天，重浊为地。

丽乎天者，日月星辰。润以雨露，鼓以风霆。

云维何兴？以水之升。雨维何降？以云之烝。

阳为阴系，风旋飙回。阳为阴蓄，迸裂而雷。

"人伦"篇曰：

中于天地，惟人最灵。耳目鼻口，具人之形。

得其清者，圣人贤人。得其浊者，愚夫凡民。

读书为士，耕田为农。行商坐贾，技艺曰工。

是谓四民，各有所业。其为士者，豪俊英杰。

"时令"篇曰：

天地之初，既有民物。苟无四时，何以作息？

春生夏长，秋收冬藏。春为木德，盛于东方。

草木甲坼，鸟兽孳育。人民在田，播种百谷。

夏为火德，万物钦荣。人民在田，以籽以耘。

"饮食"篇曰：

生民之初，未有火食。始自庖牺，教民炮炙。

生民之初，未有粒食。始自农稷，教民稼穑。

古之圣贤，奉己甚薄。饭以粝粱，羹以藜藿。

禹恶旨酒，孔饭疏食。孝以菽水，礼以鸡黍。

"鸟兽"篇曰：

草木之外，鸟兽虫豸。彼虽微物，亦有天理。

蜂蚁君臣，虎狼父子。慈乌反哺，羔羊跪乳。

雎鸠有别，鸿雁有序。豺獭报本，犬马恋主。

骀不履草，恶伤乎物。狐必首丘，不忘所出。

　　方逢辰在《名物蒙求·序》中说："童蒙未识宇宙内事，虽此身不识其所从来，况同胞同与者乎！法当从事物上起。予弱冠时业书馆，苦于初学聪明不开，为作蒙求一卷，教之以天高地下，万物散殊，人物之大原，人伦之大本，次及其饮食、衣服，切己日用处，使之先识其名，次通其义。积习既久，虽木石之愚者，亦豁然为之开明，然后知天地间无不可教之人。伊川程（颐）先生曰：今日格一物，明日格一物，然后当脱然有贯通处。初学之学虽与大学之格物不同，然太极之冲漠无朕者，岂在万象森然之外哉？此之所教特先其近者、小者，而所谓远者、大者，亦不离乎此而已矣。"（《蛟峰先生文集》卷四）

　　方逢辰的《名物蒙求》，由浅近到深远、由具象到抽象、由感性到理性,符合童蒙的思维规律。两千余字的四字韵语,读之朗朗上口,对天地万物产生浓厚兴趣,触发儿童强烈的好奇心,引导儿童探索的脚步。

<h1 style="text-align:center">八</h1>

归隐期间方逢辰也是以诗词寄怀,他现存诗歌数量不多,总共42首,收录于《全宋诗》。

《蛟峰先生文集》卷三收录一篇方逢辰状元及第后,县里打算给他建造一座状元楼,他听闻后立马给当时的知县石孝闻提出了自己的意见,写了篇《辞建状元楼》书信,读之情真意切。

某照得本县见差,修造司打量基址,欲议建楼。问之,则曰为某设也。此固是乡邦胜观,贤令尹之盛心,于某何辞。然某为见田里嗷嗷,县庭烈烈。某自束发读父书,便以致君泽民自任。每观后稷视天下饥,由己饥之。伊尹见一夫失所,若己推而纳之沟中,作而叹曰:彼何人也!某仰蒙圣渥,尘忝甲科,则又将以致君泽民之责自任矣。爰自期集来归,闭户焚香,置书一卷,将前贤事业日夜讨论,将天下利害日夜静思,求所以报君父而慰苍生,岂有虑周四海而不及父母之邦乎!且淳之为邑,吏猾民贫,斧斤之余,元气有几?遭霜之叶,不可以风。毒民之尤,莫如里役。一人之身,责之警捕,责之风火,责之桥道,责之督赋,责之追会。文移如山,欲其顷刻为之僮散。卒徒如云,欲其仓卒为之唤集。抛买不时,欲其质田贸屋而为之偿纳。县道倚之如命脉,而使之如奴隶,取之如外府，嫉之如他仇。自去年创置白纳旬解钱米，谁生厉阶，其祸最深！充一月之役，扫其家资之半。充数月其役者，其家扫地矣。贤令尹下车之初，首闻明榜罢此弊例，一邑闻之为之鼓舞。曾几何时，罢而复行。迩来乡之父老过门者曰："子闻'保司白纳旬三百，典尽妻儿无掣画'之诗乎？"曰："未也。""子闻'龁标八九十年同，百万豪家一夜空'之诗乎？"曰："未也。""子闻县家建楼之议乎？"曰："尝闻之矣。"父老勃然告曰："楼则闻而田里咨怨则不闻，苍生何赖于子？"某竦然下拜曰："某之罪也，旦夕当请于贤令尹，以造楼之费少纾保司白纳之祸。"此举于某无益，于贤令尹有益。其从与否，某虽不敢必，若楼，则决不容于不罢。惟高明实利图之，须至申闻者。伏乞照会。谨状。

听说县衙工程部门欲选址建造"状元楼"，我一打听原来是为我建造的。这本来可以成为县域一处景观，也体现了县令的一片盛心，我没有理由推辞。但我见境内田地歉收，老百姓生活窘迫，县衙门庭却很显赫。我自小在父亲的书馆读书，父亲常常教导我，上要为国家君主效力，下要为百姓苍生谋福。我把它当成自己的座右铭。每次读书读到谷神后稷，视天下苍生饥饿，犹如自己饿肚子一样。伊尹只要有一个人不得尽其才、得其位，就觉得是自己的过错。我仰蒙皇上的渥恩，忝列甲科之首，更是要把为国家效力、为百姓谋福作为自己的责任。自从金榜题名聚集游宴归家，我闭门焚香，将前贤们的事业和天下的利害关系，日夜进行思考，以求报答国家与苍生的良策，哪里有只考虑天下而不考虑家乡的道理？

淳安县的情况是老百姓贫困而官吏奸猾,在官吏盘剥之下,百姓还有多少元气?遭受寒霜的叶子,不可再受疾风摧残。荼毒百姓,没有比乡里差役之事更厉害的了。他们要承担戒备、搜捕之责,承担风火之责,承担桥梁、道路建设之责,承担赋税之责,承担追查寇盗之责。官府文书如山到,顷刻之间便欲人供其驱使;差役如云,仓猝之间就要为之召集;假如你筹措不及时,抵押田地、卖掉房子来偿还交纳。官府本应把百姓视如命脉,而驱使他们却像奴隶一般,把百姓当作仇敌看待。

去年开始又创置一种"白纳旬解钱米"。南宋时期,有很多烦琐苛细的税目,比如月桩钱,就是供应军事开支而设立的,勒令各州县按月解送。州县无所从出,便巧立名目,向百姓榨取。两浙路税额最重,有什么白纳醋钱、曲引钱、卖纸钱、保正牌限钱、折纳牛皮、牛筋、牛角钱,诉讼赢者还有欢喜钱,输者有罚钱,等等。广大的自耕农、半耕农和佃农,则是赋税的直接承担者。

方逢辰这里所说"白纳旬解钱米",应该是十天一解送,比之按月一解的"月桩钱"更为急迫,祸害更深。一户人家充一个月差役,家产的一半就充没了;几个月充下来,整个家都会充没了。县令你当初上任伊始,曾明确表示革除此弊,全县百姓闻之欢欣鼓舞。曾几何时,被你罢除的又恢复如初。近来有位家乡的长者对我说:"你听说过'保司白纳旬三百,典尽妻儿无擘画'这首诗吗?"我说:"未曾听说过。"又问:"你听说过'靘标八九十年同,百万豪家一夜空'这首诗吗?"我告诉他:"没有听说过。"再问:"那你听说过县太爷想为你建造状元楼这件事吗?"我回答说:"听说过的。"这位长者怒气冲冲地对我说:"建状元楼你听进去了，而老百姓的嗟叹怨恨你却听不见，让老百姓今后怎么指望你呢？"

我惊惧不已，给这位长者拜揖道："这是我的罪过啊，早晚会将这件事禀告县令，省下建造状元楼的经费，或许略微可以解除那些杂税之祸吧。"停建状元楼对我没有好处，而对你的形象大有增益。你是否采纳，我不敢保证。但此楼决不允许再建。

看了这篇文章你有何感想？我觉得，方逢辰是设身处地替淳安老百姓着想，官府想要建造"状元楼"，若其财力不足，必然巧立名目，盘剥百姓，把费用转嫁给淳安每一位老百姓头上。方逢辰没有被状元的虚名冲昏头脑，这样修建的"状元楼"只能让他内心不安，他无福消受。于是，秉笔直言，敢于针砭时弊，敢于有错必纠，敢于无视流俗，敢于为民请命。这是他骨子里的性格决定的。

宝祐三年(1255)，方逢辰因上疏直言得罪理宗挂冠回籍，是年冬十月去访朋友卢珏。卢珏，字登父，号可庵，淳安人。曾中乡举第一，入元不仕。在家乡建有一楼，名"天边风露楼"，方逢辰有诗《题卢可庵天边风露楼》：

龙泉三尺倚天横，浊气滔滔我独清。
一柱高台仙掌起，愿推一滴活苍生。

诗中表达一种高蹈之情，与屈原放逐沅江时的心气是相通的：众人皆醉我独醒，不与流俗共沉浮。"愿推一滴活苍生"，此语与杨朱"拔一毛而利天下吾不为也"恰恰相反。杨朱是极端的利己主义者，哪怕拔一根毫毛能利济苍生，他也不愿意去做。方逢辰"致君泽民"不改初心，只要是对天下有利，哪怕有一滴仙露也愿意推济苍生。

九

方逢辰性格刚正劲节，不同流俗，上得罪皇帝，下得罪权相，我查阅《宋史》未见有其传记，正遗憾之间，偶然看到明代学者杨廉的《跋富山十景诗集后》，内中叹曰："（杨）廉早岁得蛟峰集读之，如获海外奇宝，尝爱其'燕台礼重为金屋，严濑风高玉作钩'之句，然亦未尝不慨叹《宋史》不为之立传也。"（《杨文恪公文集》）这样的遗憾看来不止少数。

《宋史》是官方修的，自古以来，百姓心中有杆秤，不入官史无关紧要，就像方逢辰评价他妻子"秉心塞渊"，只要踏实深远就足够了，后人会铭记在心。"达则兼济天下，穷则独善其身。"这是孟子所谓"贤者"的标准。"石峡三贤"自此以超逸的情怀传递着文化的信息。

师道尊严，香火奉祀，必要的仪式感不可或缺，三十年后，石峡书院又特为方逢辰建立塑像，元徐持敬《立蛟峰先生塑像记》载："至顺三年（1332）冬十月朔，故侍读尚书蛟峰先生方公塑像成，诸生徐持敬以下四十二人乃舍菜以告曰：'先生以幅巾深衣像，待缘如爵。谕者每谓宋三百年，而此郡山川之灵，磅礴块圠，仅先生一人出状元高科者，盖天下无与为比。此足为先生荣。然未知先生刚直之气，不附时相。归创书院，一以教学为事，直与白鹿洞同一气象。'"

由此可见，徐持敬也是石峡书院的弟子，他率领其他弟子四十二人，行古代"释菜礼"，向先师（方逢辰）祭奠。说他"刚直之气，不附时相"，我非常赞同，这个观点与后来商辂的评价也相当一致："文如秋霜烈日"，文章与为人一样，正气凛然，豪健奇挺。方氏一族倾心教育不遗余力，捐田捐资确有据可考。

好友何梦桂留诗一首《石峡书院蛟峰先生碑像赞》：

大原孔孟，的派朱张。

忠恕弘毅，刚大直方。

义存出处，道系存亡。

立言垂训，德久弥光。

徐持敬也有《拜观先师蛟峰先生历任岁月与平生著述有感诗》：

灵蛟久化想仪型，座上春风十载情。

青史定书名法从，白头犹有老门生。

痛心无复丘原起，病眼相看涕泪横。

绿鬓功名好孙子，遗言一一赖编成。

富山方一夔有《挽蛟峰先生》一诗曰：

前代衣冠第一人，老来鸣道振遗音。

勋庸臣子平生志,书易圣贤千古心。

士愿执经来鹿洞,客求挟册售鸡林。

飞仙虽去斯文在,山阁神光照斗参。

我想这些评价都颇为中肯,来自他们内心的真情。

十

近日在网上查阅方逢辰的相关文章,看到方明华先生刊有一篇《石峡书院》,里面有这样一段话:"既然能考中状元,必定是人中龙凤、马中良驹。有一位好友曾在网络上浏览过一则文章,说方逢辰'右足跛,左目眇'(意即右脚瘸,左眼瞎),问我是否真实?我随即也上网查阅了他所说的文章,但是一时无法作答。一般而言,科举殿试时皇帝钦点状元是要看人长相的,残疾人成为状元的可能性微乎其微。但宋时,社会较为宽松,这种可能性也不是没有。"

我想这也是网友关心的话题。状元到底长啥样?我本人不属于颜值控,不太关心这类问题,但阅读相关资料恰好看到有时人的记载,不妨顺带说几句。

元人黄晋《蛟峰先生阡表》有这样一段话:"故宋礼部尚书方公,历仕三朝,为时名臣。学者因其自号,称之曰蛟峰先生。……公人物魁岸,声如洪钟,磊落如青天白日,浑沦醇厚,不见涯涘。观书至老不疲,视纷华盛丽事蔑如也。待诸父昆弟子侄各尽其礼,接物以诚而无不悦服,不为察察而自莫能欺。公卒于至元二十八年(1291)正月三日,享年七十有一,以三十年(1293)三月二十九日葬于县西之安溪。"

作者黄晋(1277—1357),浙江义乌人,元代著名理学家、文学家、教育家、书画家。他出生之时,方逢辰56岁。黄晋眼里的方逢辰、黄晋笔下的方逢辰,都是如此高端上档次,仪表堂堂,"人物魁岸,声如洪钟,磊落如青天白日",是不是一个贤良方正的俊男形象?

贤者,谓德行与才能兼备也,得志时能让天下人受益,哪怕不得志也要约束自己,加强道德修养。单是考中进士未必可以称贤,历史上的贪官污吏大多是进士出身,后世留有骂名的也不在少数。方逢辰贤从何来?

方逢辰之贤源于其文化品格,教化育人是立德,书院传承是立功,著书立说是立言,此谓之"三不朽"。方逢辰的"七起七落"与其文化品格息息相关。他是一位官员,更是一位学者、一位教育家、一位文化人,文化人一个重要的标签,就是不会被浮云遮眼、欲念加身,不会随波逐流、与世沉浮。这是一种态度,是一种坚守,是一种自信,是一种精神,是一种力量,更是一种融入骨子里的高贵。

这一趟,我走近龙山岸边和水下的"石峡书院",走入方逢辰的内心世界,走进宋元更迭的朝代……等我走出来时,不再有当初的神秘感,不再为当年没有游到龙山岛、选择中途放弃而无法释怀,不再残留那一丝的遗憾。因为我追随的脚步始终不曾停滞,追随文化、热衷文化,我将再次把目光投注到下一个书院、下一个文化名人的身上。

让每一次遗憾,都成为未来可期的铺垫。

易峰书院

一

到目前为止,我写过的淳安历史人物将近四十位,总觉得其中"高人"不多。我所谓的"高人"不是指官阶、职位的高低,也不是指学术、学问的高低,而是指"修为"和"内证"功夫的高低。何梦桂进入我的视野,符合我所谓"高人"的标准。

与他同时期"石峡三贤"之一方逢辰的文章,如《蛟峰先生文集》,我基本通读过一遍,文辞艰涩倒在其次,是总找不到那种化茧成蝶、痛快淋漓的感受。文集中"讲义"与"策""论"等,多专注于对经传的阐释,而游离于鲜活的真相,对于时弊的针砭,我认为他倒是能入木三分。

二

何梦桂作有一篇《易庵记》,原文有点长,但写景状物很细致,我们可以跟着他的脚步,一起去探寻易峰庵的秘密;同时,也有助于我们迁

易峰书院

想寻踪"易峰书院"的前世今生。记曰：

　　文昌山水为东里胜，何氏家世其间。前瞰双溪，后枕三阜，湍流清泚，林木郁葱。其人端靖朴茂，有淳古风。三阜中间，盘旋成谷，深可六七里，清泉白石，古树幽花，邈在人世风雨外。潜阳子庐于谷口，庐西偏穿径道山，盘屈而入，逦迤可二百步，竖桥三阜间，下俯清流。跨涧陟山，西南转，萦迂而上，有山岿然。前踞后矗，中若蜗然，广逾数亩，筑室三间，匾曰"易庵"，从衡楹二十，中为潜阳子居游之室，翼以两斋，四面辟牖，右贮书史，左置床榻。四时徜徉俯仰，食于斯，息于斯，诗于斯，酒于斯，学于斯，得于斯，且将老死于斯，盖不知穹壤之高下，寒暑之推迁也！暇日隐几，嗒然而起，虚室坐忘，吉祥止止。于是招青鸾，引清泉，呼松竹，侣鱼鸢，与之语曰：予与若居三载矣，若知吾易庵之趣乎？异哉，吾之《易》乎？羲不能画，文不能象，姬、孔不能赞。吾俯仰取之无不足，吾以强名吾庵，双扉阖辟，乾坤两关，一阖一辟，复遘中间，位坎、离而左右，乘震、艮而往还，然未足以尽吾《易》之妙用也。至于云霞聚散，烟雨阴晴，水月吐吞，晞阳出没，山光泉色，随景变态，不可名状。而又古松老杉，修柯蔓云，如龙蛇天矫，丛萝蔓薜，掩翳蒙幂，鸟巢其间，呼鸣啾唧，飞泉瀑布，下溅危石。霖潦则怒号如雷霆，潺湲则锵鸣如环佩樵竖琴瑟，径出半山，仰望如在云际，耕锄晨入，樵牧晚归，眇在苍烟细雨中，仿佛如画，前歌后答，但闻人声隐隐飞落半空。凡此，皆天地间自然之《易》也。景物无穷，千态万状，不过一阴一阳，往来变化，触目会心，何者非《易》？吾以一身，穷年偃蹇，不出是间，吾将以天地为一室，日月为两户,众山为壁牖,万物为徒御,其能蓄于环堵之内,如蜗牛蟪螺,自认以为已足乎？或者不察吾言,谓其大而无当,往而不返,且将惊怖以为荒唐诞谩也。夫有实而无乎处者,宇也;有长而无本剽者,宙也;有目有趾,同圉其中而不知道者,众也。使其不以吾言为荒唐,为诞谩,则天下之知其道者,固众矣,吾将大而小之,往而复之,则又入于无所纪极,而天下愈不可知矣。虽然,余妄言之,而(尔)亦妄听之。奚吾将归来乎？无有逍遥乎？不测浮游乎？环中以为之室,无门无旁,无处无人,大包宇宙,细入芒芴。凡吾生死穷通,动静语默,不出其域,此盖千圣之所归,万生之所息也。至此,则不惟或者不知吾欲,知之而亦不可得矣。《道德经》曰:"天地中间,其犹橐龠乎?虚而不屈,动而愈出。"意者,天地其知之乎？《系辞》曰:"圣人以此洗心,退藏于密。"意者,圣人其知之乎？问诸天地,天地无言,问诸圣人,圣人不容言。吾欲言而终忘吾言矣。或者不得问,拱默而退,姑记其事,以俟来者。潜阳子不记姓氏,或云派出先天包牺氏,名之曰复,漆园子字之曰天根。

岁在强圉赤奋若夏五望,潜阳子记

　　他说文昌村实乃形胜之地,何氏一族世世代代居住于此,村前可以俯瞰浪洞源和丰源溪二水汇流,村后枕着三座小山丘,合抱着村庄。溪水清澈,林木青翠,山环水绕。村民端庄恬静,古风犹存。三座山丘的中间,盘旋成谷,纵深可达六七里,沿途清泉见底,古树幽花,仿佛世外桃源一般。

　　我在谷口结庐而居,在我房子西侧,沿着山径小道,弯弯曲曲逆流而行二百步左右,有三座小桥架设在三座山丘分界的溪涧,下临清流。跨过涧水登高,往西南方向旋绕而上,赫然见一山岿然,山势前低后高,中间平坦,有数亩之大,我选择在此建造房屋三间,其匾额曰"易庵"。中间的作为我自己的居所,边上设置两个斋室,四面都开了窗户,右边储存书籍,左边放置床榻。一年四季生活于此,吃饭睡觉、喝酒吟诗、读书著述均在于此,打算将来终老于此,不问外面的世界,不知寒暑的变迁。

有一天我靠在几案上,默然而起,有一种坐忘虚灵的感觉,心生喜乐吉祥之情。何梦桂所说的"吉祥止止",实则是修炼过程中的一种"瑞相",是一种特定阶段实证的功夫,也是修道途中的必由之路,没有捷径可走。

他说设置二斋,据我推测应该是斋戒修炼的场所,室内陈设与别处也有所不同,需要预设一些不时之需。

"虚室坐忘"是一种境界,只有入定后才能体验,而入定非常人所为,没有德行入不了定。何梦桂研究《易经》,自然明白《易经》所谓"厚德载物"的真实旨意。修德其实就是做减法,减少物欲,减少贪欲,减少名利之欲,欲减一分,德进一层,清心寡欲,水到渠成。

于是乎,我招来青鸾相伴,引入清泉,以松竹、鱼、鹰为侣,跟它们说:我与你们同居三年,你们晓得"易庵居"的乐趣吗?这里大异其趣吧。我所谓的"易",伏羲不能画,卦象不能解,周公与孔子不能赞。我俯仰天地之间,取之不尽用之不竭,勉强用"易庵"称之。两扇大门闭合开启之间,关乎乾坤两卦,一闭一开均与卦象相关,阴阳交合,震起艮止,循环往复。这些还都不能达到我所说的"易"之妙用。

至于云霞聚散,烟雨阴晴,水月吐吞,朝阳出没,山光泉色,随景变化,不可一一道明。那些古松老杉,高耸入云,如龙蛇腾空;丛萝蔓薜,犹如绿巾遮蔽;小鸟筑巢其间,呼鸣啾唧;飞泉瀑布,下溅危石。每逢雨季瀑布发出的怒号声有如雷霆一般,枯水季节水势潺湲,清越之声如同玉珮相撞;砍柴的小孩儿结伴而出,在这半山腰中,抬头看去好像都在云端一样;农夫晨起耕田除草,樵夫牧童傍晚归家,在苍烟细雨中看去,仿佛画中一样,前面歌唱,后面应答,那声音仿佛从半空中飞落而下。这些景象,都是自然万物之"易"。景物尽管呈现千变万化的状态,不过都是阴阳变换的结果,触目会心,皆逃不脱"易"的范畴。

我一生困顿,决定不离开这间屋子,把天地作为一室,日月作为两扇大门,群山作为墙壁和窗户,万物作为挽车驾马人,我把它们聚集于这么狭小的空间,就像蜗牛和蠮螉,能自我满足吗?又或者没有听明白我的话,认为大话连篇没有边际,一说下去就回不到原来的话题上,故而惊恐于这样的言论,认为荒诞虚妄也。

空间存在着,却不见存在的场所。那么,空间是"宇";时间延续着,却不见延续的过程,那么,时间是"宙"。人与蜗牛、蠮螉同处一室,不明白这个道理的多了去,也有人不觉得我说的话荒唐、虚妄,那么,天下明白这个道理的人也多了去。我把大的、重的事、物,当成小的、轻的事、物来对待,把起点当成终点,又像进入一个没有限度的空间,天地愈发不可测知也。我乱说一通,你们也就随便听听罢。

怎么,我就这样归来了吗?不再自由自在、无拘无束神游了吗?

不再生起浮游之心了吗？不如把本心当作家室,这里没有大门也没有边际,无处无人无道,大到包含宇宙万物,小到细微不可辨认。我的生死穷通,动静语默,一概逃不出这个范围。这里也是圣人所归之处,万物要经历生息的过程。至此,不思虑又或不知我这种状态,即便知道也不可得此境矣。《道德经》曰:天地之间,岂不像个风箱一样吗?它空虚而不枯竭,越鼓动风越多,生生不息。或许天地知道吧?《系辞》曰:圣人只有涤除内心的杂念,退藏自己最隐秘的深处,才能明白心性的本体。或许圣人明白吧?你去问问天地,天地不会告诉你,你去问问圣人,圣人不能告诉你。我想告诉你但又无法用语言表述。只得拱手缄默,退归记录其事,以等待将来的人。

潜阳子不记得姓甚名谁,有人说可能系出包牺氏一脉,名之曰复,漆园子字之曰天根。

落款为:"岁在强圉赤奋若夏五望"。

何梦桂文末用的是岁星纪年法。岁星纪年法中"强圉赤奋若"对应到干支纪年法为强圉(丁)赤奋若(丑)年。"望日"就是农历的每月十五日。"夏五望"应该是指夏历(农历)的五月十五日。可见,此文作于南宋端宗景炎二年(1277),何梦桂时年49岁。

三

《易庵记》既是何梦桂创建"易庵"居所的一个过程,又是他修仙得道过程的一份心境。对于这样一位"高人",我们不只是仰视他的仙窟云路,还要俯视他生活的这片土地,为厘清这位"高人"的成长足迹,我查阅了《文昌何氏宗谱》。

谱分上中下三册。在旧序里我发现了三元宰相商辂写的《何氏重新宗谱序》,自觉眼前一亮。此序作于明代景泰年间,估计是重修族谱之时,商辂受邀所作,内云:"……谱有可稽者,曰牧亭侯腾(公),再传之东晋,吏部侍郎文建公太康中罢官,由(临安)于潜徙居今淳安之文昌,子孙遂定家焉。自唐而宋,代有闻人。咸淳中,潜斋先生以进士高第,显名当时,著书立言,光启后嗣。于是,文昌之何,闻望益著,有以哉!"落款:"景泰三年壬申夏六月朔。"

商辂说的潜斋先生,便是《易庵记》中自称"潜阳子"的何梦桂。

追本溯源,按图索骥。我又找到了明版的《文昌何氏宗谱》,查阅了关于何梦桂的所有记载。

何梦桂(1229—1303),字岩叟,号潜斋。初名应祈,字申甫。璀长子。为人孝友,度量宽洪,天资颖悟,过目成诵。自幼从学于名师夏讷斋,深受教益。与同邑方蛟峰(方逢辰)、黄警斋(黄蜕)两先生肄业石峡书院,又与陈止斋、方可斋诸名儒往来讲论,造诣超出流辈。宋度宗咸淳乙丑(1265),以易经廷试第三名探花,赐进士及第。与侄景文同榜,御赐彩联云:"一门登两第,百里足三元。"又云:"子拜丹墀亲未老,叔登金榜侄同年。"

短短一段话里包含了六层意思。一是梦桂为家中的长子。二是他拜师夏讷斋先生。三是与方逢辰、黄蜕一同求学于石峡书院。四是与陈止斋、方可斋诸名儒交往。五是以易经廷试第三名探花。六是与侄儿何景文同榜中进士。

何梦桂父亲何瓌,字公器,自幼岐嶷,资性不凡,以明经举,拜官翰林检阅,职掌点校书籍。娶王氏为妻,卒后合葬于十三都天乐观前湖山。有三个儿子,长子梦桂,次子梦材(从小过继给伯父何凤),三子应祖。

梦桂自幼师从于夏讷斋先生。从零碎的史料记载判断,夏先生也是一位隐士高人,他自称"本心翁"。何瓌请他作为儿子的塾师也在情理之中。夏先生还曾执掌石峡书院,象方逢辰、黄蜕等人也是夏先生的门人。

据夏先生另一个门人陈达叟描述,夏先生还是一个吃货,他不但精研《易经》,另对美食也有独创,生活非常有情趣,格调还很高雅:"本心翁斋居宴坐,玩先天易,对博山炉,纸帐梅花,石鼎茶叶,自奉泊如也。客从方外来,竟日清言,各有饥色,呼山童,供蔬馔,客尝之,谓无人间烟火气。问食谱,因口授二十品,每品赞十六字,与味道腴者共之。"(陈达叟编《本心斋蔬食谱》)

说本心翁这个老头淡泊名利,闲居在家,专心研习《易经》里的先天卦象,面对着博山香炉里的缕缕青烟,纸质屏风上绘着梅花图案,石鼎里还烹煮着香茶,优雅自在,淡泊安闲。有个出家人专程来拜访他,两人说经论禅,清谈了一整天,都觉得有些饿了。本心翁嘱咐家仆去烧几个家常蔬菜,用来招待出家人。客人吃了以后,赞不绝口,夸赞这些菜没有一点人间烟火气,并向本心翁请教做菜的秘诀。本心翁毫无保留,口授了二十道食谱,每道食谱还另加了十六个字的评语。

本心翁绝非浪得虚名，他精研易经，品着香茗，虽身处红尘，却心游物外，逸趣自生，不但懂得烹饪方法，还能优雅地将烧菜过程用文辞表达出来，可谓一菜一尘缘，一念一清净，精致而博学，果然活出了"本心"。

梦桂跟着这样一位老师，对他今后人生成长是大有裨益的。他与方逢辰、黄蜕一同求学于石峡书院，其间还是夏讷斋执掌书院教学。三人中黄蜕最先中举，是理宗淳祐七年（1247）丁未科廷试第二名，俗称"榜眼"。时方逢辰与何梦桂没有参加考试。方逢辰比何梦桂年长九岁，他跑去祝贺黄蜕，现场留下了"状元留后举，榜眼探先锋"之句道贺。黄蜕遂以"欲与状元留地位，先将榜眼破天荒"来巧妙应答。不想一语中的，三年后的庚戌科（1250），方逢辰果然在廷试中钦点状元。

也许黄蜕不曾想到，十五年后，继他这个榜眼探了先锋之后，继方逢辰中状元后，从石峡书院又走出了一名探花。

度宗咸淳元年（1265）乙丑科，何梦桂赴杭城参加省试，一举夺得魁首，同年秋试再传喜讯，度宗临轩策士，亲擢廷试第三名。正是："春风得意马蹄疾，一日看遍杭城花。"

石峡书院从此名声大噪。

后人有诗描写石峡书院："峡里泉声咽，跳珠溅客裳。徘徊先哲地，漱石有书香。"啧啧，就连冲刷岩石的泉水都带有书香味，好不令人神往。

四

同学胡建明是潜水爱好者,曾协助中央电视台对水下古城进行探摸直播,前两年他在龙山岛附近又找到了石峡书院遗址,曾把照片发我微信上,我凝视着"石峡书院"这四个字,是由清末状元、近代实业家南通张謇题署,尽管中间间隔了两个朝代,我依然觉得由读书人来题这个匾额,心气相通是最合适的。水下拍摄的照片总像覆着一层面纱,透过朦胧的照片,恍若看到了张謇挥臂题榜的情状,闻到了他泼墨书写时透溢而出的墨香。

由张謇题署"石峡书院"匾额,联想到网上登载的关于何梦桂的一些文章中,屡屡提及的是理宗题写楹联"一门登两第,百里足三元"和"子拜丹墀亲未老,叔登金榜侄同年"。其实有误,应该是度宗皇帝所题赠。理宗已于景定五年(1264)十一月十六日驾崩,不可能再为何梦桂题彩联了。

《何氏宗谱》提到何梦桂"又与陈止斋、方可斋诸名儒往来讲论,造诣超出流辈"。我们查阅了相关资料,陈止斋确有其人,名叫陈傅良(1137—1203),字君举,人称止斋先生,温州瑞安人,乾道八年(1172)进士,官至宝谟阁待制。《宋史·儒林》有传,称他"自三代、秦、汉以下靡不研究",对事物之理穷究不舍,"必稽于极而后已"。重经世致用,反对性理空谈,与学者陈亮并称"二陈",是永嘉学派的主要代表人物。

从陈止斋生平可以看出,他过世二十几年后,何梦桂才出生,如何谈得上"往来讲论"呢?

方可斋我们没有查证到此人,生平不详,无从判断。可斋应该是他的字或号,古人行文讲究避讳,不会直呼其名的。对于史料,尤其是地方史,我们应该本着去伪存真的态度,客观公正看待,无须为尊者讳,宁可存疑,不可妄断。

为了印证"一门登两第,百里足三元"以及"子拜丹墀亲未老,叔登金榜侄同年"这样的说法,我顺着世系一路查阅下去,在侄儿"景"字辈中,没有看到何景文的相关记载。我不由得迷茫起来,这是何故?难道是讹传?或者还有其他的版本?记得手头这本宗谱是"彝伦堂"的,于是马上电话联系了主编何次平先生。何先生告诉我说好像有,但具体记不清了。我辗转找到了"大本堂"本《何氏宗谱》,果然查到了何景文,他有个哥哥叫何景尧,父亲为何卫龙,爷爷名何梓,与何梦桂同宗不同支。

何景文,字俊翁,与何梦桂同年举进士,初授合肥簿,迁监文思院。景文学问著卓,后进以为宗师。

五

宋代科举专门有《易经》一科,自宋太宗雍熙二年(985)夏四月丙子"分《周易》《尚书》各为一科",以示推崇,从而提高了考生对《易经》的重视。皇帝尊重易学人才,并用易学的哲理来治国祈福,这种现象几乎贯穿整个宋王朝,这是不争的事实。

《易经》曰:"知几,其神乎。""几"乃指事物的细微变化,也就是见微知著的意思。《易经》是群经之首，是万经之源，学习易经能让人从纷纭复杂的事物中，找寻事物的普遍规律，也即透过现象看本质。从普通中见不普通，从平凡之中见神奇。如若根据卦象再加推演，则可以实现"精准定位"，对某人某事的走向顺逆进行预测，仿佛开了天眼一样，能窥破天机天道，甚至能证人死生，通三界六道。

《易经》是何梦桂的长项，他不止通学理，还懂卦象推衍。从他后期写的那篇《易庵记》便可窥一斑。

何梦桂以《易经》廷试第三名探花，赐进士及第。

初为台州军判官，历官太常博士，咸淳十年(1274)任监察御史。曾任大理寺卿。引疾去，筑室富昌(后改名文昌)小酉源。

梦桂在朝为官时间不长，满打满算也不足十年。他找了一个身体有病的理由，回到了文昌老家。此时，南宋王朝气数将尽，距离赵家王朝谢幕的"崖山之战"不足五年，以何梦桂的易经造诣，相信他不难推算出来。

元至元中，御史程文海推荐，授江西儒学提举，屡召不赴。著书自娱，终老家中。学者称之为"潜斋先生"。

六

现存诗词约有三百四十首，内容丰富，特色鲜明。作为宋末元初的文学家，他在遗民诗人中较有影响力。遗民是指改朝换代后不肯出仕为官的臣民。只有当"宗国沦亡"时，即汉族王权被外夷截断时，如宋朝和明朝灭亡,元初与清初才真正有了"遗民"的概念,具体在诗词中,则呈现出苍凉悲壮的文化特征。

遗民诗人是一个群体,是一群"行洁""志哀""迹奇",于风刀霜剑的险恶环境中栖身野草,以歌吟寄其幽隐郁结,枕戈泣血之志的悲沧诗人。

何梦桂与方逢辰、谢翱、林景熙等心志相通,他们交游密切,来往频繁,虽隐逸山林,却心系国民。悲苦之时,只能通过诗歌来表达忧时伤世之感。

何梦桂有《贺蛟峰先生入宅》诗:

富贵朱门盖里闾,先生劚石此山居。
一区自足子云宅,三径何妨靖节庐。
万壑风云生几席,四山花木入庭除。
乾淳岂少高官爵,自是寒泉要著书。

有钱的富贵人家在乡里盖起了高堂深屋,大门漆成朱红色,尽显富丽堂皇。而蛟峰先生却在山间挖石筑居,环顾陋室,"有宅一区",房子虽小天地宽,四书五经往里装。蛟峰先生淡泊自足得很,把自己的陋室比作扬雄的"子云宅",又似陶渊明的"靖节庐",如《归去来辞》云:"三径就荒,松竹犹存"。靖节庐哪怕是个茅屋,与别处也自有不同的情趣,依然能"采菊东篱下,悠然见南山"。深山万壑,风云变幻,好像生于几案与枕席之间,四山八面的花草佳木,映入庭院阶石之间,仿佛为自己所植。伴着清洌的泉水,看书著述,何其快哉!

另有《贺蛟峰先生熟睡吟》等诗,说明两人无话不谈,关系亲密。

　　幕苍天,席大地,睡去不知人世事。觉来榻上总埃尘,口不能言睡中义。古今万事昼夜同,万八千年只一寐。荣辱事,真梦里,黄粱一枕邯郸市。

　　北窗谩说晋朝臣,周公不见吾衰矣。日高丈五闭柴门,不知身世华胥氏。不毡不被老希夷,山上白云霞流水。得失事,真梦里,鹿焦翻覆终成戏。人言夜半息如雷,我纵行行还美睡。

　　何梦桂与谢翱惺惺相惜,友谊深厚。谢翱(1249—1295),字皋羽,号晞发子。生逢宋元易代的乱世,虽一介布衣,但在国家兴亡之际,毅然投笔从戎,散尽家财,追随文天祥。他慕屈原,怀郢都,读《离骚》,与屈原品行相像,"其至洁,其行廉,有沉湘蹈海之风"(储巏《晞发集引》)。

　　谢诗效法屈骚,何梦桂对杜诗和屈骚多有继承,与谢翱诗词唱和多有勉励之意。他了解谢翱所思所想,故剖析了他的内心:"驾言发,将以浮游于世诟之外,濯之洧盘,晞之阳阿,适矣。抑知夫终朝采绿而余发之曲局否乎?'首如飞蓬,高木谁容。'其与《卫》国风之诗固命之矣;知我谓我心忧,不知者谓被发行歌者同一调也。……折琼枝,结佩攘,吾非斯人之徒与而谁与?"(李修生《全元文》2004,凤凰出版社)

　　何梦桂在诗学主张上,倡导诗歌应有感而发,平淡自然,在创作方法上,推崇咏物抒怀,比兴寄托。而作为遗民诗人,精神的漂泊最是侵蚀人的意志,由孤独的个体生命发出的声音,唤醒了一群人隐秘内心的磁场共振,人生的疆场已不在官场,转而驻守于自己的内心,思考生命,领悟诗词,求索文学。作为遗民诗人的何梦桂,心里装有太多的疑惑,他不去问天,也不去问地,而是问自己。面对着茫茫夜空,银汉迢迢,他既是询问者又是解答者,抒发忧愤,有沉郁悲凉之状。

如《夜坐有感》:

银汉无声玉漏沉,楼高风露入衣襟。
洞龙睡熟云归岫,枝鹊啼干月满林。
瓮里故书前尘梦,匣中孤剑少年心。
征鸿目断阑干角,吹尽参差到夜深。

夜深人静之际,银河横空之时,玉漏报时会发出低沉的响声。我睡意全无,伫立于高楼之上,风露不知何时打湿了我的衣襟。山川破碎,大好江山早已换了主人,遗民失去了归属感,只得隐姓埋名,如同云归深山。我的泪水已然流尽,只能以干枯的双眼,空对那满林的月光。闭门读书的生涯变成了前世的尘梦,深锁匣中的孤剑正象征着我少年时的壮心。倚着栏杆的一角,遥望征鸿渐飞渐远,可心中的忧伤却找不到出口排解,且用这幽怨的箫声来打发这漫漫长夜吧。

低沉婉转是这首诗的一个基调,特别适合深沉的山河之情,故国之梦的眷恋。诗中运用大量比兴的艺术手法,如写龙熟睡、云归岫、乌鹊啼、月满林,以喻君亡臣隐,誓不仕于夷族之气节。写读书为学乃前身尘梦,写剑卧匣中但壮志未酬,借以抒发自己的愤激之情,但这一切都与夜色联系在一起。

作者独坐于茫茫长夜,浮想联翩,沉郁深远之感浑化于一片幽暗、孤寂的气氛之中,联系山河破碎,无奈归隐山林的情景,是不难理解的。诗风沉郁,颇得老杜"横鹜逸出"之神,具有很强的艺术感染力。

何梦桂骨子里有一种"宁为玉碎,不为瓦全"的高蹈之情,《拟古》一诗可作为印证:

本落不离根,菊槁不离枝。

我怀父母心,岂原生别离。

皇路寒幽蔽,民用婴百罹。

南枝栖越鸟,忍逐北风飞?

北风藐万里,分此无回期。

骨朽化为尘,魂魄将南归。

在这里他用"不离根""不离枝""越鸟""南归"这些具体的意象,表明不忘本之意,哪怕是南来的越鸟都选择栖息在树的南面枝头上。看上去是写思念故乡,其实是暗喻国运灰暗幽蔽之际,作为宋王朝的臣子怎么会在夷族的朝堂上奔走效忠呢?

何梦桂是不幸的,生在这么一个乱世之中,亡国之痛不可名状,"本落不离根,菊槁不离枝",心灵漂泊于荒原,天苍苍、水泱泱,亡国之臣何所依?

退隐成了他唯一的选择。

归隐家乡的他没有真正地闲着，除了精研易学，创建"易庵居"之外，他还把目光投向了家乡的教育事业，在"易庵居"基址旁创办了"易峰书院"，别称"潜阳子庐"，用以教授何氏子弟读书研易。

七

早在几年前，文昌村民程训琨曾有信访件转我局办理，他提出重建"易庵书院"的建议。具体回复工作由我完成，为了征询他的意见，我带着答复函专程到文昌村登门拜访他，与之交流面谈。据程先生介绍说，"易峰书院"遗址附近尚有何梦桂当年手植的宋梅。对此我姑妄听之，并未当真。

我与文昌也算有缘。2011年该村"何氏宗祠"，就是我主持修缮的，当时文昌村好几个老人，组团跑到我办公室来，要求对"何氏宗祠"进行修缮，说眼看要倒塌，再不维修就可惜了祖宗留下的东西。其间提到了何梦桂，提到了祠堂里的匾额，一个老者一边说着，一边颤巍巍地从口袋里掏出一页纸，上面写着六七块匾额的内容，我依稀记得有"世袭牧亭侯""东晋世家""进士及第"等字样。感觉何氏很有些来历，答应老人尽早给领导汇报，尽早到现场勘察，尽早把项目定下来。

所幸何氏宗祠如愿完成了修缮，村里借机新修了宗谱，为崇德敬祖，敦睦宗谊，次年的圆谱活动就在祠堂里举行。他们还邀请了何氏一族在外地的代表，济济一堂，皆大欢喜。村里为表示对我工作的肯定,也邀请我参与了此次活动。我知道"易峰书院"就在祠堂后面一个叫"大塔坞"的地方,当时只是一念闪过,不曾想上去勘察,终于失之交臂。

近读何梦桂《易庵记》,我一连品咂三遍,方始觉察其中真味,何梦桂几乎触摸到了宇宙的"心脏",我不觉惊呼道:"真高人也!"内心不由对"易庵居""易峰书院"向往不已,弄得朝思暮想。我决定去看看,人多生怕惊扰到这方清静之地,是对先贤修道研易圣地的不敬,我怀揣敬畏之心,选择一个人独行,以这种方式向先生致意——

杂草丛中有株树显得特别扎眼,深一脚浅一脚近前去看,原来是株梅树,上面还结有一颗颗小小的果子,难道是传说中的"宋梅"?看树龄似乎不像,应该是宋梅的子孙后代吧?果子落入土壤,吸收天地灵气,生根发芽,在易峰书院旧址顽强生长。或许也在先生推衍预测之内吧?我心里肃然起敬,面对宋梅、面对这块土地,深深鞠了一躬。心中致歉道:"对不起,我来迟了!"因为愧疚,唏嘘不已。

我睁开眼睛,原来竟然是一场梦境,画面是那么逼真,我甚至记得梅树果子的颜色,青翠泛亮,一串二三颗、三四颗,挂满枝头,在风中微微摆动。

这天恰好是周末,本可以睡个懒觉,心中却有个声音在告诫自己:"不能再等了,出发!"在好奇心的强烈驱使下,穿衣、洗漱、吃饭、开车上路,直奔文昌。依然是一个人独行,我没有联系乡镇文化员,没有联系村干部,只想印证一下梦境中的虚实情状,算是给自己解梦,算是弥补自己一个缺憾吧。

半个小时后到了文昌村,我停好车,穿过高铁巨大的桥墩,迎面就是"何氏宗祠",飞檐翘角,古意盎然。距离我参与何氏一族圆谱活动、距离我与"易峰书院"失之交臂,一晃已有十年整。见大门紧闭,我投下匆匆一瞥,没有过多停留,沿着祠堂右侧小道,开启此次颇具仪式感的寻访。

　　怀着期待与憧憬,对于脚下近乎20度的斜坡,并未产生丝毫的心理排斥,反倒是满坡盛开的金鸡菊,平添了一份额外的惊喜。我没有贪恋这片花海,只盼早点寻到那个梦境所在,于是,加快脚下的步伐,向山里进发。

　　蜿蜒曲行约二十分钟,来到一处山谷平地,心中有些疑惑,边走边凝神细察,一派荒田蔓草,未见一丝遗址迹象。道旁涧溪干涸,走过百余米平谷,尽头的山路一分为二,右边小路通往一片茂密的桂花树林,左边山路前方有两株古柏,目力搜索半天,没有发现"宋梅"。我心有不甘,沿着古柏这边山道继续攀爬,只为找到"宋梅",作为唯一一个参照物,有"宋梅"的地方,才应是书院的所在地。

　　绕过古柏又现一片竹林,山势越发陡峭,呈现"Z"字形盘旋而上,狭窄的山路上铺着厚厚的一层竹叶,松软湿滑,我不敢抬头分神,走着走着,忽觉竹叶消失不见了,满地是黄褐色的杉叶,竹林不知何时变为杉木林,只是坡更险路更窄,感觉有三四十度,只得弓背虾行。不一会儿,峰回路转,地势平坦,眼前豁然开朗,像是到了山顶。一望平缓,路也开阔了些,见前面高低错落分布着五六座高压输电铁塔,我心知不妙,不免有些失望,尽管如此,我还是坚持走到山峰尽头。纵览山下,峰峦叠嶂,湖面如镜,村庄屋舍,尽收眼底。

山风吹过,我打个激灵,猛然记得《易庵记》中,"潜阳子庐于谷口"这句话。此刻,我已经有了初步判断,于是循着原路下山。

来到谷底岔道,我沿右侧小路,一头扎进桂花树林,仔细搜索那株"宋梅",在林子边沿的石塝下,果然发现两株梅树,高六七米,树枝上挂满了一颗颗青梅果子,这难道就是传说中的"宋梅"? 我敛声屏息,走近跟前,探出头去想看看它的根部,判断一下树龄,原来竟是一颗连理树,也就几十年光景吧。我不禁有些怅叹。

七百多年过去了,真可谓沧海桑田,"易庵居"已不再是何梦桂笔下的景致。这里有一种旷古的宁静,仿佛凝聚了时空,不闻潺潺的流水,未见飞泉瀑布,唯有啾唧的鸟鸣在山谷间回响。书院遗址与我想象中的模样也大相径庭,那些青石砌筑的石塝,不曾在我梦中出现,唯一与梦境相符的是那株"宋梅",也有青梅挂枝头。

"宋梅"成为文昌人口头的传说,其实一直存活在文昌人心坎里。那一刻,我似乎明白程训琨老先生八十多岁,尚在为"易峰书院"、为"宋梅"奔走呼吁,实则是为文昌找寻一个坐标,一个文化的坐标。

我想何梦桂又是幸运的。筑堂架屋易庵居,讲学书院育子弟。在这里他借山水风物推衍易经,授徒课子;我则试图找寻历史的遗存,与远年的灵魂对话。自先生之后,文昌人文蔚起,何景文、何应星、何汝焕、何景福、何升、何礼、何淳、何绍正……文昌成为远近闻名的进士村,为国家输送了一大批优秀的官员,可谓文运昌盛,人才辈出,你能说与"易峰书院"无干、与何梦桂无关吗?

八

在易峰书院,何梦桂潜心著书立说,留下了《易衍》《中庸致用》《大学图说》《外盘罗经解》诸书,其《潜斋文集》十一卷,收入《四库全书》《四库总目》并传于世。

何梦桂的生卒年当无异议,生于理宗绍定二年(1229)己丑十月十二日,卒于元成宗大德七年(1303)癸卯三月初一日,享年七十五岁。葬栅源郎佩山(一说狼狈山)。娶太平方氏为妻,诰封恭人,又封匡国夫人,生于理宗宝庆三年(1227)丁亥闰五月初三日,卒于元世祖至元二十九年(1292)壬辰七月二十三日,享年六十六岁。有两个儿子,长子熹之,次子焘之。

仙居书院

一

走向社会以后我最早接触的乡镇，一个是郭村乡，再一个就是里商乡。到郭村是为寻访"瀛山书院"遗址，考辨朱熹的《咏方塘》诗，这是在二十世纪八十年代初期，完成了我人生的第一篇论文——《朱熹〈咏方塘〉诗考》。到里商是为查阅《商文毅公年谱》，收集资料着手写作《商辂传》，这是在二十世纪九十年代初期，完成了我人生的第一部章回体小说。

记得当年我走访了里商村几户农家，印象最深的是与一对商姓父子的对话。我不无羡慕地说，里商村出了我县有史以来最大的一位京官，村民应该感到很自豪吧？这位父亲表情有点冷漠，摇摇头道："商辂公没有给村里做过什么好事。"一旁中学生模样的儿子接过话头，抢白道："办书院不算好事吗？"父亲不屑道："书院办在里阳，又不在里商村。"我一时语塞，无以作答。这场简短的对话虽说过去了三十多年，但它一直困扰着我，至今未能释怀。

仙居书院

十年前，确切地说是2010年，当时历史建筑修缮项目作为县政府实事工程，由文广新局负责落实，文保所则几乎囊括了所有的具体事项。先由各乡镇向文保所提出申请，截止申报日期一到，我们再组织人员到各乡镇、各祠堂逐一勘察，筛选修缮项目。当我看到里商乡报来的表格上写着"商辂花厅"四个字时，就像看到一位久违的朋友，与我不期而遇，蓦然照面，又默然对晤，一时不知道说什么好。

　　再一次踏上里商村的土地，是在该村商书记陪同下现场考察了"商辂花厅"。说实话不免失望，破败潦倒在其次，规模和体量实在太小，难以与"三元宰相"的家厅产生关联。门厅面阔三间，梁柱用料不够粗壮，硬山顶屋面也少了一分气势。唯有正厅内"忠恕堂"和"父子公卿"匾额，似乎彰显着主人的身份。

　　我步入正厅，抬头张望间，正脊檩条上隐约有一行墨书，引起了我的注意："民国十一年重建"。难怪，我心中暗忖，建筑风格不同也就罢了，商氏一族的财力看来也是明显不济了。以我对全县三百多座祠堂考察情况判断，"商辂花厅"最多只能算中等序列，无论体量大小、精致程度、艺术高低，与商辂的官职、官位、官声显然不相匹配。

二

　　今年五月中旬的一天，我在珍珠广场散步，巧遇淳安电视台的蔡斌，闲聊中他提到商辂"仙居书院"遗址，见我饶有兴趣，他主动提出可以当向导。果然到周末他打来电话，约我明天去里商，我说那就定星期天吧,再约一下原政协文史委余利归主任。届时,我们一行三人兴致勃勃,驱车前往里商寻访"仙居书院"遗址。蔡斌熟门熟路,直接把我们拉到里阳洞坑村,在村口樟树底下停好车,让余主任休息,引着我下坡往溪边而来。

在一处临溪民居的晒坦前,蔡斌指着眼前一片长满杂草的平地告诉我,这里就是"仙居书院"遗址。我见遗址处地势低洼,距离文源溪尚不足五十米,正有些疑惑,屋内走出一位中年男子,证实了蔡斌的说法,完了补充说:我爸更清楚,当年改田改地时,还在这里挖出过石碑哩。我忙追问他爸在不在家,说在后山地里干活儿。

蔡斌来过多次认识他爸,于是叫上余主任一起径往后山寻去。在"天坑"脚下,有一片高低错落的菜地,三三两两的村民正在劳作。这时,一位老农停下手中活计,远远和蔡斌打招呼。蔡斌说是老江,也熟悉这里情况。于是,我们站在田塍上与老江闲聊。我问他怎么姓江不姓商?老江爽直健谈,说洞坑是以商姓为主,自己是遗腹子,生父姓商继父姓江,在洞坑生活了七十多年。听我们问起"仙居书院",顿时来了劲头,他先用毛巾擦了把汗,一手撑着锄头柄,一手比画着说,二十世纪六十年代,自己十七八岁,参加生产队改田改地,记得那时书院的墙体还在,地面是三合土夯筑的,有三进两天井,约莫三百平方。说到这里还拿自己脚下的菜地比画一下,肯定地说有五六分的样子。

我试探地问有没有石碑出土?老江连连摇头说没有。蔡斌说再找老商问问情况,老江指了指远处一个背影,说在那边干活儿。我们谢别老江,沿田塍逶迤朝老商地头而来。蔡斌边走边介绍,说老商原来是村干部,他儿子在千岛湖上班,今天星期天恰好回家。说话工夫已到跟前。

"老商。"蔡斌叫他一声。老商回身近前,寒暄几句,我直入主题问道,听你儿子说你曾在书院遗址发现一块石碑?老商语气十分肯定地说没有的事,那块石碑是在"天坑"发现后抬下来的,现在放在后坑一户村民家里。我追问道,那你印象之中,书院附近还有没有其他建筑呢?有。老商很肯定,说记得书院边上还有一个厨房。他略加思索,顺手指着山下这条源说,靠源脚那里原来还有一座"霸王庙"和一座石拱桥。

"霸王庙?"我心里猛然想起,里商村里那座"霸王庙"。"商辂花厅"修缮时,我专门去拜谒过这座"霸王庙",内中供奉西楚霸王项羽,至今记忆深刻。《商辂年谱》也有相关记载,早年在写作《商辂传》时,我曾在书中引用过这段描述。宣德十年(1435),商辂乡试夺魁,次年,赴京参加会试,不意春闱落第,返淳途中经过安徽和县,雇船渡乌江时,忽然狂风大作,波涛汹涌,小船犹如一片树叶,在风浪中上下颠簸,眼看将要倾覆。情急之下,商辂急问艄公:"此是何地,为何有如此大之风浪?"艄公回道:"此为乌江也,是西楚霸王自刎处。"商辂猛然惊觉,虔心默念祈祷:霸王英灵在上,暂且息怒,在天护佑,若得助我渡江,将领霸王神灵回江南故乡,立庙奉祀,决不食言!说来也怪,商辂祷毕,转眼之间风平浪静,木船安然抵岸。商辂跪拜致谢,抓了一把泥土,纸包三层,带回芝山家中,放入书箱珍藏。

一晃二十余年过去,商辂后来三元及第,入朝为官,整天为国事奔忙,早把当初对霸王的许诺忘诸脑后。致仕回乡,偶得一梦,看见溪边一片冲天红光中,顶立一位络缌胡子的彪形大汉,怒视自己,大声呵斥:"我乃西楚霸王是也,商辂,当初乌江许愿算不算数?你诚信何在?怎敢食言!"商辂梦中惊醒起来,霸王面目犹生,语音在耳。若非亲历这番离奇的险境,又神奇般脱离危局,一般人怕难以体会,更难以信服。子不语怪力乱神,儒家学说敬鬼神而远之。商辂作为儒家思想的忠实信徒,怎么会不明白这个道理?但信守诺言,不也是儒家所倡导的吗?他顿觉汗颜,自己不该食言。于是立庙塑像,偿还夙愿。

这便是商辂与这位西楚霸王的一段渊源。

我对"仙居书院"遗址有了基本的判断。

三

"夺门之变"后,商辂遭石亨、曹吉祥、徐有贞所谓"功臣"的诬陷,罢官革职。商辂选择洞坑本意是开凿文源山路,了却少年时期一个誓愿。据《商辂年谱》记载,天顺三年(1459)冬,芝山(里商)往淳安县城百里的文源山路修通。文源在淳安县南,去县治二十里过港口镇,渡遂安溪,又自文洲迤南溯流而进,至芝山四十里,又溯流而进,至文岭麓二十五里,古称七十二渡水,实际上有四十四渡需徒步涉水。外四十里溪颇阔而深,经涉者十有四。内二十五里溪渐狭而浅,经涉者三十。两山对峙,每盛夏骤雨,洪水卒至,东西相距跬步莫前,行旅病之。天顺丁丑(1457),商辂解官归田,首捐赀粮,命僧净圆召匠氏测量远近,计工佣,鼎新修砌。经过三个寒暑,于天顺三年(1459)冬,外四十里,减涉十有二;内二十五里,减涉过半。整饬桥梁二十渡,开辟文源道路一百里,便利了往县城的行旅人经文源岭山路的通行。

"他年若能使此路一坦平夷,庶不负吾平生也。"这一心愿终于在他四十六岁那年实现了。

开凿山路暂居洞坑,当然,这期间商辂要读书,还要承担教育儿子和侄儿的义务。长兄商洪有两个儿子,良显和良佐,在他们十几岁的时候,商洪因病去世了。"叔父文毅公携至官邸育之",作为叔父的商辂把他们接到京城抚养,并教导他们读书识字。这次罢官归田,又把儿子良臣和两个侄儿都带回家乡。修路费工耗时,前后长达三年之久,子侄们的学业不能耽误。

清澈的文源溪流汩汩向着远方,也仿佛向着自己归注。宽容如斯,温柔如斯,滋润如斯。它昼夜流淌,没有兴趣听你申诉,也没有时间陪你叹息。"前水复后水,古今相续流。"它们始终保持着这种平静的生命形态流过。商辂顿觉释然,决定构屋于此。

简易的书屋就这样构建而成,虽然潦草简陋了一些,但终归是读书的场所。既然是书屋总应该有个名称吧?后山的"天坑"是自然形成的,传说何仙姑曾在此修道,从唐到宋再到大明,村民仰头望去,"天坑"终日仙气袅袅,吞吐日月精华,故老百姓又唤作"仙居洞"。

明万历《严州府志》以及乾隆、光绪版《淳安县志》均有明确记载:"洞灵庵,在县南四十里,由仙居洞而入,祈祷多应。"

既然这么灵验,何不借助它的仙气?那就叫"仙居书院"吧。与什么"里商家""外商家",与什么亲疏、远近一概无关。

若说罢官这种事,你觉得商辂表现很超然那只能是主观的推测与猜想。他是被逼入了一种境地,这种境地不在特殊时刻特殊阶段是体验不到这种特殊感受的。乌江风浪他最终化险为夷,而政治旋涡却深不可测,逃脱不了被裹挟的命运。宫廷斗争残酷血腥,政治诡谲多变,不是你死就是我活。于谦作为兵部尚书,又是京师保卫战的功臣,被诬下狱,他和商辂一起被关押于锦衣卫大狱。于谦西市斩首,惨遭杀戮。商辂与他朝夕相处,眼睁睁看着他去赴死,却不能有所作为。商辂虽说不怕死,但经历过这场生离死别,体验了这种无奈和无助,生命因此变得深刻,眼界因此变得开阔,行为因此变得放达。

放达而不放纵。商辂虽说归隐,凭其自身的号召力,无论是修路还是建造书院,欲得到官方的支助并不是一件难事。他自掏腰包,除了向别人募得款项之外,其妻卢氏"尽出平日所贻,佐其费,三载续用以成"。他行事低调内敛,没有大张旗鼓,甚至在书院选址上,也是顺其自然,选择了离家二十里地的里阳洞坑村。

里阳?我不由想起了三十年前,里商村那位父亲不屑的语气:"书院办在里阳,又不在里商村。"我忽然明白,他为何会如此纠结里阳和里商。二者相隔仅二十里地,这应该不是空间的距离,而是这位父亲心理的距离。他是把里阳当作了外乡。

在商辂眼里整个淳安,抑或严州都是家乡。里阳与里商有何分别?我甚至怀疑那时的里阳洞坑只有荒野天坑,并且无人居住,没有村落形态,生活条件艰苦。与其说商辂是超逸高迈,不如说是隐忍蓄势。文化人治愈自己的最好良药便是文化自身的力量。

罢官那年商辂四十四岁,用年富力强、前程似锦形容毫不为过,他只想恪尽职守,只想忠君报国,只想建功立业,只想施展抱负。情势的发展往往出人意料,"夺门之变"就连英宗都被裹挟,遑论商辂一个"罪臣"?况且,还是那些所谓"功臣"的眼中钉、肉中刺呢?保不齐他们此刻正隔山隔水关注着他呢?

他狂由他狂,明月照大江。他横任他横,清风拂山岗。

四

商辂相信一种力量,那就是"仰无愧于天,俯无愧于地,行无愧于人,止无愧于心"。但求心中净土,做他该做的事。于是,凿山开道,讲学论道。二者都需要力量,前者靠人力,后者靠学力。毕竟商辂是内阁高官,士子标杆,帮他障破结界的是他具足的眼界和气度。闲暇之余,他把自己融入家乡的山水,涤荡世间尘埃。其间作有七言诗《山水二首》:

其一

江上群山翠欲流,扁舟闲系渡东头。

抱琴远访知音去,载酒同招野老游。

一段风流如洛社,四时佳致胜瀛洲。

太平到处人行乐,何用兰亭禊事修。

其二

云山叠叠树高低，景色苍茫望欲迷。

江上有舟人荡桨，林间无路石成蹊。

柴门昼掩车尘杳，茅屋春来野鸟啼。

昭代征贤勤束帛，高才未许学幽栖。

家乡山水，苍翠欲滴，四季景色，远胜瀛洲，徜徉其间令人心旷神怡。达则兼济天下，穷则独善其身，不亦乐乎！

"仙居书院"坐乾向巽，通俗来说就是坐西北向东南，面朝文源溪水，流泉奔涌，波光粼粼。屋内书声琅琅，墨香四溢。看着眼前的一切，什么人生烦恼，什么名利纠结，统统都可以抛却，商辂情不自禁，援笔作一首五言古诗《题书屋》：

高人事肥遁，结屋俯流泉。

旭日漾晴游，波光浮几筵。

读书积岁月，世味皆茫然。

何以寓佳况，清咏诗连篇。

眷彼奔竞者，声利徒喧喧。

说自己隐居避世自得其乐，构筑书院俯临着流泉，天气晴好溪水漾起涟漪，波光追逐着几案。读书可以积累知识，与读书相比，其他世事都不重要。这种佳境只有在吟咏诗词过程中才能得到充分体现，可怜那些追逐名利之人,整天只知为利益争闹不已。

如果说文化是一种感恩和回报,那么,商辂创办书院,就是对培植文化的这片土地的回报。

感恩和回报就这么奇特,有时候说来就来了。

成化二年(1466)二月十九日,儿子良臣参加京城会试中第九十六名,殿试进入二甲第七十六名,三月,选为翰林院庶吉士。捷报传到里商、传到"仙居书院",山乡沸腾了。"仙居书院"名声大噪,远近闻名,邑人纷纷,皆欲睹其真容。

书院教育有播种就有收获。新任淳安知县王衡也专程赶到"仙居书院",向商辂道贺问安。王衡乃山西稷山人,登天顺甲申(1464)进士,仕途第一站知淳安县事,时年二十六岁。王衡家世儒学,父兄皆儒学官,为人诚实厚道。他见书院陈设如此简陋,商大人箪食瓢饮,毫不在意,传授学业,安贫乐道。王知县大为动容,感佩之余竟有些局促不安。还是商辂先开言道:"书院乃风化之本,而非安乐之窝。师者讲论圣贤之言,必先求之于心,体之于身,如此,方能推之于人;以明人伦、通大义、育贤才、厚风俗。"王知县连连拱手道:"受教,受教。下官都记住了,万望商公保重!"

王知县说到做到,回到县衙首重教化。县学魁星楼因附近居民失火殃及,延烧殆尽。王县令捐出俸禄并募义工修建,使之焕然一新,士风为之一振。王衡在淳三年,政教兼举,声誉焯焯,商辂的一番教诲他始终牢记心头,后擢监察御史。

好事接踵而至。同年十二月的一天,里商的深洞岭畔,彤云密布,天空纷纷扬扬正下着一场瑞雪。从岭上望去，云气低迷，四野难分，山石树木都不见了痕迹，一片白茫茫的世界。

一位刚过天命之年的老者，葛巾布袍，此刻正端坐在岭畔的"仙居书院"讲经衡文。岭下一声马嘶打破了这里的宁静，随后一阵急促的马蹄声踏雪而来，直奔书院门前，只见从马背上飞跃而下一位官差，高声宣示道："致仕臣商辂听旨。"

老者听宣，赶紧吩咐弟子排设香案，即于坐间跪伏接旨。传宣官抖开黄色包袱，执旨在手，高声宣读道：

致仕臣商辂，性资刚直，操履端方。天顺间为奸党所构，罢毁去职，韬光赋闲。先帝已知其枉，朕亦感其忠荩之心，四海仰其文学，内阁资以经纶。旨下之日，着即来京，诏复旧职，辅君行道，谋猷入告。钦此。

老者谢了圣恩，立身起来，当即步出庭院。天空中纷纷扬扬仍飘着雪花，北风吹撩着他的布袍，他浑然未觉，两眼看定庭院中那株红梅，在寒风中正傲雪怒放，显得分外清艳。他只觉心潮起伏，胸中一段豪气涌将上来，当即口占一绝：

玉骨冰肌不染尘，雪霜深处倍精神。
莫言岁晚无生意，南北枝头总是春。

借眼前怒放的寒梅，寄寓自己的一腔傲岸骨气，对复出山林，充满了信心。

这位老者就是商辂，时年五十三岁。宪宗即位，召他回京辅政。这其实是父皇英宗留给他的遗言，也是留给他的辅臣。

英宗病重期间，召见太子见深，让太子在玉榻前坐了，问道："深儿，朕今日召你来，知道是为什么？"

太子点点头，旋即又摇一摇头，不明所以。英宗轻叹一口气道："你今年十六岁，也不小了，凡事须自己拿个主意，朕这番病势不轻，怕挨不过这个春去，望你日后勤勉治国，勿负朕望……"

英宗闭着眼睛喘了一会儿气，又开言嘱咐道："朕追忆前事，有二件事至今遗憾。一是信了石亨、曹吉祥这些奸贼，坏我祖宗法度，叛逆谋反，朕险些儿遭他毒手。二是屈杀于谦，罢了商辂的官。他二人俱是国家的功臣，于谦已死不可复生，唯商辂这些年赋闲归田，可惜了他。朕其实早有起用商辂之心，之所以未行，意将他留待于你，诏复来京，资以政事，振我朝纲。你将来得商辂辅佐，朕也就放心了。"英宗说毕，闭目养息，抬抬手示意太子退下。

太子默默记住，朝玉榻上昏睡的父皇行了礼，退了出去。不数日，英宗在乾清宫驾崩，寿年三十八岁。太子见深继位大统，是为宪宗。尊谥皇考为仁显皇帝，庙号英宗，改明年为成化元年。

新君坐登大宝，亟须老臣辅助。天意难违，商辂不敢怠慢，他就要离开"仙居书院"，开启他三朝元老的政治生涯。他环睹四周，依依不舍告别与之相伴十年之久的书院，最后朝"天坑"意味深长地望了一眼。

五

　　"天坑"就在我们身后,高耸峭立,抬眼可见。考虑到余主任腿脚不方便,蔡斌决定开车带我们从后坑村上山,一探究竟。新修的山路还没完工,坑坑洼洼颠簸难行,好在越野车底盘高,蔡斌的车技也过硬,二十分钟后我们来到山顶。

　　蔡斌不愧是资深驴友,下车后快速带上装备,走到路边麻利从背包里取出砍刀,片刻工夫便帮余主任削了一根拐棍,自己在前面引路,沿石灰岩小径逶迤而行。途中黄檀、紫薇、杜仲、牛麻藤随处可见,行不多时到了天坑。所谓的"天坑"其实就是个石灰岩洞,又叫钟乳洞,是石灰岩经长期地下水溶蚀而形成的,属典型的喀斯特地貌。

　　从上往下看去,天坑洞口呈椭圆形,南北通透,穿过洞口有小路直达洞坑村。蔡斌指着我们站位的身后,说这里原先是个"玄武庙"。我从杂草丛中扫了一眼庙的基址,约摸二十平方米,规模不大。玄武在"四方神"中主北方。根据阴阳五行理论,北方属水,所以北方神即为水神。王逸《九怀章句》说:"天龟水神。"《后汉书·王梁传》说:"玄武,水神之名。"玄武大帝镇北方,主风雨。雨水乃万物生长所需,故玄武颇受中国民间信仰所重视。此地设置一座"玄武庙",是有什么玄机吗?

　　"走,我们下去看看。"蔡斌在前引导,我们尾随其后,沿新砌的石阶小心来到"天坑"洞口,凉风习习,微汗顿收。蔡斌指着周围大大小小的洞口说,这些洞其实内部都是相通的,进去以后能听到空旷的水流声。

我心里惦记着那块石碑，催促他带我去看看石碑的发现地"洞灵庵"。说是"庵"似乎不妥，只是一个小岩洞，位于"玄武庙"以西两百多米的半山坡，洞口也就两米来高，里面黑黑潮潮。蔡斌拿手电晃了晃，见有一处神龛，内中并无神像坐镇。

　　时近中午，我与蔡斌退出"洞灵庵"，下坡与余主任会合，按原路折返，下山来到收藏碑石的那户村民家中。碑石就放在附房杂物间，青石质、长方形，既无碑额，也无落款，可惜上部有一断痕，好在不影响辨识，正楷八行文字，从右到左分别为：

　　　洞门寂寞汝思家，求龙法雨祝荣华。

　　　爱向龙身骑龙马，金炉黄石聚黄沙。

　　　天然云下休占月，洗净江南度圣朝。

　　　仁人到洞禅心许，为南汉正搭仙桥。

　　　昆仑山古走龙背，九五重开保圣苗。

　　　人多仁少仙姑在，于今天隐望龙花。

　　　到来莲岛沛然雨，祝敬何母早回家。

　　　今年天汉春秋注，李言望泰字一条。

　　不像诗词，不像偈语，更像是一篇祈雨的祷文，文中的主角应该是何仙姑。八仙中何仙姑是唯一的女仙，也是雨神，能巧降及时雨。人们出于敬礼之情，常将何仙姑当作本地家乡灵应一方的长者仙师加以供奉。结合天坑正上方"玄武庙"的设置，分明都指向了同一个目标——

"祈雨"。

下山过程中,我们聊起了"天坑",聊起了"仙居书院"。余主任去年和蔡斌来过一次,回来后就去查阅了资料,商辂仲子商良臣写有《求仙居书屋诗》信函,说天顺二年(1458),家尊曾于中峰构茅屋数楹,以为往来憩息之所,命愚生三四读书其中,有客过之,匾曰"仙居书屋"。后来,随着道路开通,名公巨卿往来增多,也成为子孙读书之处。我让余主任把商良臣的这段原文微信发给我,于是,我看到了这段描述:

> 仙居之山,环抱重叠,书屋之上峰益奇、壁益峭、洞益深、路益险。近山顶有一洞,居人呼为深洞,岭之得名以此。旁有数洞森列,如屋相向。夏月清气袭人,石生其中,如玉笋珊瑚,读书之暇,攀萝一登,或不知此生之在人世也。书屋之侧,洞泉涌出,莹洁可爱,虽大旱不竭。书屋下,距溪数丈,时闻水声潺潺。书屋前,屏障秀丽,四时展图画,其间奇胜尤多。

商良臣的这些具体描述,与我们考察的书院遗址基本符合,可以肯定地说,"仙居书院"就在"仙居洞"脚下的洞坑村。但有一点我不明白,商良臣的文章中说:"书屋之侧,洞泉涌出,莹洁可爱,虽大旱不竭。书屋下,距溪数丈,时闻水声潺潺。"我们现场考察也确实如此,既然山上山下都不缺水,为什么要煞费周折,搞这些祈雨的仪式呢?

六

从里商回来后，我又把《商辂年谱》通读了一遍，觉得他能位极人臣、官至一品，是有逻辑关系的。我想"忠恕"二字是他的处世之道，也是他的立足之本，更是破解他一生的终极密码。

省思启智。经历过十年的田园生活，商辂从潜龙在渊的蛰居，到飞龙在天的腾跃，在同僚和公众的眼里反倒越发的平和圆融，如春风拂面。复职后哪怕面对弹劾自己的官员，他也替人求情，不会忌恨报复。

成化四年（1468）九月，给事中董旻、御史胡深、林诚曾因出现彗星与灾异而弹劾不职的大臣，并且翻出商辂在景泰年间关于易储的陈年旧账，宪宗勃然大怒道："唐太宗用王珪、魏徵，朕用商辂有何不可？"遂将一干人等下锦衣卫问罪。商辂完全可以落井下石，借此机会排除异己，但其宽容仁爱、耿直厚道的个性，不允许他这样做。九月二十九日，商辂上了一道《乞优容言官疏》，以德报怨，出面帮助弹劾自己的那些人说话：

景泰中事，所言不实，已蒙皇上圣断……不意言官又行烦渎，误犯天威。臣闻此事，愈增惭愧，措身无所，窃惟朝廷设置科道，纠举弹劾，乃其职分。缘林诚等具是新进、历任未久。未谙宪典，虽言论失当，原其初意，亦欲效职，若因而加罪，非但臣心不安，亦于国体未便。……今一旦因论臣事而言者受责，臣又默不以言，是臣徒能以正道事陛下，而不能以正道自处，如公论何？方今天象示谴，四方多事，此正求言如渴之时。切恐将来以言为讳，则国家政务阙失，尤有大于此者，孰肯为陛下言哉。

从这道奏疏，可以看出商辂的胸怀，宰相肚里能撑船，正人先正己，不用下三滥的手段打击报复，反而替那些得罪自己的人开脱，请求皇上免其罪责。

《明史·商辂传》评价他："辂为人，平粹简重，宽厚有容。至临大事、决大议，毅然莫能夺。"坚毅的风骨，宽厚的个性，圆融的人际关系，使他在同僚中始终保持不即不离的状态，人缘关系相处得不错。

这是文化特性所决定的。文化作为软实力，不能是空泛的，若落实在社会层面，就是讲究礼仪之道、讲究君臣之仪、讲究等级秩序、讲究人伦尊卑。文化的认知体现在生活的方方面面。不记得哪位名人说过："一切文化都沉淀为人格。"商辂就靠这种人格魅力征服同僚、征服政敌。

是年冬天，京师大雪纷飞，处处银装素裹，商辂官邸庭院中两株红梅傲雪绽放，煞是清艳。商辂触景生情，想起来三年前深洞岭畔那场瑞雪，想起来"仙居书院"那株红梅，情难自禁，写下了《题梅二首》：

其一

玉雪为骨冰为魂，暗香疏影月华新。

化工注意调羹实，惟有孤芳占早春。

其二

铁瓮城边雪正晴,疏枝遥带暗香清。

岁寒每忆江南景,此日披图慰我情。

好一句"岁寒每忆江南景",身在京城却无时无刻不在思念家乡。商辂喜爱梅花,欣赏梅花之品格,不畏冰袭雪侵,不畏霜刀风险,不畏天寒地冻,昂首怒放,凌寒留香。

时季子良辅年已十三,进入国子监成为一名太学生。这个小儿子是景泰乙亥(1455)诞生的,商辂那年四十二岁。长子廷广不幸于景泰壬申(1452),十八岁那年病亡,商辂与夫人卢氏悲痛不已,后来有了良辅,便悉心教育,现在成了国子生,颇觉欣慰。由此他想起了"仙居书院",牵挂族中子弟的学业,赴京之前曾购置田产数亩,作为学田供养,自己离开了书院不会因此懈弛吧?

七

"仙居书院"作为文化的传承基地,没有懈弛,没有荒颓。据芝山《商氏宗谱》载,商辂后裔商集详的《仙居书院重修记》:

在国为学,在家为塾;而书院又家塾之别名也。从来名公巨卿莫不建立而遵崇之。我太祖文毅公,天顺年间被诬罢职,家居无事,故于祖居外二十余里深渡岭之畔,坐乾向巽构屋数楹,以为往来怡情之所。并命儿孙读书于中,凡墨客骚人过者,莫不赋诗以鸣盛。因匾其室曰"仙居书院"。盖寓我祖投闲之意,而窃拟于岩子仙乡也。

迨文毅公、侍讲公(商良臣官翰林侍讲)、少卿公(商良辅官太仆寺少卿)已故,特塑三像于院内,更有山产田地数十余亩,以为祭资,可绵旧迹于不替;即今淳安县志曾载之,是亦吾族一大名区也。但世远年湮,不无额废,历代修葺固难悉数。至乾隆庚寅(1770),倾败益甚,即住屋之人不得安宁。由是会众公议,亟加修葺。即于是年九月,命工经始,十一月十二,竖柱上梁,其基址仍旧,惟于坍者砌之,朽者易之,中堂与侧室,败坏者撤而新之。墙皆黝,垩丸皆加,增三像,皆彩色而绘画。用金百余,而榱题壮丽,远过前规。至季冬即已告竣。

窃惟地因人显,人因地传,有仙居之胜,有文水涌流,于前叠嶂,环抱于上,水秀山明,佳境足乐,宜往来观看。佥曰:居以仙名,洵不虚称。况以我祖之灵,日监在兹,能不欢欣而妥侑耶?然为子孙者,能徒以堂构克绍,辄谓我能是,是亦足矣。则于我祖奚益于子孙,又何补哉?《中庸》曰:善继人之志,善述人之事。我祖之创斯院也,固欲引朝廷赐归之身,实欲示后裔缵承之志。为今日计,莫若奋志诗书,仍相与肆业于斯院,善继我祖期待之志,则不特仑奥堪夸,而后先辉映,安知仙居之外不更有仙居也哉。用并记之以示劝。

时乾隆四十年岁舍乙未二月中浣之吉

文毅公十一世孙集详百拜谨记

商集详撰写这篇记文落款是在清乾隆四十年(1775),距离"仙居书院创建过去了三百多年。书院虽说年久失修，但一直延续着当初的教学使命，这次修葺几乎是在原址上重建，所以按商集详原话说是："远过前规"。规模更大、更壮丽。

商辂及儿子商良臣、商良辅去逝后，子孙还特塑三像于院内，添置祀产数十亩以为祭资。乾隆庚寅(1770)，会众公议亟加修葺。不但这次重修的规模超过以前，另外添置祀产数十亩以为祭资。据我估计，里面一部分应该包括学田，即供族中子弟读书的费用。

学田的优势在于"细水长流"，在于稳定的田租收入，在于计划的定向支出。若是赠送银两，碰到大手大脚的管理者，兴许头脑一热，大笔一挥，搞一些大而无当的形象工程，造成寅吃卯粮，又或捉襟见肘，亦未可知。

成化九年(1473)三月初三，夫人卢氏在京病逝。宪宗特派人慰问，命有司治丧，遣礼官致祭。七月十九日，宪宗敕令兵部选备脚力，发卢夫人灵柩以归江南淳安安葬。儿子良臣、良辅扶柩南归。护送灵柩队伍到达杭州北新关，浙江布政三司使以及大小官员，尽皆身穿白服，出武林门行吊礼，辄随二孝子过南关，至钱塘江头，各各致祭。浙江布政使司右布政宁良谕祭，御祭词曰：

皇帝遣浙江等处布政使司右布政宁良谕祭于兵部尚书兼翰林院学士商辂妻夫人卢氏曰：

尔以淑善，归于贤哲。柔仪有光，闺阃是则。

秉采蘋，严敬之诚。励鸡鸣，警诫之德。

协相夫子,为朕辅弼。鸾语屡颁,用示殊恩。

锡赙给棺,归丧营坟。特兹遣祭,灵其钦承。

良臣、良辅跪地俯伏感谢圣恩。扶柩经严州,抵达淳安,可谓极尽哀荣。

卢夫人葬于淳安港口镇对河大凤凰山麓。1958年,新安江水库形成前,新安江考古队曾发掘了卢氏墓,出土凤冠和金耳坠等珍贵文物,现收藏于淳安博物馆。

卢夫人卒时,商辂六十岁。三年后,商辂亦有归意,六月二十三日,再上《休致辞职疏》,乞请辞升太保官职:"伏望皇上收回新命,容臣以旧官致仕,庶几恩典弗至于太过。臣心颇得以少安,将日与田夫野老歌泳太平以终余年,则臣未死之日,皆陛下所赐也。感恩报恩,何能已乎!缘系乞恩辞职事理,谨具题请旨。"

商辂一再推辞给他升职,没有得到宪宗的允许。七月初二辞归之日,在京官员赋诗送别,车马塞衢,造成交通瘫痪。仲子良臣亦欲解官归养,弄得商辂很不高兴,告诉他说,所谓叶落归根,我已经老了,归乡以终我余年。你正是强壮之时,应该竭尽全力报效国家和君王,怎么可以说这样的话?良臣只得遣三个儿子汝谦、汝颐、汝泰护送祖父归乡。

次年秋,宪宗特颁圣旨,在北京、杭州、严州同时建造"三元"石牌坊,以旌表商辂的功绩。

归家后的商辂时刻关心书院教学,自从卢夫人去世后,商辂没有续弦，始终是一个人生活，关心他的人劝他再娶一位，商辂心无旁骛，整日讲经衡文，或应人所托，作序、记、铭等，或翻阅旧籍，整理尺牍。某一天，商辂从早年存放在竹箧书中，翻出一张诗签，乃是正统九年（1444）九月初，将赴京师参加明春会试前，往县西贺公祠庙朝拜求得的。因上京赴考，顺手夹放书中，保存至今已三十多年了！但见诗签上印有一首诗，云：

> 冯王以后续功名，二帝当阳第一人。
>
> 黄阁尊荣遭石阱，绿堂闲散谒金门。
>
> 温公再起调鼎鼐，范阳重来秉笔衡。
>
> 抗论刑臣鞭血地，浩然归去青松迎。

　　当年求得此签诗，商辂不得甚解，今日致仕归休之后，回头缅悟诗词字句内容极为深奥，不但意义深远，结局也甚为灵验。诗中所谓冯王者，是指冯京、王曾，此二人乃北宋名臣，皆三元及第。二帝者，当指英宗、宪宗皇帝也。石阱，指明了说是石亨。绿堂闲散，明言归闲矣。温公即指司马光，人称"司马温公"，宋神宗时，反对王安石变法，离开朝廷十五年，晚年担任宰相职位，辅助年仅十岁的小皇帝哲宗。暗指自己将来东山再起，也是辅佐小皇帝，官至宰相之职。抗论刑臣，上疏痛斥汪直十罪，随着告老而归。青松迎，想立寿而言，然亦唯七十三耳。签诗之灵验，商辂感觉不可思议。

　　成化二十二年（1486）七月十八日，商辂寿终正寝，享年七十三岁。

商辂的墓葬至今不明,据《商辂年谱》记载:"(成化二十三年)六月十六日,甲申窀穸(墓穴)奄临(下葬)"。没有说明具体的下葬地址,据我估计应该长眠于水乡泽国。

讣闻到京,宪宗辍朝一日,嘴里喃喃自语:"朕素知商辂为人,忠义可嘉,忠义可嘉。"次年四月,宪宗特颁一道圣旨,赠谥诰命。制曰:

自昔奇才硕儒得辅君行道,以建功立业于当时,则必有恤典殊恩以示褒嘉于后日。此古今之通谊,有国者之所当重也。故少保兼吏部尚书、谨身殿大学士商辂性资刚直,操履端方。三榜魁文,四海仰其文学。两朝内阁庶政,资以经纶。虽暂罹毁以韬光,终见显忠而励世,谋猷入告,裨益实多。桑梓归休,宠光尤厚。方期享颐龄之福,讵意为委化之游。慨念往劳,可无褒异,兹特赠特进光禄大夫、太傅,谥文毅。于戏!傅臣朝之峻官,非朕公不可轻畀。文毅世之嘉号,必累善而后克。当贲卿二者之荣,流芳千载之永营。魄魂不昧,休命是膺。

这道圣旨现藏于里商村一商姓后裔家中。二十世纪九十年代初,我曾去拍过照片,并撰写文章见诸报端。直至2008年,为纪念建县1800周年,县政府组织编纂一套历史文化丛书,其中《文物叙略》一书由我主编。我想把商辂这道圣旨收录书中,经多方打听找到这位收藏者。当他把圣旨徐徐展开之时,我心中咯噔一下,顿觉不对,与我第一次拍摄时所见的圣旨判然有别。圣旨代表皇家脸面,乃采用上等蚕丝制作而成的绫锦制品,工序繁复,锦缎丝滑,柔顺服帖,绫锦首尾织绣云龙纹饰,中间点缀祥云,图案精美。所书楷体规整严谨,笔墨流畅,雍容端庄。眼前这件材质僵硬不说,笔墨呆涩,毫无灵动之美,显然是仿品。我不动声色地问他一句,怎么与我二十年前见过的不一样?说是重新拿去装裱过了。我心有不甘,再追问一句:还是原来那件吗?得到肯定回答。我没有说破,拍摄存照,心想或许主人怕外人频繁叨扰,用仿品应付亦未可知。如果是这般用心保护祖上遗物,我反觉欣慰。最终这张照片没有收录《文物叙略》一书,也是不想引来口舌是非吧。

八

这次里商之行收获颇丰,确证了"仙居书院"的旧址,还原了一段历史真相,本来还想再去看一看"商辂花厅",看一看"忠恕堂"。由于时间关系,最终没有成行。我想商辂以"忠恕"作为堂名,是有深意、有讲究的。"恕"之一字,也是商辂官宦生涯的一个总结。他这样要求自己,同时也希望子孙后代忠君爱人,要有仁爱之心,恻隐之心,对人宽厚有容,不与人计较一时之得失。

我想,商辂是无愧的,忠君爱国,上不愧君,下不愧民,回乡之后投身家乡教育事业,"育贤才、厚风俗",用自己的文化人格回馈这方土地,凡有利于国家和百姓,"身之利害有所不计",这是一种大爱。面对名利,他能推则推,谦谦一君子,唯恐自己能力和名望不符。里商后人能否理解他的行为已不重要,所谓"高山仰止,景行行止",关键是后面还有一句:"虽不能至,然心向往之。"否则祖先的德藻,又如何承继呢?

南山书院

一

应颛是个文官，但他一生戎马倥偬，始终没有离开过战场，不是去擒贼就是在去平乱剿匪的路上，净干些职业武将的活儿。可在他致仕回乡后，却于老家贺城创建了一座"南山书院"，并亲自担任书院主讲，终于可以卸下那身戎装，改换上先生的长袍，选择为自己为家乡的文化事业尽份心。

据光绪《淳安县志》记载："南山书院，在县南南山下，按察副使应颛建。"

纠正一下，应颛致仕回乡，是在福建布政使司左参政任上，官至从三品；而按察副使是四品官衔。

老城贺城有所谓"应半城"的说法，佐证了"应氏"为贺城大姓。古代贺城以县前街为中心，分为城东和城西两部分。城西一半多为应姓居住地，这里不乏簪缨世家，我们今天的主人公应颛，便出生在城西"官贤里"的应家大院。

"应氏宗祠"就位于应家堪下,是城内数一数二的大祠堂。每年族中举行祭祖典仪,祠堂是最热闹的地方。父亲应惟善,领着应颢给祖宗祭拜上香,完了就会指着先祖的牌位,告诉他这是任职淳安知县的应氏始祖,名叫应与权,因为孝敬双亲,不愿意入仕,于是宁宗皇帝特授他为淳安县令,方便他给双亲尽孝。

　　应惟善不无期许地看着儿子,深情嘱道:"先祖是位好官,勤廉恕,修学校,课农桑,老百姓皆敬之爱之"。应颢似懂非懂地听着,别的他也听不懂,"修学校"这几个字他算听进去了,正琢磨着,门外小伙伴招呼他玩去哩。

　　偌大的祠堂庭院中,小伙伴围绕着旗杆石追逐玩耍,应颢和大家一起,一边嬉闹,一边唱念道:"你拍一我拍一,旗杆一立喜报来;你拍二我拍二,来年二试耀门楣;你拍三我拍三……"这便是他儿时关于祭祖,关于中举的全部记忆。

　　父亲对儿子督责甚严,玩耍归玩耍,功课是功课,绝不容许偷懒耍滑。在诗书熏染之下,应颢文气充盈,加之年少气盛,步幅大开,老街的青石板路,在他脚下已显得逼仄,他时欲出城,来到新安江畔,想看看外面的世界。极目远眺,群山绵延,唯见山峦深处有一排大雁,渐飞渐远,终隐于天际……

二

　　时间来到大明正统十年(1445),英宗皇帝开科取士。淳安县与应

南山书院

颢同时进京赶考的还有商家源的商辂,即后来的三元宰相。

我查了乙丑科进士榜单,应颢位列二甲第四十四名,这一科共录取进士150人。此榜的状元便是商辂。

应颢的名次相当出色,合该是应了那句话:"我本够优秀,奈何更有优秀人。"他被商辂的状元声誉,隐没在世俗的风评中,似乎也在情理之中。

跻身士大夫行列,初授监察御史。简单概括御史的职责,也就四个字:弹劾、建言。分道负责,即对各省(道)官员进行巡视监督,类似现在中纪委下派地方的纪检官员。发现问题直接向皇帝反映,建言献策。

他监临的第一站是巡按福建,时正统十四年(1449)四月。巡按任期为一年,需要巡遍所有的府县。应颢选择先到福建东北部的宁德县(现在的周宁县)。原因是这里多年不太平。

福建地区是全国重要的产银区,境内分布大大小小银矿几十座。早在宋代就有关于银矿开采和冶炼的记载,宁德县境内的宝丰银场和蕉城区的黄柏银场,被称为"明代六大官办银场之一"。据《明实录》所载,浙、闽两省岁课银两总额,至正统九年(1444),已超全国的百分之九十。

近年来,银场更是爆发了多起矿工起义,波及浙、闽、赣三省,震动朝野。

巡按御史俗称"按院",是代天子巡狩的钦差大臣,手中直接握有地方官的官帽。大事需要奏报朝廷,小事立马可以裁决。别说县令、知府,就算巡抚大人照样可以与之分庭抗礼。

接待他们的是县里的主簿,应颢从四抬轿子上刚落脚,他的随从倒先开了腔,面对主簿,不无讥讽道:"好大的胆子,你们县太爷怎么自己不来接驾?"

主簿向应颢拱一拱手,回道:"禀按院大人,本县县尊、县丞到山里剿匪去了"。略顿一顿,有些郁闷道:"这两年叶宗留、邓茂七一干贼匪带头作乱,四处劫掠,为害一方,搞得境无宁日,还望大人海涵。"

应颢摆摆手,道:"公务要紧。你且带我到银场去看看。"主簿连连摇头,忙不迭回道:"银场地僻路峭,恐生事变。按院大人暂回公馆歇息,待县尊回来好给大人接风。"

应颢执意欲往银场,主簿只能备马,陪同前往。

一路走走停停,应颢对银场情况也知晓七七八八。

主簿嘴里说的"叶宗留、邓茂七一干贼匪",就是宝丰银场带领矿工起义者。叶宗留是浙江庆元人,曾因私自盗矿被罚充处州(丽水)府皂隶,此人长期习武,凡事爱打抱不平,对自己的境遇早已不满。闲时与处州人叶希八、陈善恭等人密谋,欲图大事。正统九年,他纠结数百人,流窜到福建宁德、福安一带银场,伺机行事。

宁德、福安与浙江处州相邻,这里早期留有许多银坑,明代初期,尚允许民间私自开采银矿,只要课税就行。到宣德年间,自朝廷设立官局,便严禁老百姓私采,甚至派兵封禁,有了"私煎银矿罪"。特别是浙、闽、赣三省军民,私煎银矿会被处以极刑,全家发配充军,处罚力度十分严苛。

叶宗留早年有开采银矿的经验,知道矿工的需求,也知道他们遭受工头、太监盘剥的苦楚，他组织当地矿工上千人，仗着人多势众，公然喊出了"听我采取，不听杀人"的口号，不把官军放在眼里。地方官府据实奏报朝廷，明廷派浙、闽两省官军大力搜捕。叶宗留索性一不做二不休，私自铸造武器，据守险要山川，与官军对抗。叶宗留懂得不少兵法，时不时与官军捉起迷藏，如若官军人多，打不过时，官军"东剿则西走，南搜则北移"。地形有利就主动出击，不利则设伏杀伤官军。兜兜转转三四年间，因剿匪不利而丢官丧命的朝廷官员就有好几个。

到了正统十三年(1448)二月间，这边叶宗留矿工起义没有平息下去，那边邓茂七在沙县陈山寨又领导佃户起义响应。杀县官、劫富户，自称"铲平王"，意欲铲除天下之不平。一时间，尤溪蒋福成带领万余炉丁(打铁工人)和农民声援。形成了一股洪流，在浙、闽大地奔腾咆哮。

正统十四年(1449)二月，明英宗闻报震怒，不禁大动干戈，诏命宁阳侯陈懋为征南将军，保定伯梁瑶、平江伯陈豫为副将军，都督同知范雄、都督佥事董兴为左右参将，刑部尚书金濂参赞军务，太监曹吉祥、王瑾、陈梧监军，统率京营和江浙兵四万余人，配备神机铳、炮火器等，入闽"征剿"。至五月间，明军基本将叶、邓起义平息。叶宗留、邓茂七皆战死，邓茂七压寨夫人廖氏去向不明。余部则由叶希八等人率领，辗转于浙、闽山区，时而剽掠，时而隐遁。

应颢在主簿陪同下，巡视了几处银场，果然山势峻峭，道险而狭，有时还得下马步行。一行人回到县衙，裴县令早已恭候多时。彼此行礼问安过后，知县道："这次进山让林开三这贼脱逃了，只逮住几个喽啰。"一副沮丧的表情。在裴知县看来，这次本是一个绝佳的机会，抓住林贼可以在按院大人面前邀功,待奏到皇上跟前,指不定官升一级哩。

应颧巡按福建,恰好在平乱之际。原来主簿说县尊、县丞进山剿匪,其实剿的不是叶宗留、邓茂七之匪,而是追剿乘乱盗窃银矿的林开三之盗匪。

知县姓裴,正统丁卯年(1447)任宁德知县,也是想要有所作为,自然无可非议。

应颧问道:"这林开三究竟什么来路?"

裴知县回道:"林开三乃本县黄埔村人,长期在外流窜作案,此番纠集处州巨盗,对宁德银场进行了一场洗劫,幸亏监军发现及时,银场损失不大,只被他遁走山林。"

应颧听罢,沉吟再三,寻思道:"我观宁德银场纠纷盘互,不逞之徒,若居洞穴之间,内可以聚糗粮,下可以设弓弩,官军难扑灭,地方不敢问。这裴知县看来是个实诚的人,倒可以帮他一帮。"遂说道:"前日林贼未得如愿,终不会甘心。他一个惯犯胆大妄为,绝不会就此罢手。你放出风去,就说明日亲送巡按出境,届时,我调官军预伏,张网以待。"

裴知县拱手谢道:"多谢按院大人援手,裴某遵嘱,这便布置下去。"

次日一早,县公馆门口巡按、知县依次上了绿呢大轿,仪仗摆开,宁德县衙役在前面开道,手擎虎头牌,上书"回避"两字,后面跟着一班随从护卫。只见飘飘扬扬的几面旗帜上书"福建巡按""钦差出巡""宁德县衙"等字样,一路鸣锣开道,招摇过市,出城而去。

且说林开三遣去的探子来报,说县老爷恭送钦差大人已出了城门,今夜是回不到署衙了。林开三果然纠集残余部众,乘着夜色袭取银场,杀了一个回马枪。

此番入我彀中，料你插翅难逃。

但闻一声铳响，四周火把齐明，应颢调集的官军一齐杀出，将一伙盗贼围在银场谷中，弓弩刀剑，一通厮杀下来，检点人数，尚有数十人被擒获。盗贼头目林开三身中乱箭受伤，终未能逃脱。遂用枷锁了，押往县衙大牢候审。

宁德县去除了这块毒瘤，裴知县大为宽心，特设庆功宴诚邀应巡按赏脸，一起商议会审林开三的具体事由。应颢将话题岔开，举杯笑道："来、来、来，今日只管痛饮，酒桌上不议公事。"

"对、对、对。"裴知县起身端起酒杯，附和道："莫谈公事，莫谈公事。不要让那林贼搅了雅兴。"

席散回到公馆歇息。次日一早，应颢开具巡按牌票，用了关防，调阅宁德县卷宗，履行他巡按的职责，开始复核过往案卷的判决，查看是否存在冤屈枉纵现象。应颢有意回避林开三盗案会审，是欲将这场功劳记在裴知县名下。

裴知县经对林开三的审理，意外查获叶希八残部以及邓茂七那位压寨夫人廖氏的踪迹，与沙县官军联手，一举荡平了陈山寨，廖氏伏诛。

三

应颢巡按福建，不辱使命，为此"朝廷赐彩段宝钞，进秩从六品"。

景泰四年(1453),他又应诏巡按苏松,恰逢水患,应颙组织当地官员士绅,赈济饥民,救活甚众。次年八月,擢升南京大理寺丞。

我在《商文毅公文集》中,看到商辂写的一篇《赠大理寺丞应文明序》,这篇文章是在应颙巡按福建、苏松之后,朝廷任命他为南京大理寺丞,商辂为他送行时所写,内云:

> 淳安应氏为邑著姓,文明,予同年进士中翘然者,其为御史按闽中,闽中人无老稚贵贱,皆啧啧称道,曰:"良御史,良御史。"至于今犹不释口。盖其心术纯正,外无欲而中有主,弗为赫赫之威而吏无不惧,弗要煦煦之誉而民无不服,其见称于人以此。继复按东吴,吴俗尚势利,多诉讼,文明裁断如流,人咸称快。未几,强者慑,弱者立,方翕然顺令,而文明以功拜南京大理寺丞,受代日,民遮道欲留,弗可,皆唏嘘而去。其敬慕于人,盖随所至皆然。

应颙字文明。商辂说他是同年进士里面的"翘然者",非常出色,令人追慕。作为御史他巡按福建,八闽中人无论老少贵贱,都交口称赞他为"好御史、好御史"。至今谈起他来,仍然如此。大概是因为他心术纯正,外表看去无私无欲,内心却很有主见,虽无那种赫赫的官威,但地方官吏见了能感受那种威严,尽管不去标榜仁爱春风,老百姓无不衷心服膺。知与行合一,人与名相称。后巡按东吴(苏松),吴地民风势利,爱打官司,应颙得心应手,裁决如流,老百姓很满意。去不久,强悍的人懂得敬畏,柔弱的人找到自信。地方安宁和顺、政令畅通。应颙因为政绩突出,官拜南京大理寺丞,告别之日,苏松百姓皆拦阻应颢,不让他离开,一个个掩面哭泣,唏嘘再三。他每到一地,都这样受人尊敬仰慕。

这是商辂对应颢的评价,也是老百姓真实情感的流露。

监察御史虽说权力很大,但官阶不高,是正七品官,大理寺丞则属正六品。朝廷应该是看到了应颢的能力和功绩。

新版《淳安县志》关于应颢的条目,也就三百余字,说他"……成化二年(1466),荐升湖广按察司佥事。总兵李雪、巡抚罗箎知颢之才,命治平溪清浪卫。应颢即选调官军,征剿靖州黄强苗寇。事竣,都御史项忠复遣应颢去平荆襄流民之乱,颢恩威并施,功劳尤著,又升福建按察司副使,巡视海道。时漳州贼林辉英乘机聚众下海为乱,颢遣官军赍榜晓谕,林之部众擒辉英以献。既而,龙溪贼钱有定50余人劫掠蒜岭驿官,应颢又命巡海官军督悉就擒。应颢戎马倥偬,屡建功勋,升布政使司左参政。后以疾归,卒于家"。

从上述履历来看,应颢绝大多数时间都是在参与擒贼、平乱、剿匪,不是在福建就是在湖广。从他首站巡按福建宁德开始,就展露了卓越的军事才能。也难怪我没有找到其相关著述,就连诗词也极为罕见。一生戎马倥偬,南征北伐,怕是根本无暇静心著述吧。

明代官员存在一个有趣的现象,那就是文官带兵打仗,而且极为普遍。拿淳安籍官员来说,有明一朝如周瑄、徐鉴、项文曜、应颢、方汉、宋旻、吴倬、徐贯、胡拱辰、吴钦、徐楚、吴一杕、方学龙、汪乔年、章可试、吴希哲等。他们或参与擒贼、捕盗、剿匪等保境安民的武将职能,或参与平乱、抗倭、御外等残酷血腥的战争,但他们的身份始终是一介文官,他们是如何做到"文以经邦，武以定乱"的呢？

我想，战争不但是体力的比拼，更是一场智力的较量。如果自己不亲历战阵，靠误打误撞取得胜利，是绝无可能的。

明代科举制度已经有了预设，朱元璋自己打天下，知道武学的重要性。洪武二年（1369）十月二十五日，左丞相宣国公钦奉圣旨："今后立学设科，分教礼、乐、射、御、书、数，恁每定拟来该学校合行的勾当，教秀才每用心讲究着行。钦此。"于是，各学官都把这道圣旨刻在石碑上，遵照执行。

各省生员在乡试时，还可以要求加试射箭，若成绩优秀则单独造册，作为加分项。府州县学也在课程设置中，注重学生射艺的培养，即德智体全面发展。以王阳明为例，他从小熟读兵书，更勤练射艺。只是他为人低调，从不张扬，外人不知道而已。平定宁王朱宸濠叛乱后，遭到京军武将的公然挑衅，要与他比试射箭，想让他当众出丑。王阳明胸有成竹，信心满满，更不多语，只见他弯弓搭箭，三发连射，皆中靶心，一时间四众惊服，赢得满场喝彩。

淳安的汪乔年也是这样。他每每于衙门退归之时，去野外骑马奔跑，练习弓箭和击刺，并常常在风露薰木中夜宿，刻意进行野外生存训练，用以锻炼自己的意志，随时准备报效国家。直到他出任三边总督，带领千军万马之时，平日那些练习都有了用武之处。

应颛与他们还有些不同，从他任监察御史开始，就参与擒贼捕盗，除了在南京任大理寺丞几年外，一直到他致仕归家，始终没有离开过战场，不是去擒贼就是在去平乱、剿匪的路上，可谓戎马倥偬一文官。

四

　　致仕回乡的应颢没有闲着，尽管这些年征战在平乱第一线，落下一身伤病，他也没有选择安享晚年的生活，而是选择在贺城的南山下，创建一座"南山书院"。想起父亲应惟善儿时对他说的话："先祖是位好官，勤廉恕，修学校，课农桑，老百姓皆敬之爱之。"应颢其时内心得到了某种回应，他要让自己的心灵得到回归，让曾经的遗憾得到弥补，让应氏子弟得到良好的教育，让先祖的美德传承下去。

　　南山，老贺城人又叫青山。位于县城南面，它盘曲横贯，联结交错数里，"或峰而锐，或冈而平，或阿而曲"。有所谓"五星拱案"之说。山顶建有一亭，题"物外亭"，大概是取神游物外、飘然世俗之外的意思吧。宋代理学家钱时，写有《月夜游南山记》一文，曰："渡浮梁而西，岿然乎江渚曰南山，贺城之奇观也。而月夜尤奇。丙戌辜月望前三日，宿舟其下，嘉禾许正甫、檇樵二子从予往游焉。濒沙嘴，沿陂陀，缭山腰，历嵚崟，砾卓峭刻，为岩为窦，千态万状，层累而起，首闾肩差，螺叠云拥，若抱瓮，若垂瓠，若颓颌断颚，吁然乎路隅，寒影零乱，月在林杪，风湍合还，流波跃金，老木樛枝，岸江离立，龙蛇夭矫，攫攫欲飞。又西溯转，岖骞峭壁，忉径侧立，苔藓斑驳，如雪洒空。有缺中断，容两柱许，肖象其间，缟衣青巾，如世相传所谓吕仙者。益迤逦而上，景益胜，相顾叹赏。跻攀力，两股不暇疲。少折而东，有亭四柱，曰'物外'。俯瞰城邑低横，江面灯火溟蒙，出冥霭中，市声杳渺，与渔歌相杂，鼓吹上下，乍有乍无。从亭隅复折而西，两山相束如盘，有犬吠声，有香肃然。随谷风出，路益险绝，老兵推之乃得进。夜既久，不复叩扃问何如人矣。明日命樵作图，櫵诗，正甫序，而老者为之记。"

从钱时的笔下，我们可以看出南山之美、之险、之峭，可谓"贺城之奇观"，峰峦峭刻，螺叠云拥。站在南山山顶，可以俯瞰城邑高低错落，江面灯火溟蒙，与渔歌相杂。山水与人文的结合，从来都是古代文人的不懈追求，山水因人文成为名胜、成为风景，人文因山水得其滋养、得其精神。除了环境优美、景致益胜，应颢看中的还有一点，从县城到书院读书，需要从南门摆渡，横渡新安江，置身"南山书院"已然与纷扰的尘世隔绝，学生可以静心读书，校方便于监督管理。嗯，类似于半封闭式的军事化管理。这与应颢长期的职业不无关系，周密、谨严、稳妥。

是年秋的一天早晨，应颢步出庭院，远眺对岸县衙，回首自己半生戎马，如今已垂垂老矣，不禁百感交集，赋诗一首，题曰《南山书院》：

清秋滴露洒琼珠，初日光摇架上书。
霁色遥分青嶂晓，琴尊聊其碧窗虚。
文光午夜惊飞雉，汗简朝来落蠹鱼。
老我杖藜溪上叟，茂陵秋雨病相如。

如果说贺城最北端的书院是"石峡书院"的话，那么，最南端的无疑就是"南山书院"。隔着一条天然的屏障——新安江。应颢以他职业的眼光选址南山，我想应该还有一层深意，这个庭院的大门正对着县衙，这些学生今后走出这座庭院、这扇大门，心里始终要装着淳安百姓，为淳安百姓分忧愁、为淳安百姓谋福祉。从这个意义上说，近百年后的嘉靖四十一年（1562），淳安百姓选择在南山建造"海公祠"，何尝不是应颙这个朴素愿望的再现呢？

五

应颙的生卒年不详，但大致时间顺序是可以梳理出来的。正统十年他考中进士，任职时间是在正统十四年（1449）四月，巡按福建作为他宦海生涯的第一站，按照正常升迁流程，从七品官阶到三品官阶，少说也需要二十年左右时间，再致仕回乡创建书院，这个过程最快也应在成化十年（1474）左右。可见他慧眼独具，情怀博大，具有健全的文化人格。

贺城百姓为纪念他，将其列入乡贤祠，朝廷还在贺城应氏居住地"官贤里"，下旨建造"簪缨奕世坊""世英坊""联芳坊"以示表彰。据光绪《淳安县志》记载："福建左参议（政）应颙墓，在县南二十里前村紫金林。"

静乐书院

一

世德家风，无形而悠长；经年累世，厚积而薄发。一个家族的教育和影响力究竟有多大？我们只需看看蜀阜村的官厅和牌坊，就能略知一二了。蜀阜村的牌坊绝大多数属于功德坊，彪炳事业功德、标榜官阶身份、彰显权力地位，它们无时无刻不在提醒着子孙后代，做人的榜样和楷模，前行的动力与方向。

它们就像一本本无言的教科书，铺展列陈于村中各处，林林总总，让人目不暇接。细数下来单是牌坊就有："勋阶极品坊""青宫少保坊""都宪坊""同朝尚书坊""进士坊""科甲世承坊""双桂坊""三代联芳坊""达尊坊""乔梓联芳坊""跃龙门坊"等，其中竟然有半数以上的牌坊是为同一个人所立，他便是被太子朱厚照称为"一品当朝"的徐贯。

官厅的分布也是错落有致，以"云程秀岭"为界，东面有昭德堂、余庆堂、孝思，西面则有明德堂、承德堂、梅友堂、滋德堂、青云堂、玉麟堂、世美堂、承先堂。

其中的"昭德堂"是徐氏一族之总祠,故又称徐氏宗祠。位于蜀阜东南的茶山西麓,其设计布局,符合中国古代等级制度"国朝仪注,祖宗家法"。

"昭德堂"始建于明代嘉靖三十二年(1553)孟冬之吉,次年秋月落成。蜀阜徐氏,自始祖徐宣之后,十代单传,至寿六公徐祖生,有徐礼、徐震、徐蛟三个儿子,其后礼公生五子,震公生三子,蛟公一子,共九子,九子又生十三孙。人丁逐渐兴旺起来。明天顺元年(1457),徐震之子徐贯首登进士;天顺四年(1460),礼公次子徐鉴又登进士,之后,人口蕃衍,科第繁登,无论人口和社会地位,都跃居蜀阜各族之首,徐氏族人也有了建造宗祠的要求。徐贯、徐鉴晚年也有营建宗祠的计划,可惜未能如愿就先后去逝。徐楚在辰州知府任满进京考核后便道还家时,在众多族人的要求下,才由徐楚主持完成了"昭德堂"的兴建。徐楚曾赞曰:"环奇列秀,地灵祖荫。"

蜀阜大小官厅十余座,最朴素的当属"玉麟堂",它是徐贯的官厅。位于下街西侧,镇西楼旁。规模不大,低调内敛,唯大门两旁置一对石狮,雕琢精致,活灵活现。故蜀阜百姓有所谓"官最大,厅最小"之说。

"官最大"是什么概念?淳安当时有"淳之南文毅公(商辂)以三元冠天下,淳之西康懿公(徐贯)以一品冠群僚"之说,太子太傅工部尚书赠特进光禄大夫,这是徐贯的正一品官衔。淳安历史上除了商辂、徐贯,还有一位就是胡拱辰,总共只有三位。而六部的尚书,充其量只是二品官阶。

高官徐贯与"静乐书院"渊源颇深,他既是"静乐书院"的受益者,

静乐书院

也是"静乐书院"的传承者,更是"静乐书院"的光大者。

二

据翰林院编修,邑人方象瑛《太子太傅工部尚书赠太保谥康懿徐贯传》记载:"徐贯(1432—1502),字原一,淳安人。幼明敏,从姚夔受春秋,登天顺元年进士,授兵部职方司主事。"

宣德壬子年(1432),徐贯出生于蜀阜村中,他从小聪颖,七岁能文。父亲徐震,为锻炼儿子的胆量,这年夏天,他带着儿子到后坞潭中去游泳。徐震走到溪边柳树之下,心中忽有所动,站立一旁,顾谓徐贯道:"贯儿,现在我出一上联,你来对出下联,可好?"徐贯爽快地点点头。徐震不复多言,当即脱下上衣,往柳树枝头一挂,吟出上联:"千年杨柳当衣架。"徐贯见眼前溪流潺潺,汇聚成潭,不假思索回道:"十里长潭作浴盆"。语音未落,但见徐贯"扑通"一声跃入后坞潭中,在深潭之中翻滚戏耍起来。

这下轮到父亲站在岸边呆立,把"十里长潭"视如"浴盆",这是一个小儿的口吻吗?此儿绝非等闲之辈,徐震想着不能耽误了他。好在自己早有预备,正统初年就在天泽灵池西南,云岭之北,辟建"静乐书院",取静中得乐之意趣。

据徐楚《蜀阜小志》记述:"(静乐书院)在宅门左,为予高祖赠少保尚书静乐公讲学处。内有静乐楼,高栋虚楹,正临逵道,面对照山万松,飞翠袭人。东山桃屏,左右环列,横楼一带,上下丙舍十余间,为生徒肆业之所。稍东有聚奎楼，下有隆恩堂，用少保制词中语，又稍东即太傅第，正厅厅后，即云程秀麓也。麓有高阜，乔松蔚然，新建'复初亭'于上，此亭旧在天泽池畔，后毁于兵。万历甲戌重建于此，先朝商文毅、姚文敏、李文正诸大老皆有题咏。"

徐震因为儿子的原因，也得到朝廷的封赠，所以徐楚称之"赠少保尚书静乐公讲学处"。徐震，字士威，人称静乐公，有三个儿子，长子万英、次子恒、季子贯。三个儿子中他最看好老三徐贯。所以在正统年间，聘请了桐庐姚夔（姚文敏），来"静乐书院"教导子侄读书。徐震哥哥徐礼有五个儿子，弟弟也有一个儿子，加上自己三个儿子，或许还有族中子弟若干。符合徐楚所说："上下丙舍十余间，为生徒肄业之所。"

学生挑老师，其实老师也挑学生，顽劣愚钝的学生一般老师还不情愿教呢。虽然付出诸般心血，却达不到预期效果。反之，聪颖的学生悟性高，一点就通，一讲就透，老师也很有成就感。徐贯跟着姚夔学习《春秋》，相得益彰。《春秋》是由孔子修订完成，它是我国儒家典籍"五经"之一。科举考试题出《春秋》不在少数，是士子的必读科目。

名师出高徒，书院蕴贤才。徐贯、徐鉴相继走出"静乐书院"。徐贯出道够早。景泰四年（1453）乡试中举，才刚二十二岁，四年后的丁丑（1457）殿试榜，徐贯再传捷报，位列三甲第五十二名。此榜共录取194人，名次相当可观。天顺四年（1460），堂兄徐鉴也考中进士。徐贯年纪更小，也才二十六岁，走出大山，一步跨入紫禁城，确有年轻人那股子狠劲。他身着鹭鸶补子的绯袍，行走在京师朝堂之上。

徐贯行走带风，带着蜀阜人的爽直粗犷。徐贯行事作风刚硬，但他刚中带柔，粗中有细。这不，在他兵部主事任上，就碰到了一件棘手事，看他如何处置的。

兵部有四司：武选司、职方司、车驾司和武库司。核心部门是职方司，负责管理国家的疆域和版图。从兵员到驻守，从训练到给养，从军情到后勤，从监管到勘正，可以说既高端庞大，又繁杂琐细。大到军事决策参谋、各地卫所巡防检视；小到收捕逃兵、清退老疾，查办冒名顶替者，存恤屯田、安顿新士，等等。

成化二年（1466）秋，徐贯按例巡察京畿卫所，访得苗千户诸多不法事，他一旦查实便不会放任不管，这乃其骨子里性格使然。碍于千户官阶五品，比自己还大一级，不便明里搜查其家，侦缉别处还置办有一处宅院，豢养一青楼女子，雇佣婢女、管家伺候着，十分宠幸。管家姓侯，平日仗着千户威福，鱼肉欺压百姓，甚至插手兵役，行冒名顶替之事，地方睁只眼闭只眼不愿惹事。徐贯瞅准个机会，借着缉拿侯管家由头，搜查苗千户别院，并未发现赃物。这事闹得，可算捅了马蜂窝，弄不好蜇自个儿遍体鳞伤，如何收场？

随行人员垂头丧气，只带回几本书簿，翻看之下像是与人往来的账目，列入某月某日收黄米若干石、某月某日收白米若干石。

徐贯丢下账簿，不免有些失望。随从报说，苗千户已让人参了他一本，说徐贯"借巡察之名，行邀誉之实，纵容部属侵入民宅，捕风捉影，罗织罪名，惊扰卫所，云云。"徐贯听罢，原本有些忐忑的心反倒平静了下来，苗千户这么急于跳出来攻讦自己，分明是想要转移视线隐藏什么，正说明此刻他心虚着哩。

徐贯边思虑边拿起账簿，嘴里自言自语道："他家几口人，吃得下这许多黄米白米？"随从答说："便合一处也不过二十余口人，哪吃得了几十万石的黄米白米？"末了又咕哝道："奇怪，里外搜遍恁是没发现存粮的所在。"

徐贯忽觉眼前一亮。"这事有些蹊跷，"当即喝令，"带侯管家！"

侯管家被带上堂来，大大咧咧无所谓，想着他手里没啥证物又靠千户撑腰，眼前这主奈何不了他，于是乎装傻充愣，一问三不知。徐贯呵斥一声："大胆奴才，你难道就不怕王法吗？"侯管家暗吃一惊，又见两边把刑具往公堂上一摆，憋着一口大气再不敢出一口。

徐贯不怒自威，语气放平缓道："你一个奴才，无非仗势欺人，作恶地方，按大明律法罪不至死，但这几十万石的黄米白米却非同小可，你不说本官也知道，是黄金白银吧？你又何必替人顶缸呢？试问你有几颗脑袋？"

徐贯轻语重锤，绵里蕴刚的一连三问，于侯管家不啻当头一棒，顿时分开八片顶阳骨，魂飞出窍。原来这主啥都知道。他双腿一软，磕头如捣蒜一般，嘴里直呼饶命。防线崩塌，存何侥幸之心？一五一十把藏匿所在以及千户所为，原原本本作了交代。徐贯一边命人起赃，一边起草奏章，弹劾苗千户种种不法罪行，依律予以严惩。

徐贯扳倒了官大一级的京畿卫千户，可谓一战成名，人都说徐贯是个"狠人"。

三

"狠人"徐贯一路升迁,由兵部主事升兵部郎中,官职五品;成化十一年(1475)擢升福建右参议,官职四品。"外艰归,复除福建参政。"说他父亲去世,归家守丧,三年期满,回到福建担任参政一职,官阶从三品,属副省级干部。

成化十八年(1482),闽地大饥,饿殍枕藉。徐贯分管的"建、延、汀、邵"四府属于"八闽"中的上四府,土地膏腴,粮食要宽裕许多。纵是如此也抵不过灾年。作为分管粮储、水利、军务的地方官,徐贯颇有先见之明,他明白饥荒的救济若等到饥荒发生后是万万不行的。所谓未雨绸缪,要靠平时粮仓的积贮,积贮之法也有讲究,以官储预备仓为主导,其他如社仓、义仓等作为备荒的补充,这些措施落实到位,全靠地方官员的重视和防患意识。

身为地方参政的徐贯,深知粮食储备"粜陈籴新"的重要性。头年入仓谓之陈,当年藏者谓之新,把陈米先予支出,而新米入仓,如此流转是为防止粮食发霉变质。丰年谷贱,徐贯加价买入百姓手中余粮,灾年谷贵,又减价卖给老百姓,不至于闹饥荒饿肚子,这是往年的情形。今年灾情特别严重,辖区内出现了不少流民,多有来自外省外府的,身无分文,集聚成群,搞不好酿出变故。

徐贯闻到了空气中弥漫的焦躁和暴戾之气。社仓、义仓早已空空如也;官仓,只有官仓里还有余粮,饥饿的流民越聚越多,无声但暗潮涌动。徐贯隐约有些不安,他登高望去,远处依然有人流在朝这边滚动,这种感觉越发强烈,他果断向仓储官下令:"开仓放粮!"

仓储官惊呆半晌,嗫嚅道:"下官不敢,尚未接到藩台大人的公文。"话虽委婉,却是太极云手,意思再明白不过:省长大人没有行文下令,他小小一个仓管官员不敢擅自做主。

徐贯狠劲上来,明显不耐烦了,他厉声道:"今日若不开仓放粮,本官先斩你首级以谢灾民,怕是等不到明日藩司的革职公文!"仓储官看徐大人神情果决,绝非戏言,慌忙回应道:"放,放。下官这便放粮。"

徐贯处变不乱,该做主时就做主,若心存私情,畏首畏尾,待上司公文颁到,流民早已变乱失控,不是饿死也必遭哄抢挤压、推搡踩踏而亡。开仓放粮,活命者不计其数,四府民众皆感其德。

弘治元年(1488)二月,有旨下:擢徐贯都察院右副都御史,巡抚辽东。

"狠人"徐贯来了,来到九边之首的辽东。辽东不设府、州、县,代替以都司、卫、所,侧重于军事防御,兼理民政。巡抚均兼右副都御史,官职从二品,是地方最高行政长官。

没有调查就没有发言权。徐贯为了熟悉边务,东起宽甸的鸭绿江畔,西至山海关之无名口,策马行程近千公里,对长城要塞、军民屯田、关隘关防、虏贼犯境、敌我虚实等摸一个门清。边地无小事,巡察问访的弊端都亟待解决,诸如坍毁长城的修葺、屯田数目的清查、私役兵丁为奴,等等,或多或少隐隐约约指向一个人——参将佟昱。

徐贯是一个心理特别强健的人,他的生命乐章总是那么荡气回肠。他很少去解释什么,看准了就立马去实施,绝不拖泥带水,扭捏作态。

等你反应过来，他已经快刀斩乱麻——办妥了！

徐贯首先要拿佟昱开刀，这一招叫"杀一儆百"，能起到敲山震虎的作用。出手之前他要找总兵官李杲谈谈，算是投石问路。边塞不比别处，弄不好会引起军士哗变，若有最高军事长官李杲的支持，局面就容易控制。

这一日，徐贯登门造访将军府。李杲闻报慌忙出迎，双手抱拳，嘴上连声道："怎敢劳动徐大人亲临敝府。"边说边延请入座。

两人虽说官阶相当，但徐贯乃朝廷下派，正统后又推行以文制武、以内制外的政策，巡抚的风头盖过总兵官，兼着"钦差"的身份，握有先斩后奏的权限。

徐贯也不与之客气，直截了当道明来意："连月来徐某踏遍边关要塞，查访参将佟昱多有不法事，不知将军可有风闻？"

李杲略显尴尬，回道："徐大人有所不知，佟姓系辽东大姓，其祖先为女真人，后来汉化，在当地根深叶茂。佟姓世代从军，军伍中各级军职都有他们的人，盘根错节，势力庞大，极不好对付。"稍顿又道："前任巡抚刘潺刘大人，就是被参将佟昱挤兑走的。"

徐贯道："边境一日不宁，则朝廷一日不安。若任佟昱恣意妄为，将军如何面对皇上的谕令？"

面对徐贯不留情面的一问，李杲一时语塞，皇帝的敕令历历在目："今命尔挂征虏前将军印，充总兵官镇守辽东地方，固守城池，操练军马，遇有贼寇相机剿杀，其副总兵、参将各照地方分守，所统官军悉听节制。"参将违法不就是他这个总兵官失职吗？李杲想到这里不禁冒出一头冷汗。他急切询问道："徐大人有何差遣尽管吩咐，本官愿闻其详。"

徐贯要的就是这个效果，于是，如此这般告知。

且说参将佟昱，是日接到总兵官传宣，召集部众到辽阳议事。佟昱一丝不疑，只带了一小队亲兵护从，鞭马赴会。到了驻地，佟昱只身一人由将军府卫兵引入，其余随从暂去别院歇息。

佟昱大摇大摆入得堂内，但见总兵官李杲和一个文官模样的人坐于堂上，脸色冷峻，不怒自威。佟昱看架势，正有些疑惧，见那文官先开口道："我乃辽东巡抚徐贯，今巡察访得参将佟昱种种不法勾当。某月某日，查得佟昱分守防区，虏寇千余人入境劫掠，剽掠人畜，射伤我官军九人，战马六匹。参将佟昱接警，畏缩不前，拥兵不进。某月某日，又查访佟昱利用威逼抵换、侵渔兼并等手段私占屯田。某月某日，查有私役兵丁作为家奴……"徐贯有理有据，有时间地点，有人证物证。随后喝道："佟昱，这些可都属实？你可知罪？！"

佟昱见他桩桩件件证物齐全，原原本本如同亲历，一时间竟无话可驳。他不愿束手待毙，可眼下之境，只能徒作困兽斗。带来的亲随护从，已被缴械软禁，佟昱分守防区徐贯早已派人安抚。佟昱自知碰到硬茬儿，遂低头认罪。徐贯这边飞章奏报不提。

参将之职仅次于总兵、副总兵，负责各区分守，相当于军区司令员。徐贯上任伊始，就把一个官至三品的参将拿下，一时震动九边。自此，但凡听闻徐贯出巡，各防区长官敬畏有加，无不尽心尽责，贪墨心虚者皆于一旁瑟瑟发抖。

四

方象瑛在徐贯的传记中说："四年（1491），召工部左侍郎，苏松遭水患，命往治。"

不得不说，弘治皇帝看人准、用人"狠"。他看上的正是徐贯身上那股子狠劲，他既然能把边境治理得这么好，何况是水灾呢？苏松地区一次又一次遭遇水患，这也成了弘治皇帝的心头大患。苏松历来是大明王朝的粮仓，苏松在版图上看是个弹丸之地，却承担了全国百分之十以上的赋税，单苏州一府的税粮就列全国布政使司第一。无论是粮食作物还是经济作物的品种和产量，都是其他地区无法比拟的，故民谚有曰："苏湖熟，天下足"，从这个意义上说非比寻常。

治苏松水患非"狠人"徐贯莫属，他时年五十九岁。

徐贯乍从塞外边地来到繁华的苏、松二府，还真有些不太适应。但他有自己办事的宗旨：没有调查就没有发言权。这不，刚到署衙就挥毫题下一匾："百闻不如一见"，让人挂上，时刻警醒自己。他是一个习惯实证考察的人，对于别人的口头汇报或是道听途说这类浅层逻辑，一般不会轻易取信。这是多年官场积累的经验，更是基于他个人的品格，基于他大局的意识。

水情犹如军情。弘治四年三月，徐贯带着北方的风尘，沿江考察起灾情。徐贯打小在新安江畔长大，七八岁就在家乡的后坞潭中畅泳戏水，对水的脾性并不陌生。他时而官服官船，与地方官僚、乡绅一同巡视；时而又布衣粗服搭乘商船、民船，一路走走停停，与河工老伯问询交流。虽然都是亲历亲见，但结论却大相径庭。

徐贯沿途所见触目惊心，苏松一带地势平广，水高一丈，坍塌房屋城垣无数，甚至有溺亡尸首从船身漂浮而过。徐贯来之前曾有过预判，但实际灾情还是远远超出他的预想。他越看心情越沉重。

他一边察看河道水情，一边调查访问。凡能想到用上的招他皆梳理过去，甚至连中医诊疗四法"望、闻、问、切"都派上了用场。治水如治病，人体筋脉堵塞则有胀痛感，水系不通则筑埋，两者何其相似。经过连日巡察走访，基本上把准了苏松水患之脉，整理出一个清晰的思路，这场水灾就是"天灾人祸"造成的，看他如何驾驭。

所谓"天灾"是自然环境。江南地区东临大海，西抱太湖，东北依靠长江，地势平衍低洼，流沙淤泥抬高河床，其中又以"苏松最为低下"，是名副其实的水乡泽国，加上连日降水，壅堵成灾。"人祸"就是人为因素造成的。他想到自己在巡河期间，曾与一位老伯的一段对话。

老伯告诉徐贯："你看这河岸两边的庄田，豪强霸占滩涂，修坝建圩，垦为良田，只将十之一二报官起科，每亩亦只三升、五升，征之官者不多，长此以往，水道日隘，遇到连日降水或是雨季，岂能不泛滥？"

徐贯追问道："他田数报官起科，难道官府就不派人核实？"

老伯摇摇头，叹一声道："官府里有他的人，下面经办者心知肚明，反正吃亏的是官家，经办人少不了得他好处，哪个愿意去做难人？"

徐贯明白了其中的猫腻，想到了一个狠招，他让人张榜公布，贴出告示："本官连日巡河，查访私筑塍围良田，与各家报官起科数目不符，自今日起，限令三天之内，报官核查，补征三年税粮，逾期一律按无主田产处置。"布告一连贴了三日，过后竟无一家前来认领核实，无论是豪强之户，还是官府那些暗线俱吃了一个哑巴亏，自认倒霉。

既然无人认领，那就一律充公。

人祸解决了，天灾好办。当前急务先解决清淤疏浚工作，加大加快积水的流量、流速，减缓城内居民生活压力。为此，徐贯日夜督战在河堤，数十万河工连续作业，俟年底基本完工告竣。

百姓生活、生产秩序基本恢复正常，按理说徐贯该走了。但他不这样想。要做就做最好的，从根上解决苏松水患。徐贯有个大胆的设想，与其挖掘淤泥，不如开挖运河，将苏松河与周围纵横交错的水系连接起来，彻底畅通水道，做到百病不侵，百年无患。

徐贯就像一位将军一样，指挥着江南历史上最大的河道整治工程，为此，他还特意设计了拦水坝和蓄洪水库。徐贯历时三年，"役夫二十五万"，开挖数条运河，打通了苏松水系，不但解除了苏松河水患，还分流了太湖几条河流的泄洪压力。江南人民对徐贯感激之情无以言表，杭州百姓为纪念徐贯修浚苏杭运河，遂将杭州中山北路与凤起路交叉地段的一座"观桥"改名为"贯桥"，以此纪念徐贯治水的丰功伟绩。

"狠人"徐贯出色完成了治水任务，在中国水利史上书写了一段传奇，留下了宝贵的经验，直到今天我们仍然受益。

徐贯对自己的工作也很满意，在回京途中，他心情大好，在船上赋诗《五月二十五日治水还京发姑苏舟中偶成》：

昔我之来，有水茫茫，今我之去，有苗扬扬。

田不改旧,雨不异常,鱼鳖之区,禾稼之场。

载疏载决,河流汤汤,水复故道,田复故疆。

天地平成,民庶用康。

离开苏州之时,徐贯心情愉悦,记得先前我来的时候,洪水滔滔,江水茫茫,而今,鱼鳖当初游乐的地方,变成了庄稼收获扬扬的地方,看着老百姓享受丰盛安乐的生活,徐贯有一种成就感、自豪感、喜悦感。

弘治九年(1496),"迁本部尚书",因他政绩卓著,出任工部尚书,加太子少保。十三年(1500),上疏乞致仕,他主动要求退休养老,加赠太子太傅。驰驿归。

五

归家的徐贯没有闲着,父亲去世后,"静乐书院"延请塾师教导宗族子弟读书其中,早在他居家丁忧的三年时间,就修订了族规条例,徐贯想用一种稳定而周全的制度设定,保障族中的人才不至于因为家庭贫寒而遭到埋没。其实与孔子倡导的"有教无类"甚相契合,即不分贫富、贵贱、智愚、善恶等,都有接受教育的权利。

徐贯对于族中子弟读书,有明确的要求:

族中子孙有立志读书者,祠约考费。小考支助大钱五千文,大场支助考费大钱八千文,俱在祠内租息项下支给。入泮者则祠给贺仪银二十两，有同案入泮者，每人给足纹银三十两，有秋闱中试者，给银一百两，春闱中试者，加倍。无论贫富，一例开给，勉励后人读书，庶无负先人厚望焉。

在宗谱的调剂规条中曰：

族中无力者，子弟入塾读书，给发书纸笔墨，七岁入学至十三岁止。果能读书，所有考费随时给钱，若不能读书，至十四岁司事使觅生理，给钱置备行李，不准习学贱业。

看到这些规条，我想作为徐氏一族子孙是幸运的。除了制定规条者独特的眼光外，徐氏家族的经济实力也不容小觑。所有这些费用一律从租息中开支。"昭德堂"在外田产众多，威坪后洲和江村洲的平地良田，都是"昭德堂"的产业，甚至远在徽州府、严州府等地也都有"昭德堂"的产业，徐氏宗祠田租可观，十分富有。

"昭德堂"作为大"众家"，与其他堂号的小"众家"，都有各自的产业，每年大量的租银租粮收入，除了维系公共开支之外，还体现在关怀读书人的方方面面。如族规中规定：租种"众家"土地的族人，凡家有读书人，每位读书人可免交一亩地租。对家境贫寒而学业优异者，宗族公议另有补助。读书人取得功名者，由宗族出资宴请宾客庆贺，称"开贺"。清末民初以来，族中子弟有高小毕业者，就由宗族开贺。每年清明，蜀阜各祠堂都要开祭，宗族收入除公益开支的多余部分，在开祭时以分馒头、猪肉等形式分配族人，叫"清明享胙"，读书人可得双份。读书开贺者，可得三份或四五份，而且大小"众家"一律优先、优待读书人，蜀阜的读书人活得体面而有尊严。

宗族"众家"优待读书人，民间也以"扶会"的方式扶持家境贫寒的读书人，即族人自愿出资，资助读书人。有的是赞助性的，不图归还。有的是借贷性的，学成后奉还本金，利息随意。总之，蜀阜的种种乡规民约，都为读书人一路大开方便之门。

你这时候或许不会好奇，蜀阜一个村庄有六座书院之多，与历代办学蔚然成风，是有着深层次逻辑关系的。

徐贯致仕归来，主讲"静乐书院"，像是遵循一种文化的契约，又似履行神圣的文化使命，课"诸子侄讲习"。他不能让书院荒颓，他最爱听书声琅琅，他承继书院山长一职，未必教务事必躬亲，坐镇一方唯求内心踏实。一时间，徽州以及浙西邻县的生员皆慕名而至。徐贯通过教学传递出的既是一种文化生态，也是一种文化心态，与"静乐书院"，与蜀阜的山水大地、风土人情隐秘相联，又卓然而立。虽说到了晚年，但在徐贯身上依然有一种烈烈扬扬的生命意志，人格强健，干爽利落，他自己不圆通，但是反观结局，所经世事，件件桩桩皆称圆通。他有一首《闲居有感》诗，可谓是对自我的真实写照：

世事滔滔我独迂，谩将诗酒散烦纡。

狂澜谁是中流柱，莫负乾坤八尺躯。

他说自己很固执，不懂得圆通，碰到愁闷郁结的烦心事，只知道用诗和酒来遣散。但你问问狂澜之中的中流砥柱，舍我八尺男儿身躯还能有谁？语气中充满了自信和自豪。

明弘治十五年(1502)十一月十八日，徐贯卒，享年70岁，朝廷追赠太子太傅，谥"康懿"。

明弘治十六年(1503)九月十日，朝廷遣吏部尚书、太子太师马文升，礼部尚书张升，户部尚书吕钟，兵部尚书刘大夏，刑部尚书闵珪，工部尚书曾鉴以及各部左、右侍郎等官员，公祭故太子太傅光禄大夫工部尚书徐贯。祭文曰：

……维公纯笃清修，甲科称最。始职方之驱驰，继藩垣之劳瘁，中宪台之继纲，肃乎杨泾而激渭晚；司空之经纶，廓乎兴废而举坠，鹤发萧疏，丹心不匮。若公者，真足以呈瑞而遗惠者欤！方引言之恩切，众强留而莫遂，何三载而告终，众徒悲咽而逆泪，呜呼！士林落寞，斯文韬晦，大厦栋桡，连城玉碎，虽然正寝而易箦，何恨何愧……

同朝为官的内阁宰辅、大学士李东阳有文赞徐贯："於惟司空，邦之硕辅，其生则河岳星辰，其出则云龙凤虎，立功立德，允文允武，坐镇而清闾左之尘，平成而奠江南之土，西北比之韩范，朝野推为伊吕，用之天下则孟氏之达尊三，用之一身则畴之全福五。嘻，公可谓名实二全而卓越千古者耶。"

李东阳还有诗盛赞徐贯：

老我东吴治水来，逢人开口美奇才。

腾腾剑气冲牛斗，凛凛霜威肃宪台。

文思骏奔三峡水，声名轰赫九霄雷。

应知不待吹嘘力，自有殊恩出圣裁！

　　尽管徐贯走了，蜀阜村尊师重教的良好风气却不会因此而丧失，"静乐书院"不会关门歇业。从后续的发展来看，蜀阜以教书为职业的人特别多，文化人甘愿选择当教书先生，教书先生也特受村民尊重。这是有牢固的社会根基作支撑的。

六

　　《徐康懿公余力稿》的刊行，是由舒城县知县男颐编刊，归州州判男健重编刊。《四库全书存目丛书》全书十二卷本。淳安图书馆藏有五卷本，标明是稿由徐贯长子徐颐在象州知州任上以及次子徐健在两淮运判任上完成的。卷一为四、五言古诗；卷二为七言古诗；卷三为七言绝句；卷四为七言律诗；卷五为书简、题跋、散文一类。全书抒怀沉郁苍凉，文笔质朴劲健。

　　如他的《和张宪长赠吴都宪致仕诗》一诗：

报国丹心尚未酬，忽闻优诏许归休。

一樽绿酒长亭暮，三径黄花老圃秋。

明月有情还我共，浮云无计为君留。

扁舟浩荡乾坤里，贪濯尘缨万里流。

徐贯为官清廉，朝庭俸禄不高，据嘉靖《淳安县志》记载，他告老还乡，"有司月给米三石"。家人以耕读传家，徐贯有诗曰："野有田园架有书，归来何必叹穷途。"高官如徐贯，对自己日常生活的要求实在不高，有田地耕作、有书籍阅读足矣。

纵观《徐康懿公余力稿》，诗文犹在耳，穿越五百余年时空，款款经受后人挑剔的目光，品读无不受之感动，他视虚名为敝屣，履危途如平地，贤者乐而近之，不合者敬而畏之，诚信于上、显名于下。这分明就是一个坦荡君子的形象嘛。

牌坊也好，官厅也罢，对应的终归是人。读书人追求的终极目标和最高境界，不就是做一个君子吗？有如此榜样的力量，蜀阜的读书人还会迷茫于方向吗？

蛟池书院

一

三十年前,我查阅光绪《淳安县志》和民国《遂安县志》,对淳遂两县的书院曾作过大略的统计,约有三十座。有的知道具体位置,知道创建人,而创建时间不详;有的只知书院名称,其他则一概不详。"蛟池书院"属于前者。

光绪《淳安县志》载:"蛟池书院,在县西环水,左布政使王子言建。"关键词:县西环水,王子言建。

县西环水,就包括现在的威坪横塘、琴坑(溪);王子言,我也不陌生。若说起来,我与这个村、这个家族还算有缘。

十年前,准确地说是2010年,"王氏家庙"就是在我主持下修缮的。当时,村干部带我去现场查看,沿着琴溪村后弯弯曲曲的小道,蜿蜒而行,大约走了200米,来到一座破败的建筑跟前,告诉我说这是王氏家庙。我不敢相信自己的眼睛,这哪里是什么家庙,分明就是个牛栏嘛。说实话建筑外观不忍卒视。我不甘心,一头钻进去仔细访察起来。在杂物稻草间发现四周山墙内,嵌着高低大小不一的七通石碑。我用手抹去厚厚的尘灰,凭经验先从落款处起看,有大明弘治某年某月、大明正德某年某月的字样,我掩不住小兴奋,再把目光聚焦到碑额,有"奉天敕诰""寿祠记""中顺大夫遗命"等篆文。由于光线不是很好,正文内容我扫了几眼,只记住了"王宾""王子言""王子谟"这几个名字,知道他们是父子关系,且都是进士出身。

我像打了兴奋剂一样,回头对村干部说,现存家庙屡经后期改造,整体建筑风貌已遭破坏。但幸好这些碑刻保存尚好,原汁原味,很有些来历,也最有价值。对研究明代这段历史、这些人物具有重要意义,我个人倾向于修复保护。

次年,"王氏家庙"修缮工程竣工,那七通石碑整齐安放于家庙内,我们也对碑文进行了拓片,由于忙于事务,不曾认真对内容作出解读,此事便一直耽搁下来。

二

接到县政协《淳安书院》写作任务,我重新对境内书院梳理了一遍,觉得是应该对王氏一族有个交代,让尘封了五百多年的历史解码激活,让沉淀的历史老人自己来叙说。

时间回到大明弘治丁巳年(1497)秋。

环水村王氏府第。

"宾公,宾公,县太爷看您来了。"门口传来一通禀报声,步伐急促,

蛟池书院

音调高扬。

被称"宾公"的名叫王宾,时年66岁,曾任广东韶州府知府,致仕后诰赠亚中大夫,官至从三品。

县太爷名叫张羽,扬州人氏,去年丙辰科(1496)进士,履新淳安知县事,一来依照惯例对辖区内致仕官员进行拜访问候,二来嘛,宾公儿子王子言与他是同年进士,名次远远排在他前面,此番登门也是想套套近乎,将来彼此好有个照应。主客叙礼落座后,张羽拱手说道:"宾公教子有方,长公子去年丙辰一科金榜题名,列二甲第七十九名,真乃宏才大略,辅国才器,为士林所仰慕。下官在淳安任期内,意欲修文庙、兴官学,请教宾公,在人才培育方面有何高见?"

王宾见县太爷一脸诚恳,况与儿子是同年进士,也不与之客气,便直言相告:"这话问得好。老夫以为做事先做人,立业先立德,德立则本固,本固则树人。"

张知县频频颔首,回道:"宾公见教极是。"

王宾复道:"有德之人,根基牢固,行事规范,不为外物左右,诸如酒色财气,一样不去沾染,心中有底气,口中有遮拦,脸上无油气。"

王宾这一番话,让张羽心悦诚服,他由衷感激,欠身而起,拱手说道:"这一趟获益良多,宾公至言,醍醐灌顶:做人首当立德,非独卖弄文章和技能,那就远离圣道了。下官回去就让人把宾公的话,镌刻在学堂里。"

宾公执手相送,作别张知县不提。

王宾回到屋内,想起距离冬至不远,遂叫上老二子谟一起,到蛟池父亲的墓地去看看。其实他心中还藏着另外一件事。那便是想创办一座书院，刚才与张县令的一番对话，触动了他那个心念，他欲往蛟池为书院选一处吉址。

蛟池距横塘村以北五六里地，与安徽歙县相邻，这里"山头岚气满朝辉、四山秋色上书屏"。王志善生前选中这里，嘱咐百年之后归葬蛟池。王宾请托邑人、时任兵部郎中徐贯撰写了《封文林郎山西道监察御史王公墓志铭》，铭文翔实，可为我们解疑释惑：

封文林郎，山西道监察御史王公卒，其孤宾以寿州判，钱君文中所状行事，泣而请予铭其墓，间之石。呜呼！王公吾乡之善人长者也，今已矣，尚忍铭其墓耶？然予与公有姻岁之雅，义不可辞。公讳志善，字克复，别号松坡，自幼凝重，不好戏弄于人，质直不为软媚，亦不立崭截崖岸，性俭素，薄于自奉，事父母树孝谨称，待诸弟友爱兼至，处乡党朋友一以诚信，治家严而有法，家庭间未尝见其疾言遽色，邻里贫乏者周之唯恐后人。有假贷力不能偿者，辄裂券不强征，或忿争不相下者，多取直焉得公片言，皆帖然以止。

宗族数百人，每时节宴会，或喧哗纵谑，公正色谕之，四座莫不拱服。先是永乐间，其祖长千夫赴工京师，倾家资以给役事，财产十耗七八，至公殚志竭力，以干父蛊，一钱尺帛不入私房，家业浸浸以起，开广田园，增置庐舍，自是益倍蓰于昔。景泰甲戌，上诏富民输粟，实边陲五百石者旌其门，且授以冠带。有司以公应诏，公慨然往竣阙事，复请以冠带归于其父，自邑大夫而下莫不贤之。

成化辛卯秋以子宾贵,敕封如前官。癸巳六月十有八日,游蛟池之别墅,忽疾作,望日舆疾还。宗族故旧来视疾者,公宴谈如常,时曰吾无恙。越望日,沐浴衣冠,谓诸弟曰:“一善事老母。吾将逝矣。”戒诸子以勤俭,遗言语宾,以莅官忠君之道,尤惓惓焉,言讫而逝。乡人闻者,莫不为之流涕。公卒后二日,其子宥梦公谓曰:“葬我于蛟池。”时宾按治湖南,后二越月,始得代还。以甲午年十二月望日,葬公于蛟池之原。公之先居婺源,有讳万者,徙淳安之始新源。至讳文政者,徙今之环水村。公高祖讳远,曾祖讳惠,祖讳荣,父讳胜,皆隐。母徐氏,有贤行,公之配歙之汝端余氏,封孺人,淑慎有仪。公之子五,长即宾,由进士拜山西道监察御史,次瑞,次□,次澧,次宥,继仲弟积,今为邑庠生。公之孙男七、孙女四。公之生永乐辛卯十二月二十四日,享年六十有三。予即次论公之行事,如此而铭之曰:维善之积,而行之,于赫有光,恩命孔崇。胡弗跻于耄,而瘁厥躬。有源斯溥,有流斯丰,宜尔后嗣,式跻显融。蛟原隆隆,蛟水溶溶,历百千祀,尚永奠乎幽宫。

成化癸巳六月己卯

赐进士出身奉政大夫修正庶尹兵部郎中同邑徐贯撰

　　徐贯后来官至工部尚书,加太子少保,致仕后又加赠太子太傅。弘治十五年(1502)卒,赠太保,谥康懿。

　　墓志铭写于成化癸巳年(1473),那时候徐贯还是兵部郎中。这篇墓志铭内容应该是可信的。恭维的话我们不再复述,挑拣重点说。

　　成化辛卯(1471)秋,王志善因为儿子王宾,敕封为文林郎、山西道监察御史。王氏是个大家族,宗族成员达"数百人"之多。每逢时节宴会,大家喧哗戏谑,打打闹闹,王志善总是端然正色,告诫大家,族中上下没有不服气的。

成化癸巳(1473)六月十八那天,他到蛟池别墅游玩,忽然发病,第二天立马乘轿子回家。亲戚朋友纷纷赶来探视,看他谈笑自若,说自己没有病。谁知过了两天,他自己沐浴更衣,对几个弟弟说:"你们要善待老母亲,我将要逝矣。"又劝诫几个儿子要勤俭持家,留下遗言让人转告王宾,在外做官要时刻不忘忠君之道,语毕而逝。

王志善死后第二天,王宾的弟弟王宥,梦见父亲对他说:"把我安葬在蛟池。"当时,王宾巡按湖南,出任湖广道监察御史。过了两个月,王宾才得以回家奔丧。直到第二年甲午(1474)十二月十五日,遵嘱将父亲葬于蛟池之原。

至此,我们方始明白,蛟池书院的来历,是有脉可寻的。

三

尽管在王宾生前没有完成这项工程,但勘址的工作是他奠定的。王宾心思缜密,前几年,他就在环水周边勘察山水,为自己筹划后事,来到琴溪后塘,见此群峰叠翠,盘水如带,争流鸣响,如琴之悦耳,真乃胜境也。遂鸠工营建别墅,又筑生茔于后塘西山之麓。为报本追远,又构家庙于生茔之左下侧,名曰"寿祠"。为此,他还专门撰写了一篇《寿祠记》,立碑刻石,以示后人。

碑文中有许多重要的信息，我们不妨附录于后：

寿者，久也；祠者，祀也。作家庙于生前而以寿祠名之，非古也，以义起也。虑远而素定，古之道存焉。昔者司空图，哲人也，预为冢椁，遇胜日引客坐圹中，赋诗酌酒，客或难之，图曰："君何不自广耶？生死一致，吾宁暂游此中哉。"张公禹亦昔之达士也，预为冢椁而预建祠堂，功成身退，视死如归，何可及哉！后世知命之士，效之而作祠墓于生前者多，予何独不然？予质最鲁，十三入泮宫习麟经，终夜不寝，琢磨碎砺，日有进益；十八应举，三科未捷；二十八魁秋闱，三十五登状元罗伦榜进士，拜山西道监察御史，奉敕清理畿甸军政；三十九奉上命巡按湖广，四十一九月初得代还朝丁外艰；四十四服阕上京，复除云南道；四十六升韶州府知府。成化辛丑年五十一，唯恐以遗体殁于烟瘴之方，上疏乞骸骨归田里，期以保全首领。乃营别墅于后塘，为藏修憩息之所；五十六仿司空图之遗躅，预筑生茔于西山之麓；六十二仿张公禹之遗规，预构家庙于生茔之东扁。生茔曰寿茔，生祠曰寿祠者，窃计生年才逾下寿，自是战兢惕励，临深履薄，节饮食，惩忿欲，身体发肤不敢毁伤，则耄耋期颐或可以荐臻矣！故预作祠茔，皆以寿名之也。又虑后世子孙间有不肖者，弃祖墓如敝屣，蒐故祠如野店，感春雨秋霜，而尽报本追远之道者几人哉？于是预置赡茔田二十五亩，为禴祀烝尝、修葺祠墓之需；置赡祠田六亩，为守祠道人衣粮并市油香之费。凡此，备刊碑阴，俾贤子孙永言孝思，春秋祭扫者有所考据焉。余平生无过人者，唯于报本一节不敢不勉。自鼻祖至祖父，凡廿一世坟墓，悉倡率修筑；

祠堂二处，重建时祀。应酬文字有《西山集》《三老集》《同庚倡和诗》藏于家；其《西山别集》皆名公巨卿赠送；雄文佳什可传于世而见诸政绩则有《巡南录》。我子孙家学弗替，览之有益，因并及之。

时弘治己未中秋

赐成化丙戌进士中顺大夫广东韶州府知府

致仕前山西道复除云南道监察御史宾记并书

《寿祠记》感觉是一篇自传，他说自己13岁考取秀才，进入县学习读《春秋经》，18岁参加科举考试（乡试），连续三科没有考中，一晃九年空窗期，直到28岁才在秋试中中魁，35岁金榜题名，考中进士。任命为山西道监察御史，39岁又奉命巡按湖广，41岁那年丁父忧回家，44岁期满，任命云南道监察御史，46岁擢升广东韶州知府。51岁那年估计是对广东沿海地区气候不适应，怕自己埋尸骨于"烟瘴之方"，故而主动上疏请求回家养老，得到允准。他不但自营别墅，预筑生茔，预构家庙，还预置赡茔田二十五亩、赡祠田六亩，为百年之后作了万全考虑，春秋两次祭祀，以及支出守墓人、守祠人的衣食香油的费用。

还说自己留下了《西山集》《三老集》《同庚倡和诗》藏于家；另有《西山别集》，都是名公巨卿唱和诗文；而对我政绩有所描述，比较满意的均收录于《巡南录》。

王宾写这篇碑记的时间，是弘治己未（1499）中秋，时年68岁。

弘治甲子（1504）八月十一日，王宾走完了他73年的人生，如果说还有什么遗憾的话，那么，牵挂他的一定是"蛟池书院"未能建成。他有一首题曰《闲吟》的诗，这样写道：

　　书楼时独卧，鸠唤梦初醒。

　　岫列横琴样，池方半月形。

　　窗中千卷富，檐外万竿青。

　　名列无根蒂，莫嗟池上萍。

　　我时常独卧书楼，睡梦中常被斑鸠鸟的叫声吵醒。山峰列秀有如横琴模样，池塘恰好呈现半月形。书楼内富藏千卷古籍，窗外遍植万竿修竹。与池子里的浮萍比起来，名利更是像无根之木、无蒂之花一样，随风飘转。唯有腹中的诗书才是真实不虚的。

　　诗中描述的场景，我推断应是蛟池别墅的藏书楼。

　　此时，长子王子言正在福州知府的任上，接到丧报，按例回家丁忧。子言带着两个弟弟子谟、子训，来到琴溪后塘的家庙，将父亲所撰《中顺大夫遗命》，刻石立碑，安放于家庙之中，以为族规，训示后人。

　　我在碑文中捕捉到了一个信息，那就是预置学田：

　　……赡茔祭田二十五亩，祠前田七亩实，又北塘下田二亩实，瓦窑垅、木兰坑、□勒北田二亩实。每岁约有租谷五千斤，一年四祭约用谷一千五百斤，除七百斤供税赋，仍有二千八百斤为修整祠墓及助子孙投明师、习举子业者用。仍有六十几亩敬效仲淹，立为义田。百世不易！"

王宾生前考虑十分周详,除了赡茔田、赡祠田之外,他还留出了义田和学田。所谓义田,就是赡养族中贫困者的田产,而供养读书人则称为学田。文中已明确表示用于"助子孙投明师、习举子业者用"。而且,告诫子孙"百世不易",口气非常严厉。

预置学田。这种预置不仅需要眼光,更需要一种情怀。如果不是对文化长久的关注和思考,是不会做出这样一种考量的。试想,一个退休官员,久居僻壤乡村,却心系国家教育大业,这不是一种情怀是什么?是一种文化道义的情怀,是一种拯救世道人心的情怀。王宾心中自有标杆,那就是人称文正公的范仲淹。做人先立德,这是他对张羽这位县太爷说的话,他自己也是这样要求自己的。他要给族中子弟树立一个标杆。"德不孤必有邻",这不是墙上的教条,而是深入骨髓的信念。

未竟的"蛟池书院",终成王宾内心一块疙瘩,此事积滞于心中,怅然伴他去往天国,只能留给儿孙代解了。

四

身为福州知府的王子言,岂会不明白父亲的苦衷和心愿?他抚碑追昔,恻然泣下。为追寻王子言的宦游踪迹,我查阅了《环水王氏总谱》,对王氏一脉,对王子言的行踪和他的心路历程,梳理了个七七八八。

谱载:"琴山公,讳子言,字如行,静菴公长子。习春秋,领弘治己酉科乡荐,登丙辰科进士,授刑部山西司主事,审刑南畿,克体钦恤,三载考满,陈情养亲,改南京刑部升广东司郎中,丁外艰服阕,擢福州府知府。是时，刘瑾蠹政厚敛，公独持正，不怵权势。爱民节财，民怀其德。有儿童竹马之谣，备载于去思碑。升本省参政，后转贵州廉访使，丁内艰服阕，发补广东进左布政使，开诚布公，名实茂著，寻致仕归。朝廷录其军功，诏仍赉以金帛。一时缙绅投以诗歌，装潢成册，以袛承宠。赐四字书于册首，志君恩也。公所著有《琴山诗文》《蛟池书院杂著》若干卷，行于世。"

王子言生于天顺庚辰（1460）二月初一日。36岁登弘治丙辰科（1496）进士。他进升之路比较顺利，一出仕便是六品的刑部主事。说他"审刑南畿，克体钦恤"，是在南京刑部，审理案件时量刑慎重，心存矜恤，不滥刑。三年考绩下来，升为正五品的刑部郎中。此时，父亲病故，回家丁忧。期满后擢升福州府知府，一跃为四品官阶。当时，宦官刘瑾专权，王子言不畏权势，持正守节，福州百姓感其德政，离任之时刻有《去思碑》，里面详细记载了颂扬他的儿歌童谣。后升本省（福建）参政，不久，又转贵州提刑按察使，为正三品大员。其间，丁母忧服阕，三年期满，转为广东左布政使，成为一省之长。"朝廷录其军功"，是指他在广东布政使任上，剿灭了岑南（今惠州）一带的瑶蛮贼寇。奉敕进正奉大夫，妥妥的正二品官阶。

丁忧期间，他组织召开了一次家庭会议，通过了一项决议，那便是筹建"蛟池书院"。守丧期间不宜大兴土木，时间就定在三年期满后。由子谟、子训主持。自己致仕以后，笃定是要回蛟池书院主讲，培养族中子弟读书。

家庭会议结束后，子言立马率领子谟、子训来到蛟池踏勘书院基址,见此群山绵延,秀峰环抱,清静幽胜,况且距离自家别墅的藏书楼不远,方便学子披阅研习。三人兴致勃勃,信步来到藏书楼。见父亲书案上置一书札,眉头书有"环水八景"四字,下面依序为:

桂峰耸日

芳树郁苍苍,孤峰压众冈。

中天红日丽,咫尺接清光。

梅岭横云

冰花偏高岭,岭上冻云垂。

应获调羹实,朝来故地封。

秋林清趣

潇洒长林下,秋来更可人。

凭栏一吟玩,顿觉出风尘。

花坞余晖

满坞花经眼,余晖驻晚春。

盛时易徂谢,延尝及兹辰。

经魁棹楔

华扁凌层汉,春秋掇大魁。

科名等闲事，还美济时材。

古木深祠

寒祠临野水，古木带斜阳。

奠祭常如在，绵绵世泽长。

西塘晚钓

野塘春水涧，薄暮有垂纶。

却忆鹰扬叟，当年起渭滨。

南亩春耕

田家春雨足，驱犊向东皋。

游冶谁家子，寻芳不解劳。

看末尾的落款是：成化己亥（1479）徐贯。王子言惊呼道："原来是当朝司空大人的手笔。"随即在书案又翻找出《环水八咏》手札，与徐贯不同的是七言绝句，依序为：

桂峰耸日

海门红日隐瞳胧，晴彩光浮海上峰。

怪底朝阳双紫凤，夜深飞上玉芙蓉。

梅岭横云

山上梅花隔翠微，山头岚气满朝晖。

笛声吹起浮云暮，尽日横空不肯飞。

秋林清趣

翠竹青松对掩扃，四山秋色上书屏。

露床风簟凉如水，独卧高窗对酒醒。

花坞余晖

黄菊香宜间绿葵，桂兰红紫斗葳蕤。

谐苛芍药堪怜汝，看尽开时看落时。

经魁棹楔

高门大傍照崔嵬，闻道王郎旧擢魁。

此地有人时驻马，青云四首独怜才。

古木深祠

古木残鸦满夕阳，年年香火奉祠堂。

君看白骨堆荒冢，尽日无人奠酒浆。

西塘晚钓

渡头秋水碧于沙，万里沧浪一钓槎。

夜半得鱼还换酒,任他寒月照芦花。

南亩春耕

一生犁插镇在身,野老逢春却怕春。

回首郊原芳草路,踏青携酒是何人。

落款为成化己亥(1479)李东阳。王子言又惊又喜,顾谓子谟、子训道:"此乃当朝阁老西涯先生的手笔。"李东阳,字宾之,号西涯,乃是四朝元老,内阁首辅,国之重臣。不禁对父亲的交友能力由衷赞叹,更是对家乡美景倍感自豪。他嘱咐两个弟弟好生珍藏,万勿霉变虫蛀。兄弟三人对于在这样的胜境中构建书院,愈觉欣慰。

也是计划赶不上变化。次年,弘治乙丑(1505),老二子谟(字如皋)考中进士。历官工科给事中,后升湖广布政使左参议,加授朝议大夫。老三又被官府封为"义官",忙于各种事务,"蛟池书院"建设的事又被耽搁了下来。

一晃到了正德己卯年(1519),王子言官拜广东左布政使,成为正部级官员,在其任上平定了岑南(今惠州)一带的瑶人起义。

明代成化到正德这些年,广东瑶人抗争不断,此起彼伏,瑶人结寨于大山,依仗有万山联络,气势磅礴。瑶谚有曰:"官有万兵,我有万山,兵来我去,兵去我来。"瑶人与官军周旋、捉迷藏,打起了游击战。官军被牵着鼻子走,搞得地方政府狼狈不堪。

王子言寻思,瑶人所依赖的,无非是崇山峻岭和运动游击战,他们既无精良装备，又无严密组织，前几年韩雍韩将军采用"合围"与"驱赶"的法子，劳师动众，疲于应付，成效也不明显。他想到了"分而击之"的办法，用现在的话说，就是"集中优势兵力打歼灭战"。在对惠州一带瑶人作战中果然奏效，拔寨百十余座，俘获1000余人。王子言巡视过程中，见俘获人员青壮年不在少数，甚至有瑶童混杂期间，他感觉好奇，走近跟前问询，一问三不知，言语不通，更不识字。通悉民情的僚属告诉他，瑶人只有自己的土语，没有自己的文字，记录方式原始，用刻木或者刻竹来记事。

王子言对这一幕印象深刻，他想起了环水家乡的那些族中子弟，想起了父亲的遗愿，想起了待建的"蛟池书院"。此时的王子言六十初度，可谓功成名就，这些年的官宦生涯，一路从南京到福建，再从贵州到广东，为国尽忠，恪尽职守。望着镜中花白的须发，他蓦然警醒，不能让这个遗憾在自己这里再延续下去，他萌生了退意，上疏请求致仕。

五

嘉靖元年(1522)，王子言如愿回到家乡，一刻也不想再耽搁，于是，鸠工庀材，历时一年有余，书院初成规模。时嘉靖癸未年(1523)春，往事历历在目，像走马灯一样闪过，终于可以告慰父亲，给他老人家一个交代了。王子言感慨不已，当即赋诗一首，题为《蛟池书院成示诸生》：

草堂卜筑喜初成，一派云山胜画屏。

帘外飞花翔舞燕,檐前高树流语莺。

林泉腾得容我老,风月争如此地清。

莫谓传家无长物,读书万卷案头盈。

读罢这些诗句,我眼前仿佛展现了一幅画卷,一个老者被春风吹拂着他花白的须发,浑然未觉,他双手背后,注目凝神,望着新落成的一座建筑,嗯,应该是一座文化建筑,承载着精神的高度、承担着教化的功能,不追求富丽堂皇、不追求飞阁流丹,粉墙黛瓦,天井回廊,古茂质朴、典雅蕴藉,充盈着书卷气,摒弃了世俗味。见他一脸得意的神情,在他眼里,这座建筑周边环境优美,矗立云山胜画屏,窗外的燕子绕着花丛飞舞,屋檐前高耸的树木上流莺在歌唱,陶然于林泉让人在此慢慢变老,终老于书院,还有什么样的地方有如此清静呢?不要说我家中没有多余之物,你看看案头堆满万卷诗书,能有什么不满足的呢?

"蛟池书院"落成于嘉靖癸未(1523)暮春,当年的秋祭活动中,王子言亲自主祭,告慰先父在天之灵,也替自己卸下了多年的一个心理包袱。我想,哪怕放在今天来说,王子言也算一个高官,在他眼里钱财是身外之物,唯有多读书才是一个人真正的财富。读书犹如品酒,少年初识,中年封坛,老年才可回味那岁月沉淀的滋味。

"蛟池书院"礼遇各地贤才,学生以王氏宗族子弟为主,兼纳品学兼优的环水士子,一时间,熙熙攘攘有如闹市。莫急,有王子言坐镇书院主讲,学院秩序井然有序。

此时,淳安县令姚鸣鸾(字景雍),主持编纂了《淳安县志》,历时三年大功告成,他亲自出面请求王子言为新版县志作序。王子言对这位姚县令早有耳闻,印象颇佳。他致仕归乡,姚县令刚好履新淳安,上门拜访问候,听说王子言在蛟池构建书院,感佩不已,回衙以后,也是在王子言的感召之下,特别重视人文建设,修黉宫、修朱文公祠、修名宦祠、修乡贤祠等,更是力排众议,编纂县志,工程浩繁。如今皇皇巨著告成,可喜可贺,他有什么理由推辞呢?王子言搦管吮毫,写下了《重修淳安县志序》:

淳为邑,隶严郡,由古迄今,沿革凡六易名。虽山川、财赋不异,而风俗之厚,人才之出挺拔东南。名儒硕辅,唐有皇甫湜,宋有钱融堂、方蜂峰、黄警斋,我朝有商文毅、胡庄懿、徐康懿,皆以文章德业相望后先,彬彬其盛矣!然自成化丙申逮今,逾四纪志未有续,所以迓休声以永文献之传,不有待乎?

嘉靖壬午,莆田姚侯景雍以名进士来尹,政教诞敷,其于人才、风俗、教化、名宦、乡贤尤倦倦加之意。越明年,政成化行,慨然曰:"期会簿书有司未务,而文献所关则邑志也,其可忽诸?"会朝廷下纂修之令,锐意重修。乃稽舆论,酌故典,参先贤著述,咨于儒绅余君叔载、黄君彦通、僚佐郡君宗范、庠生方㕚,相与考订校编,正其讹,补其阙,阐其幽,芟其秕秆,有关于名教者登之,甄别衮斧,直而核,详而明,诚为一邑之信书,以备我皇明天下一统之全志。后之来宦者,观风宁不抚卷兴怀而企励哉!故观建置沿革,则思与时宜之,观山川形胜,则思因地甸之,观民风土俗,则思化理之,观学校科贡,则思作兴之,观名宦政绩,则思匹休之，观乡贤德望，则思景行之，观户口食货，则思富庶而贡献之，观寡孤独有养，则思赈恤而哀矜之。是则斯志也，上有以昭圣代图舆之盛，下有以启人心感动之机，不徒为今日文献计，且将为后来政事资。其有系于治理，岂小补云！

姚侯学博才赡，柄用修志，特其善政之一耳。子言淳人也，喜其成而僭序焉。

骎骎

时嘉靖三年，岁次甲申季冬朔旦
广东布政使司左布政使陈情致仕邑人王子言谨书

重视文化、普及教育，王子言认为姚知县属于"善政"。王子言非独口头说说，他身体力行，作为标杆、作为表率，以自己的文化人格，潜移默化地影响着淳安邑风民俗。后来，王子谟、王子谨致仕后，都曾在"蛟池书院"任教主讲，王氏一族以"私学"的教学团队，延续了几百年之久，五都源里薪火传承，书声琅琅，世德家风，播之弥远。政府为表彰王氏一门的功德，在县治西树立"世科坊"。

据光绪《淳安县志》载："世科坊五，一在县治西，为进士王宾、王宥、王子言、王子谟，举人王子谨立……"王宥是王宾的胞弟，字敬之，号约菴，成化辛丑科（1481）进士，历官刑部云南司主事、郎中、湖广德安府知府，在湖广右参政任上致仕。王子谨乃王宥之子，字如纶，正德庚午科（1510）举人，曾任湖广夷陵州，海州（台州）知州。也是子言、子谟的堂兄弟。

王子言的墓葬,据光绪二十五年重刊《浙江通志》卷二百四十记载:"明广东布政使王子言墓,《淳安县志》在县西七十里溪口高塘。"王子言卒年不详,待考。高塘与书院隔山相望,是他为自己百年后择定的生态佳城,而"蛟池书院",则是他为王氏宗族构建的文化生态系统。这正是:

书院告成祭家父,高塘流芳王子言。

吾溪书院

一

　　走进淳安博物馆三楼"移民厅"，在第四单元"湖底新生，水下故乡"板块，最醒目的位置，喷绘一帧一米多高的老照片——"达尊坊"。旁边有一行文字："母亲到了故乡，只见一湖碧水，水波涟涟。家在水底，田在湖下，山浮水中。"这行文字对应这帧照片，有一种遥远时空的呼应。

　　牌坊底下一排站立五个人，中间是一位女性，短发齐耳，灰色布衫，黑裤黑鞋，约莫五十的一位母亲。牌坊两边断砖残瓦，一片狼藉；透过牌坊的明间可见后面的民居有被扒拉的迹象。这张合影显得很仓促，五个人的眼神均茫然望向前方，那位母亲的脸上好像带着一抹似笑非笑、无奈无畏的怪异表情，其余四位男人神情一致，严肃沉闷。看得出，是马上要离别家园临时拍摄的，空气中弥漫着一种难以言说的情绪。

　　"达尊"石牌坊高耸，四柱三间三重檐，有"圣旨"匾额，堂皇气派。它应该算蜀阜村的标志性建筑之一，它的主人名叫徐楚。

浯溪书院

山浮水中化为岛，家在水底托梦回。

照片中那五个人，最年轻的当年也有四十岁，如今千岛湖形成已有六十多年，估摸他们均已作古，埋骨于异乡。无论他们迁往江西、安徽抑或本省衢州、常山，可以断定，其间无数个夜晚的梦里都曾回到蜀阜、回到故居。蜀阜村有两大姓氏，那就是钱氏和徐氏，占据总人口的百分之九十。从他们离开祖居地之前，在"达尊"坊下留影，我猜想应该是牌坊主人徐楚的后裔。

翻开新版《淳安地图册》，消失已久的蜀阜村名得以恢复，淹没的村庄则固封于村民记忆深处，对当年那些移民亲历者来说多少是个慰藉。当初他们离别的脚步太过匆忙，最后投下决绝的一瞥算是潦草的告别，甚至不曾带走一捧家乡的泥土，以解悬想之苦。

蜀阜进入我的视野，已非一天两天。从南宋到明清，这个小小的村落走出了十三名进士，有的名满天下，有的官至一品，有的高德高寿，有的兴办书院。我想，这是怎样的一个文化强村？内中还藏有多少秘密，是不为外人所知的呢？葆有久长兴盛之道，必然是文化的引领。而引领的基石离不开书院的教学。书院文化是开启民智，迈向文明的宏途。

那就从蜀阜的书院谈起。

历史上的蜀阜有大大小小六座书院，它们分别是"融堂书院""前溪书院""茶山书院""世科书院""静乐书院"和"吾溪书院"。

今天我们的话题是"吾溪书院"。它是由明代四川布政使左参政、嘉议大夫徐楚创办的。

据光绪《淳安县志》记载：“吾溪书院在县西永平乡，藩参徐楚致仕归老，于钱融堂故址东建为诸子侄肄业所”。“吾溪书院”选址在钱时的“融堂书院”旧址东面，作为徐氏一族子侄读书学习的场所。

人因地兴，地以人贵。徐楚致仕回乡创办“吾溪书院”，回馈蜀阜这方土地，时间是在大明嘉靖四十三年（1564）。此后，书院传承延续了数百年之久。

严格来说，徐楚是被罢官的。《淳安县志》中有徐楚简短的介绍，说他在山东任职期间，“朝中大臣竞相推荐，称他‘有文武材，宜节钺重镇’。徐楚秉性刚直，与当时宰相抗礼，仅补云南屯田副使……后调任四川参政。在任上，革除贿礼等陋习，得罪达官显贵，终被免职回家”。

当时的宰相只能是严嵩。嘉靖二十一年（1542），严嵩进入内阁，直到嘉靖四十一年（1562），勒令致仕，把持朝政二十年之久，权倾天下，党羽遍布。徐楚抗礼严嵩，无疑是鸡蛋碰石头。明知不可为而为之，实乃威坪人骨子里性格使然。

让我们走进明代、走进徐楚、走进“吾溪书院”去看看。

二

徐楚（1499—1589），字世望，号吾溪，淳安蜀阜人。明嘉靖十七年（1538）进士，这一年徐楚四十岁。我查阅了嘉靖十七年戊戌科殿试榜单，徐楚名列二甲第六十六名。不经意间，我还看到一个熟悉的名字——胡宗宪，就是后来成为浙江总督平息倭患的胡宗宪，他也是这科进士,只是排名比较靠后,位列三甲一百九十名开外。

徐楚初授工部主事,继升工部郎中,嘉靖二十八年(1549),出任辰州知府。据乾隆《辰州府志》卷二十一"郡守下表·知府"栏"嘉靖"段记载可知,徐楚任职辰州的具体时间是嘉靖二十八年至三十二年(1549—1553),头尾共计五年时间。

另据同治十二年重修的《沅陵县志》记载:"嘉靖二十八年(1549),陶钦夔为分守道,驻辰州,兼摄兵备事。时黔苗变,陷石阡郡,人闻风震恐,钦夔既经昼沅州,即倍道驰之郡,偕知府徐楚,督士卒修筑城池……"

"苗变"在明代是常态,时不时会来上几次,只不过这次闹腾的动静有点大,让徐楚给赶上了。作为辰州知府,徐楚第一要务是修筑城池,保境安民。当然,更不忘走访当地官吏和乡绅,了解苗民习俗与动态,熟悉地形、地势、地貌、交通与环境,他深入最基层,考察了战略要冲辰溪的船溪驿站。我们从他的《宿船溪驿和壁间韵》一诗中,可知一二:

> 轻车迢递入沅山,夜色微茫草树间。
>
> 二水遥分铜柱界,千峰如度玉门关。
>
> 邮亭蝶梦惊笳鼓,画角鸡声想珮环。
>
> 闻说中原多虎豹,群狸安问五溪蛮。

在夜色微茫,草树迷离之间,我轻车简从来到沅山的船溪驿站。"铜柱界"用了一个典故。说的是一千多年前,后晋楚王马希范在酉水河畔与溪州彭士愁的一场战争，彭士愁败北归降。他们在溪州会溪坪竖立铜柱，立下盟誓。马希范向彭士愁设立的底线是："无扰耕桑，无焚庐舍，无害樵牧，无阻川涂，勿矜激濑飞湍，勿恃悬崖绝壁。"假如彭氏不守底线，则莫怪大军诛伐。既然是盟誓，就不只是单方面的要求，彭士愁也向对方提出诉求：不许外人乱入诸州四界，劫掠诱骗盗窃。凡是王庭差纲，收买溪货，采伐土产，不准隐瞒占有。凡五姓首领、州县职掌有罪，均由本都申报依法惩罚，不要派遣官军攻伐。

颈联、尾联意思是说：我夜宿船溪驿站本想在梦中超然于物外，哪知时常被笳鼓惊醒，在画角鸡声中不禁遥想起故乡的家室。我听说西北的戎狄和东南的倭寇，如虎豹一般觊觎中原，如今五溪苗蛮借机闹腾，我怎么会在意这群偷鸡的狐狸呢？

徐楚说不在意仅仅是在战略上藐视敌人，战术上他还是非常重视敌人的，如果真不在意五溪蛮，他怎么会夜宿船溪驿站，对兵家必争之地进行实地考察呢？他一边担忧边关的安危，一边思念故乡，家国情怀一肩挑。

"画角鸡声想珮环"，徐楚不但思念家人，他在辰州这些年，还把蜀阜十景图带在身边，想念时就拿出来观赏摩挲，热爱蜀阜的一山一水。据当时徐楚的副手辰州同知高夐所撰《蜀阜十景图序》记载，作为云南人的高夐，竟然对徐楚家乡蜀阜的景致如数家珍，娓娓道来：

蜀阜十景者，淳安吾溪徐公里居山川之胜，会而成景者也。曷为图之？吾溪公身圭组而志烟霞，囊括诸景，登之缣素，携为宦邸卧游者也。

图之者谁？公曾大父康懿公治水三吴时，长洲沈石田氏，以丹青妙天下，绘而系之以辞，海内称双绝者也。吾溪公守辰之暇，觞于斯咏于斯，而云川子得以观焉。

公披图示予曰：某所居当横塘、始新、德教三源之吭，三峡会合瓴建而来，溪涨时像马，两涯间浑是蜀境，故山曰蜀阜，水曰蜀溪，岭曰蜀岭，无之而非蜀也。居依云岭东，偏前有天泽灵池，波光荡漾，楼台倒映其中，与高斋竹色苍翠相映。右为东山，蜿蜒数十里，上出天半，蹑其巅望之，百里封疆，一览都尽，虽未云小鲁，也足小一乡矣。迤逦而北，为乌石，为梅坞，折而西为照潭，为桃屏，又折而南为石涧。远者如云如黛，近者如珙如瓶。萦而绕者，若亘长虹，澄而止者，若涵青镜，而十景之大观备矣。夫自有宇宙便有山川，闻知地能重人，人亦能重地，嵩岳降神生甫及申，此以地重者也；革而阿衡渭而尚父，此以人重者也。蜀阜自宋淳祐间融堂倡道东南，名儒辐辏而至，以招贤名其里，迨国朝成、弘之季，康懿公司空宅揆，作天子耳目股肱，而人与地交相重矣。公生二先生，乡袭衣钵，则人重，出而为德于天下，则山川重，此岂与辋川盘谷放情山水者类乎。公当军旅烦兴时，动静不忒，仁智互济，望之岳立叩之，渊渟当机而断，涛奔峡泻，不极不止，此岂丘壑间人固知。甫申伊吕，公自饶为之矣。公曰：否，否，吾安能如公言，吾物外人也。尝稽往牒闻，方舆内有泰岱之松，洪澳之竹，孤山之梅，欣然有当于心目，为岁寒友。而是三友者，吾高斋、云岭、梅坞皆有之，一行作吏，此事都废，安能舍所乐而从其所甚惧也。于是云川子慢然吾曰：嗟哉封，嗟哉封，而侈潭域外而失之眉睫乎。夫苍山洱海，金马碧鸡，此亦西南极观也。瑶花琪树，珍禽异兽，何地蔑有？滇人于此考槃，犹是枋榆，堪戢毛羽，何至间关五溪二酉间，望云怀土，如晋人泣里社者然。语未竟，公顾我辗然而笑曰：甚矣，子之善文，吾癖也予得子说，归而告诸山灵，矢与共老，毋令作北山文哉，时嘉靖辛亥十一月朔，滇人高尌书于辰阳之望云亭。

蜀阜十景，是淳安吾溪公徐楚家乡的山水汇集而成的自然风景。他为何把十景图带在身边？吾溪公虽然在外做官，心里却极其向往山水烟霞的隐逸生活，就把以家乡山川为原貌的自然景色绘制成的十景图，随身携带，以便为官在外于官邸之中，或坐或卧，随时都能展玩观赏，游览家乡风景胜地。是谁把蜀阜十景绘制成图的？是徐楚的曾太祖康懿公徐贯。康懿公在苏州、松江等地开运河治水时，请当时闻名天下的画家沈周把蜀阜十景绘制成画，并亲作十景歌题于画上。这幅十景画和十景歌，当时被海内人士称为“双绝”。吾溪公在担任辰州地方长官时，闲暇之时，经常一边喝酒一边观赏十景图和吟咏十景歌。我因而才有机会观赏此画。

吾溪公展开画卷对我说：我家所居住的地方，正处于淳安的横塘源（五都源）、始新源（六都源）、德教源（七都源）三源之口，三条溪流居高而下奔泻而来，汇合于此，涨水时像万马奔腾于两山之间。与川蜀地理、地貌很相似，因而山叫蜀阜，水叫蜀溪，岭叫蜀岭，没有什么不是以“蜀”来命名的。我居住在蜀阜的云岭东面，门前就有“天泽灵池”景点，池水波光粼粼，楼台倒映于池中，与高斋翠竹交相辉映。右面为东山，曲折连绵数十里，山峰似在半天之外，攀登至山巅极目四望，方圆百里尽收眼底,虽不能说像登上泰山看鲁国,觉得鲁国也变得小了许多一样。但也足以使你觉得东山之下的蜀阜村似乎变小了。由东山倾斜延伸往北是"乌石奇峰"和"梅坞寒芳",转折向西是"照潭微澜"和"桃屏爽气",又转折向南是"石涧清泉"。这些景点远的在白云中隐显一片黛绿,近的如玉玦和花瓶。有的萦绕盘旋往复,有的如长虹卧波,清澈的潭水平静如镜,这些足以体现十景之大观了。

自有了宇宙便有了山川,我听说地能使人贵重,人也能使地贵重。中岳嵩山降下神灵,生下吕侯和申伯,就是吕侯和申伯辅助周朝成了中坚,这是人因地而贵重。伊尹,原是有莘氏陪嫁的奴隶,却辅佐商汤做了阿衡;太公,原是在渭水边上钓鱼的微贱老人,却辅佐周朝做了尚父,渭水之名流传于世,这是地因人而贵重。蜀阜自从淳祐年间融堂先生在东南传授理学之道,一时文人贤达像轮辐集于轴心似的凑合汇集到蜀阜,以至于蜀阜以"招贤里"名世。到了大明成化、弘治年间,康懿公徐贯官居司空(工部尚书),担任管理营造之职,成为天子的耳目手足,这既是人因地贵重也是地因人而贵重。

吾溪公有两个儿子,乡试均中举,能继承父亲衣钵,这是人因地而贵重。做出有利于天下的大事,就使育人的山川也随之贵重,这是地因人而贵重。这难道不就与唐代诗人王维隐居辋川、李愿隐居盘谷,纵情于山水而成千古佳话,使人与地相得益彰是一样的道理吗?

徐楚在军务繁忙的时候,一动一静从容无误,仁爱和睿智互相调济,看上去像山岳一样挺立,像潭水一样沉静,时机成熟果断地行动,像波涛一样奔腾,似峡谷之水一泻千里,不到极点不会止息。这怎么是平常山野之人所能理解和认知的呢？吕侯、申伯、伊尹、吕尚的事业，你尽可能做到的。吾溪公说，不是的，不是的！我怎么能够像你所说的那样呢？我是世外之人，曾考察古时典籍，知道国土之内有泰山的松树、洪澳的竹子、杭州孤山的梅花，这些都是我心目中所欣赏的岁寒三友。而松、竹、梅这三种不畏严寒的挚友，我家的高斋堪、云岭和梅坞都有了，我一出外做官，这些都看不到了，哪能舍弃自己所喜爱的而去作自己所憎恶和惧怕的军政冗务呢？

我听完感到无比震惊。我告诉自己说，哎呀，高崶啊高崶，你过分地迷恋谈论家乡以外的景物，却对自己家乡的美景视而不见。云南苍山洱海的自然风光，金马碧鸡等珍禽异兽，这些都是西南极其珍贵的景观。美丽的花卉和珍贵的树木，何处没有？而我这个云南人却安静地住在辰州这个地方。这里有的只是普通的枋木和榆树，小小突起的土山和不能飞翔的禽鸟，我为什么非要被阻隔于五溪和沅水、酉水之间。望着白云思念故乡，就像晋国人思念乡土村庄而啼哭一样。我的话尚未说完，吾溪公对着我欣然而笑说，对极了，你善于文辞，却正是我的短板，我听了你这番议论，回到家乡，敬告山水神灵，誓与家乡的山水在一起直到老死。不要使孔稚珪之流再做《北山移文》之类的文章，来讥讽我们违背前约而热衷功名利禄。

时嘉靖三十年(1551)十一月朔日，云南人高崶写于辰阳望云亭。

如果不是高崶这篇《蜀阜十景图序》，我们又何以得知另一个徐楚呢？原来他如此厌恶军政冗务，如此热爱自己的家乡。但作为地方父母官，保境安民是他的职责所在，容不得他有丝毫分心。

历史有其必然的成因,现实更具利害之因果。

一般人骤逢乱局心里往往有些不落底,但徐楚在兵部任职达十年之久,对调兵遣将、固险拒守显得从容不迫。守是被迫的不是目的,守只是避其锋芒,是为主动进攻做准备的。在拒守期间他还做了一件事,那便是惩治豪强,把欺凌作恶者加以严惩,并出榜晓谕,对苗民参与叛乱者,分善、恶、顺、逆,区分对待,以此收服民心。

时间来到嘉靖三十一年(1552)三月,徐楚得到密报,苗军首领龙许保、吴黑苗被总兵官沈希仪、参将石邦宪追击,已领兵窜入辰州地界。徐楚预感机会到了,如果此时预先设计伏兵,在叛军所经之处迎头痛击,则胜算颇大。龙酋势必陷入后有追兵,前有埋伏的境地。他立马召集部属商议,兵分两路主动出击,力争一举将龙许保、吴黑苗擒获或者击毙。

平叛的过程是艰巨而惨烈的,辰州地势险要,鸟飞不渡,苗民常年生活在山中,习惯于兽迹鸟道,手攀脚援,官军都是汉人,伏击追踪凶险无比,人人奋勇当先。这个号称"西坡王"的龙许保,终于在沅陵徐楚布下的伏击中身亡,结束了长达十余年与官军作乱对峙的状况。

我们在徐楚的《吾溪诗集》中看到他的那首《征苗奏续》,读罢荡气回肠:

诸将提兵入五溪,军门遥镇楚天西。
关严虎豹旌旗闪,阵掣风云纪律齐。
鸟道凿开天驷下,乌巢落尽暝猿啼。

捷书飞报承明殿，麟阁勋名取次题。

徐楚一介文人，诗中尽显豪迈之气，军威森列，纪律严明，有如神兵天马，把鸟道凿开，一举荡平匪巢，犹如拨开乌云见天日，诗中洋溢着激励、喜悦、自豪和欣慰。徐楚在辰州知府任期内，政绩卓著，捷报频传，期满后他会去往哪里呢？

<h2 style="text-align:center">三</h2>

我在查阅《蜀阜文集》时，看到一篇徐楚撰写的《徐氏祠堂碑记》，从中捕捉到许多有用的信息，兹录于后：

"康懿公尝与兄少参公志营祠事而卒未就。嘉靖癸丑（1553），楚以辰州守考满过家，众谓旧寝甚隘，先志莫承，乃谋拓地宅，偏之茶山，后镇东山，前对桃屏，左右数墩，环奇列秀，地灵祖荫。夫固有所待也。祠之建，经始于是岁孟冬之吉，落成于甲寅季秋之朔。楚适奉命兵备广西，复得便道归，与合族奉先代神主而享祀焉。"

康懿公即徐贯，工部尚书加太子太保，官至一品，明弘治十三年（1500），致仕回到蜀阜，与徐楚应是同宗同族。他曾与徐楚的哥哥"少参公"商议重修徐氏宗祠的事，可惜居家不到两年病逝，修建祠堂的事就此耽搁了。文章开头还说"蜀阜徐氏，三衢沙溪之派，东海偃王之后也……谱始成于七世祖文一府君,太保康懿公续修焉"。可见,徐贯还参与宗谱的修纂。

嘉靖三十二年(1553),徐楚辰州知府任期考满回到蜀阜家中暂住。这年孟冬(农历十月)开始建造徐氏宗祠,次年甲寅(1554)季秋(农历九月),祠堂修建完工。与此同时,在族众要求下,"茶山书院"也几乎同步修建完成。

徐楚在《徐氏祠堂碑记》中,制定完善了族规条例,措辞严厉地提出十二毋:"毋以强凌弱;毋以众暴寡;毋以贵欺贱;毋以富占贫;毋以少犯长;毋以小加大;毋以欲败度;毋以纵败礼;毋以淫破义;毋以术坏仁;毋以邪蠹正;毋以怨绝恩。"特别注重子孙后代的品德教育,这是关乎宗族兴衰存亡的大事,马虎不得。

他想在家乡多待些日子,可君命不可违。徐楚恰好"奉命兵备广西",说他调任广西按察司副使兼兵备道道官。

兵备道并不是常设机构,主管兵备、水利、屯田等事宜,大多临时因事而设。徐楚的本职是按察司副使,属正四品官职。或许是吏部官员看到徐楚在这方面的才能,所以有了这样的任命。广西杂居着众多的少数民族,地理环境与辰州也十分相像,徐楚对此并不陌生,处理公务均得心应手。他不负众望,三年任期考满,复转调山东兵备道。

山东大片土地濒临渤海、黄海,"濒海之地,潮水往来,淤泥常积,碱草丛生。"面对大片抛荒的盐碱地,徐楚深入基层,走访了沿线百姓,询问记录历史上可资借鉴的经验。为此,徐楚耗尽心血绘写成了《塞垣图》及《备边六策》,提出了辟荒芜、治碱卤、促农耕、正疆界、兴水利等方略。

所谓辟荒芜、治碱卤，具体就是"挑沟筑岸，以抵潮汛"。沟有大、中、小之分。小沟十数丈，中沟百数丈，大沟千数丈，三沟配套，或积注雨潦或引淡水灌溉，洗土去盐，使地表盐分融入水中下渗或排出，斥卤既尽，渐可种稻。每块地大约两亩，以小沟相间，外围为大沟，改造后的土地连片可达万亩之多。此种方法因挖沟掘土台地，故有个名称，谓之"台田法"，由于效果显著，渐由沿海地区推广到河北、河南等中原一带。真正做到了利国利民，使"碱卤之地，尽成膏腴"。

原本以为在山东任期，政绩突出，有机会得到升迁。但因徐楚秉性刚直，与当时宰相抗礼，仅补云南屯田副使……后调任四川参政。在任上，革除贿礼等陋习，得罪达官显贵，终被免职回家。

我常常感慨淳安这些官员的命运跌宕起伏，如同过山车一般。细思之下，其实与他们的性格息息相关。性格决定命运不是一句无关痛痒的戏言。话说回来，与其偷奸耍滑，不如率性而为，坦坦荡荡，活出一个真我！前文提到与徐楚同榜的胡宗宪，因依附宰相严嵩，官至一品，权倾朝野，但最终结局并不圆满，因受严嵩案牵累自杀身亡，年仅53岁。让人唏嘘叹息！

四

徐楚罢官回家的时间应在嘉靖四十三年（1564）。

他从四川回来的路上，已经按捺不住激动的心情，筹划着要像乡

贤融堂先生那样,投身于家乡的教育事业。我们从他那首《和融堂先生题咏》诗,可见端倪:

解组遥从蜀道还,却归山峡白云间。

莫道蜀阜山头小,吾道东南仰泰山。

好一句"吾道东南仰泰山"。蜀阜山头虽小,我胸中的抱负却不小。徐楚后来在"融堂书院"旧址东面,兴建"吾溪书院",授徒课子,子孙皆有所成,也是受家乡著名的教育家钱时的影响。

徐楚有一篇《吾溪书院楼阁池亭记》,文中已明确告诉了我们他归乡后创办"吾溪书院"的过程:

予归林之七年,是为隆庆庚午,始于云松房隙地架楼,楼间读书其中,且课诸子讲习。堂曰怡恩,志赐归田之乐也。楼曰明月,仿庾公南楼意也。楼之外有门,则以别号吾溪为书院名。上有玄览阁,本南华经:"涤除玄览",非予杜撰也,仰川吴生书,道劲可爱。对楼而峙有云峰亭,在云程秀岭之麓,四山并插于青虚之表,亭楼其中,得以是名。过此为水竹居,扁晦翁真迹,二临米元章"墨池"二大字于壁间。檐外云山如屏如画,琅玕苍翠,掩映池塘春草间。宋儒钱融堂氏,曾爱兹地之胜,构此山堂,"野翁""吟亭",遗址尚在。折而东,竹树成林,林外即云松山,房前有"天开一鉴"阁,落成既久,林木渐集。又于山房后高阜东山下楼焉。予同年西蜀张明厓都宪赠诗,有"翠岭千寻高复下"句,盖指东山言也,故以"东山叠翠"名。他若"春野园""明池",则摘阳明先生字题之。

池外长渠一道，出天泽灵池，穿饮虹洞而汇于楼阁之下。柳摇台榭，云影徘徊，环绕田间，实资灌溉，耕耘敛获之候，登云峰亭上观之，真有老农老圃之趣。野翁吟咏，悠然自得，何工拙之较为哉。田之入尽充醪醴费，朝朝暮暮出山水之间，鸟兽虫鱼自来亲人，盖三公不与易矣。或曰：翁老矣，何勤勤若是，不知老之将至耶？曰：此正所以怡吾老也。夫人之少也不知学，壮也或不得仕仕矣，而为公为私，二者交战于胸中，至有老不知归，归不知乐，恋恋尘纷，目曰钱虏，若是者，吾窃不取焉。或又以明月朝云游乐为言者，此其人果安石坡仙之俦欤？吾不能为且不暇也。言者唯唯而退予拾笔漫记之。前后多花卉竹石，皆手自经营。石磴之下，天生井三，泉沁不涸。镌晦翁"梯云石磴，飞流碧玉"。诗字苍古奇健，足称雅玩云。隆庆壬申夏吾溪居士楚书。

　　徐楚说自己告老还乡的第七年，是隆庆四年(1570)，回乡后在云松岭空隙的地方建楼。楼房建成后，我在楼内读书，并开课教授几个子侄。楼内的厅堂取名为"怡恩堂"，其含意是不忘皇上恩赐。这座楼就叫"明月楼"，是仿效晋朝庾亮为江、荆、豫州刺史时，与属下登上南楼赏月，通宵达旦吟诗论文的意境而拟定的。明月楼外面有庑门，就以我的别号"吾溪"作为书院名，叫"吾溪书院"。

　　隆庆庚午(1570)往前推算，恰在嘉靖四十三年。徐楚归林后在蜀阜创办"吾溪书院"，课宗族子弟读书，致力于家乡的教育事业。

　　明月楼之上有"玄览阁"，这个名字并非凭空杜撰的，而是根据老子《南华经》中"涤除玄览，览知万事"之意而确定的。"玄览阁"三字由仰川的吴先生题写，其书法刚劲有力又秀气可爱。与明月楼相对而耸立的有"云峰亭"，此亭建于云程秀岭山脚，四面的山峰高耸于蓝天白云之上，因而名为"云峰亭"。过了云峰亭，就到了"水竹居"；匾额上"水竹居"三字，乃晦翁朱熹先生的真迹。墙壁上"墨池"二字是临摹米芾先生的书法。房檐之外，蓝天白云，峰峦叠翠，如屏如画。美石、修竹交相辉映于池塘春草间。南宋著名学者钱融堂先生，喜爱这里优美的景色，曾在这里构筑"此山堂""野翁""吟亭"诸亭，今遗址犹存。由云峰亭转折向东，竹树成林，林外就是云松山。民居房舍之前，有"天开一鉴"阁，建成已经多年，周围的树木都已渐渐长大成林了。我在这山房之后，高阜的东面建"山下楼"，与我同榜登科的同年张明厓(名景贤，官都宪)赠我的一首诗中有"翠岭千寻高复下"之句，句中的"翠岭"即指"东山"而言。所以门额上书"东山叠翠"四字。其他如"春野园""明池"等，是摘自阳明先生文章而题名的。明池之外，长长的一道水渠自天泽灵池而出，穿越涵洞，汇集于"吾溪书院"楼阁之下，然后如风摇柳枝般蜿蜒曲折，如云影徘徊般环绕于田野间，实乃确保此处良田得以灌溉。在耕耘收获的季节登上云峰亭观看，确有一番老农耕耘于田园之情趣。田野老翁耕种之余吟咏诗词，悠然自得，对于辞藻之工拙与否是不去考较的。我田地耕耘的那些收获，都作为酿酒的资费。况且，早晚都能游乐于山水之间，鸟兽虫鱼自己找来和我交朋友。这样的生活，就是用三公九卿的高官显爵来交换，我也是不愿意交换的。

有人说："你都老了，何苦还要亲自劳作，难道不知道人老了，离死亡很接近了吗？"我说："这正是我老有所乐的原因啊！人在少年时不刻苦学习,青年时就不能取得功名进入仕途,当了官以后,为公为私时时在胸中争斗,甚至有的人到老了还不愿退隐休养,有的虽然退隐了,但没有生活乐趣,仍然留恋于争名夺利的纷争之中,做了金钱的俘虏。如此这般,我自己在心里暗自审度,是决不会选择这种生活的。又有人对我说:"应该早晨观看朝云,夜里观赏明月,日夜游乐。"这样的人,是王安石、苏东坡之类的先贤圣哲。像我这样的人是做不到的,也没时间这样做。说话的人听我这样回答,就连连称是而告退。于是我就取纸笔随意做了记录。

"吾溪书院"前后,有很多花卉和奇石,全部是我亲手种植和经营的。石阶之下,有天然泉井三处,泉水汩汩渗透而出,终年不会干涸。此处镌刻有晦翁朱熹的"梯云石磴,飞流碧玉"刻石,诗句和书法皆显得苍老古朴、奇崛刚健。吟诵这样的诗句,欣赏这样的书法,真是十足高雅的享受。

隆庆六年(1572)夏吾溪居士徐楚书。

从这篇记文可以看出,徐楚经营"吾溪书院"可谓殚心竭虑,他是把书院当作一件艺术品,把人文与自然巧妙融冶一处,迁思妙想,布局雅致。宗族子弟读书其间,先培养他们儒雅的气质,耳濡目染,环境熏陶,举手投足之间显现亲和力,具足定力,远离浮夸和轻慢。

五

徐楚热爱家乡山水,热爱田园生活,他诗中多有涉及,如《春日书

院》一诗,表达了徐楚对自己一边打理园圃,一边书院教学的自我欣赏和满足:

池塘春雨后,启闭却喧哗。

水满鱼窥镜,林幽雀啄花。

图书存旧业,园圃足生涯。

自笑东山老,能与谢傅家。

书院教学与田园农事其实也很相像,其本质是平整土地,播散种子,施肥浇水,静待收获,而非望眼欲穿,拔苗助长,焦虑时光。

蜀阜有蜀溪,蜀溪襟三水。三水者横塘源、始新源、德教源之谓也。三水交汇奔流而下,其势湍急有类峡水,注入新安江。

归家之后的徐楚,眼里的景物皆入诗词,蜀溪襟三水,在诗人眼里又会是怎样一幅画面呢? 我们来看他的《峡川映月》:

三峡流来汇一川,月光浮动两婵娟。

亭栖玉宇无尘地,人在冰壶不夜天。

对饮何须更秉烛,凌虚直欲挟飞仙,

徘徊不尽南楼兴,独踞胡床咏未眠。

三水汇归于蜀溪,婵娟映照其中,清辉浮动,水榭亭阁犹如坐落在天际,不染纤尘;人坐其间,皎洁无暇,仿佛身处不夜天。乘兴对饮无须张灯秉烛,凌空登高好似仙人飞天;南楼玩月徘徊不尽,我浅斟低吟睡意全无。

徐楚有一首《野老》诗:

野老无心恋世华,灌园植竹作生涯。

闲时爱客频沽酒,静里谈玄自煮茶。

鸟韵春风传雅曲,蛙声夜雨奏清笳。

日高睡起门还闭,独向檐前数落花。

徐楚自称"野老",说自己不去留恋外面的繁华世界,专意于灌园植竹这些农家生活,教学之暇与来客喝杯小酒,谈得投机时烹茗煮茶,话入玄理。春风伴着鸟鸣宛如优美的曲子,蛙声伴着夜雨仿佛奏着清笳。日上三竿我睡到自然醒,起来后独坐屋檐下,细数着眼前的落花,怡然自得。

再来看他的《桃屏晚翠》:

溪上孤峰对草亭,松阴展处翠为屏。

云浮绝壁随舒卷,鹤宿高松几梦醒。

箕踞谁能双眼白,盘桓应共四时青。

掀髯一笑归来晚,风弄笙簧隔水听。

桃屏乃蜀阜十景之一,全称"桃屏爽气"。徐贯曾作文描述:"(蜀)

溪之旁有山如桃状，秀丽特出，每日色初霁，烟雾散落，爽气逼人，曰桃屏爽气。"我记得西湖十景有一景叫"南屏晚钟"，是说每到傍晚时分，西湖边上净慈寺的钟声敲响，清越悠扬，在湖畔回荡，从而成为一道美丽的风景线。而"桃屏爽气"则是靠气取胜，我不得不佩服古人的智慧，如此全方位调动人体感官，将自然之"声""气"等实境捕捉入画、入景、入文。

这首诗定然是徐楚归家后所写，此时，他的心态已经非常平和，淡然自若，有一种宠辱不惊，看庭前花开花落，去留无意，望天上云卷云舒的闲适悠容。也难怪徐楚能够高寿，活到九十岁，在明代社会可谓凤毛麟角。

徐楚除了在"吾溪书院"教育子侄读书外，他闲暇之时还亲自参与田间地头的劳作，能切身体会村民的艰辛，关心民间百姓疾苦，如《苦雨》一诗：

山中日夜黄梅雨，纵得黄梅不济饥。
况并蚕桑官赋急，宁知稼穑小人依。
携儿挈女谁家妇，到壁排墙何处归。
野老有怀空叹息，眼看盆注涕双垂。

蜀阜山中，黄梅季节阴雨绵绵，日日夜夜下不停，庄稼被淹，墙倾屋倒，农妇拖儿带女，流离失所，但官差还在挨家挨户急迫催交蚕赋税。徐楚眼瞅着灾情和官差，有心救助而余力不足，只能悲泣垂泪对着倾盆大雨而连连叹息。

类似的诗还有《歉岁叹》：

自分山中老此身，不堪满耳叹饥寒。

积年包揽冤谁诉，连岁灾伤苦未申。

那堪版图重税亩，岂知甑釜炊生尘，

请看路上提篮者，尽是抛家失业人。

诗中描写连年灾荒歉收，农人无粮为炊致使锅碗瓢盆落满尘灰。但官府为敛财，重复计算纳税田地面积，农夫冤屈，无处申诉，只能抛家舍业，为了活命，提着篮子沿路去乞讨。

还有像《织妇吟》一诗，为织妇鸣不平：

促织复促织，闺中织妇长叹息。

自言初办嫁郎衣，抛梭竟日不下机。

入门裁衣共郎着，郎却远游妾落寞。

郎家门户无人扶，织成骨帛输官租。

输租零得来当食，寸丝辛苦妾不得。

促织复促织，机边助我长叹息。

青楼日日鸣管弦，遍身罗绮夸颜色。

诗中唱出一位整日"促织复促织"的织妇的哀怨之声，由于门庭贫寒,辛劳织成的绸布要作为官府租银抵交,剩下的零头布,还需变换成粮食。自己有心用它做件衣服,却一寸也不能动用。再看那秦楼楚馆中,日夜歌舞,遍身绫罗绸缎的歌女相互炫耀着自己衣服的华丽,世道是如此不公平。

六

万历十六年(1588),徐楚时年90岁,朝廷下旨为他建造一座"达尊坊"。也就是我们文章开头,在博物馆三楼"移民厅"第四单元展陈的那张照片。"达尊"二字典出《孟子·公孙丑下》,孟子与景子的一段对话。孟子说:"天下有达尊三:爵一、齿一、德一,天下通尊。"意思是说,天下公认最尊贵的东西有三样,一个是高爵,一个是高龄,一个是高德。徐楚的爵位与同榜、同朝的胡宗宪比,与同族、同村的徐贯比不能算高,但高龄和高德确实名实相符。

这一年还真是喜事不断,捷报频传。据他自己记述:戊子九月朔,送簧会试并得鹏孙捷音,次日府送"三代联芳"匾,表予门第,使以记盛:

九月一日捷书来,报道鹏孙擢茂才。

三代联芳华匾揭,百年重庆锦堂开。

乘时共美风云会,种德还应雨露培。

庭树森森娱晚景,高山仍复诵台莱。

九月一日这一天，县里传来了捷报，告知孙子徐鹏考上了秀才，儿子徐应簧上一科乡试考中举人，我送他进京参加明年春天的会试。严州府差人送来了"三代联芳"的匾额，表彰徐氏门第，一门三代功名不断。这是徐氏先人种德、积德所带来的福报。

　　值得期待的是，儿子徐应簧次年果然考中了进士，徐楚接到喜报，欣慰地闭上了他的双眼，走得很安详，没有一点遗憾，走完了他九十一岁的人生。因为他知道，"吾溪书院"后继有人了，他终于可以卸下书院"山长"一职，交由儿子来继任了。

　　徐应簧按例守丧三年，其间接任"吾溪书院"山长一职。书院实行"山长负责制"，山长具有绝对的权威，他既是书院最高行政长官，也是首席教授和学术带头人；书院崇尚讲学自由，完全开放；教授有独立的学术品德，学生有独立的自学精神。徐应簧要把父亲创办的书院传承下去。因为他知道，自己肩上承载着徐氏家族教育的重任。

　　此刻，他忽然明白了父亲的一番苦心，选择在钱时的"融堂书院"旧址东面，创办"吾溪书院"，原来是有寓意、有寄托的，希望族中子弟能有出息，希望徐氏家族长盛不衰，历久弥新。美好的环境对人是有助力的，正所谓天时、地利、人和吧。

　　想起了文章开头博物馆展陈室那帧老照片——"达尊坊"，想起了牌坊底下那张合影，想起了"湖底新生，水下故乡"那行文字。沧海桑田，世事难料。徐楚绝对想不到，四百余年后，不但"达尊坊""吾溪书院"沉浸于水底，就连他心心念念的蜀阜十景、蜀阜村庄也都随之湮灭于历史的长河中。

我的住所临湖,每天进出都能与千岛湖照面。自从接手"淳安书院"的写作任务后,每次在看千岛湖的时候,脑子里总是会浮现湖底那个世界、那些书院、那帮人影。近代以来,书院可以转变为学堂,文化却不能疏离于教育;教育的本质是教书育人,个体生命由自然人转变为社会人,今后无论他们迁徙何方、身处何地,都会做一个有责任、有良知、对社会有用的人。

　　我想,这应该是那些先贤们创办书院的初衷吧。

青溪书院

一

嘉靖三十七年（1558）春，海瑞在福建南平教谕任上，接到朝廷颁发的诏书，任命他为淳安知县。

五月，海瑞走马上任来到淳安，那一年他45岁。

一面是穷山恶水，林密山高，贫瘠的土地；一面是布袍葛巾，刚毅的性格，坚韧的禀赋。我常常在想历史的必然性，到底是海瑞选择了淳安？还是淳安成就了海瑞？海瑞对于淳安，或是淳安对于海瑞，都是不可或缺的。或许二者的相遇本身就是上天的注定？人与山川，相辅相成、相得益彰。若海瑞一生缺了淳安这一站，定然不够完美，明代官场也少了许多戏码，一定逊色不少。反之，若淳安缺了海瑞这个人，百姓受到的盘剥和压榨只多不少，横征暴敛，遍地贪腐，政治生态堪忧，贫瘠的土地上，暴力的洪流一触即发，大明江山怕是难以收拾。

从这个意义上说，海瑞是道统的维护者，凡是大明律法、会典宪纲有明文规定的，他一律不折不扣地遵行。与其他的官员所不同的是，海瑞是用自己的生命去维护道统，且不允许任何人玷污。这恐怕与海瑞的家庭教育密切相关。

纵观海瑞的一生，幼年丧父。父亲海翰在海瑞四岁那年就去世了，海瑞与母亲相依为命，靠祖上留下的十几亩土地维持生计。母亲谢氏，"质禀近刚一""律身以正义"，是一个持正守刚之人。海瑞自己曾经说过："瑞今日稍知礼义，勉自慎饬，若非冲年背父者，尽母氏谆谆开我力也。"从他以后孝敬母亲、尊敬母亲种种迹象，似乎都可以在这句话中找寻答案。他说自己言行检点而有节制，严格要求自己，不像是从小死了父亲、没有家教的人，这正是母亲教育的结果。

单亲家庭长大的孩子，由于缺失父爱或母爱，在他们成长过程中，诸如性格成因、行为塑造等方面，难免存在某种缺陷。这些孤儿的性格都极为相似，对于那些早年丧父（母）的孩子，通常父（母）亲会把全部希望寄托在他们身上，对他们严加管教，导致他们的心智比同龄孩子早熟，更为懂事、更有毅力、更守规矩。拿海瑞来说，母亲谢氏年轻守寡，心理失衡，转而把所有的爱都倾注在海瑞身上。她"先后苦针裁，营衣食，节费资，督瑞学"。粗通文墨的母亲，在海瑞刚懂事之初，就教他读《孝经》《中庸》《尚书》，"日夜与公偕寝处，口授《孝经》《学》《庸》诸书"。严厉的母亲甚至不允许海瑞与其他小朋友一起嬉戏玩乐，"有戏谑，必严词正色诲之！"

谢氏宽容不足，严厉有余。海瑞身上或多或少有母亲的影子。这就是我们后来看到的海瑞，性格刻板，不近人情，生活简朴，道德感强，甚至有一种道德洁癖。他用圣贤的标准要求自己，不容有丝毫逾规之举。

青溪书院

当他踏上淳安土地的那一刻,注定将有故事发生。

二

海瑞身带一股劲风,一股摧枯拉朽的劲风,他的到来,不但改变了淳安的政治生态,同时也改变了淳安的文化生态。

据《明史·海瑞传》记载:"宗宪子过淳安,怒驿吏,倒悬之。瑞曰:'曩胡公按部,令所过毋供张。今其行装盛,必非胡公子。'发橐金数千,纳之库,驰告宗宪,宗宪无以罪。"

浙江总督胡宗宪之子经过淳安,由于不满接待规格,他把驿吏倒挂起来吊打。胡公子身份特殊,他每到一地,总有好吃好喝的招待;稍不如意,打骂是轻,革去乌纱帽也不是没有可能。为了保住这顶七品纱帽,地方官都拼命巴结他。人没到,就出城几十里地去迎接,前呼后拥进城,上马金,下马银,大宴小宴好招待。可胡公子胃口大,擅自规定一个常例:每到一处必须要三千两银子作为见面礼。地方不敢说个"不"字。一路下来,大箱小箱几十只,内中装满了白花花的银子。

这一日,他途经淳安。满心以为又可捞到一笔油水。哪晓得到了淳安城外十五里的一个驿站,非但不见有人迎接,竟连马匹也没备好。这可把胡公子气得半死。他飞起一脚把驿丞踢翻在地。嘴里喊道:"反了,反了。大胆淳安知县,竟敢如此藐视本公子,我得先给你点颜色瞧瞧!"随即喝令手下把驿丞绑了,倒挂在门前的树上鞭打。

可怜驿丞被打得昏死过去。胡公子犹不解气,冷笑道:"哼,怨你命贱,谁让你在淳安地界当驿丞?"

一群庄稼人,远远地看到一个凶神恶煞的公子在鞭人,敢怒不敢言,更不敢上前帮衬。恰在这时,从城里方向飞马赶来一队人,眼尖的道是海大人来啦!

海瑞也不去理会胡公子,直接进到驿站里。果然如报所说,满屋都是胡公子随带的箱笼,上面贴着总督衙门的封条。他马上唤人把箱子打开查看,全是金银财宝。

海瑞大喝一声:"来人啊!把这个假冒总督公子的恶棍拿下!"众衙役得令,一拥而上,把胡公子五花大绑拿下了。

胡公子气昏了头,他的随从也呆愣一旁。一个小小的淳安知县,竟然拿办总督公子?海瑞正眼也不瞧他,宣布就地升堂,公审恶徒。庄稼汉好奇,纷纷聚拢来看。

"大胆恶徒!为何擅自吊打本县驿丞?"海瑞不怒而威道。"他没有备马接待本公子。""你是朝廷命官吗?""这……"胡公子一时答不上话。

"既非朝廷命官,何来公务接待?有何职权责罚本县驿丞?"面对海瑞一通责问,胡公子无奈搬出靠山:"我乃是堂堂总督公子!"

海瑞把惊堂木一拍,喝道:"呔!大胆恶徒。在本县面前还敢冒充总督公子,败坏总督名声。你可知总督大人上次出巡时,曾沿途告示,地方不许铺张浪费,不许超标接待,不许借此勒索。总督公子怎会不知情?来人啊!把这恶徒诈骗来的金银财宝,没收充公,纳入库银。将假冒胡公子者,杖责四十,逐出门外!"

几个衙役七手八脚,杀猪一般将胡公子拽翻在地。褪下裤子,噼噼啪啪一阵乱棍。胡公子像泄了气的皮球,也顾不得总督公子的身份,嘴里只管央求:"老爷饶命,老爷饶命……"

海瑞这才下令住手,随即修书一封,对马快说:"你把这恶徒解往总督府。说是淳安知县海瑞拿办了一个假冒公子的罪犯,请总督大人亲自发落。整件事情,有本县父老做证,如有异议,下官愿当面对质。"

马快领命,连人带信送到了总督府,差点把胡宗宪气岔过去,想想海瑞有理有据,只能哑巴吃黄连。此事一旦声张出去,有碍自己的官声和前程,只好自认晦气,没有怪罪海瑞。

有人说,海瑞是个二愣子。从拿办胡公子这件事可以看出,他不但敢于冒犯上级,而且还很有些斗争智慧,自始至终他都掌控局面,站在法与理这边,让人无可辩驳。

三

海瑞到任伊始,淳安的政治生态,仿佛注入了一股清流,犹如清溪之水,澄澈洁净,激浊扬清。

说到政治生态,海瑞充满信心,关键是他对自己有信心。修身、齐家、治国、平天下,为何修身放在第一位?因为后面那些事都需要人去实施、去执行。个体生命修行完美,就能抵御外在诱惑,他一不贪财、二不恋色、三不图权,能保证自己少犯错误,或者不犯错误。

光有政治生态是远远不够的,构建文化生态更是迫在眉睫。他回想起自己来淳安一年多时间，审理的一系列大小案件，他深感文化对人的观念之重要，还有对行为方式的影响，对社会环境的影响，都是不可或缺、不可替代的。文化生态的平台是什么？只能是学校、是教育。

那还等什么？想到就干呗。

海瑞心中已有方案，他看中了城隍庙西边一块地，用来办书院很合适。这里距离县衙不远，最多二里地，方便自己闲暇之时，去书院讲学。至于书院名称，就叫"青溪书院"，也是念及早先严州通判刘永宽曾在城隍庙东南创建"青溪书院"，后荒颓废弃，他愿将此薪火延续下去。思虑至此，遂提笔写下"青溪书院"四个大字，让人制成匾额，择吉日张挂起来。

我查阅了光绪《淳安县志》，在卷二《方舆志二·学校》中有这样的记载："青溪书院，在县东城隍庙之东南。成化十一年(1475)，通判刘永宽建。弘治四年(1491)，县令刘公篪重修。嘉靖三十九年(1560)，县令海公瑞改建"。

慎重起见，又查阅了《古今图书集成·方舆汇编》第一千十九卷，《职方典》之"严州府学校考"(书院社学附)，内中也有记载："青溪书院，在县东城隍庙之东南，明成化间通判刘永宽建；嘉靖间知县海瑞改建城隍庙左。"地点更加确切，在"城隍庙左"。

"城隍庙？"我出生于二十世纪六十年代初的千岛湖镇，没有老城生活经历，对城隍庙的方位不甚了了。我脑子里猛然想起余年春先生送我的那些手绘图纸。印象中已经有一年多没见他了，往年他喜欢到我办公室来坐一坐聊聊天，每次手绘完成一幅淳遂老城图纸，诸如"淳安县老城贺城示意图""遂安县老城狮城示意图""新安江水库淹没村庄图""淳安县水系图""遂安县水系图""排岭水井分布示意图"等。对于一个八十多岁的老人来说，余年春先生年复一年，总是像春天的蜜蜂一样，一点一滴采集素材，一笔一画辛勤描绘。每次来总忘不了送我一张，见他满心喜悦的心情，像个小孩子一样。被他感染，我也很开心，一边说着感谢的话，一边在桌上摊开图纸，像"淳安县乡都图""遂安县乡都图"，上面都、图的名称标识，看上去只有蚂蚁般大小，我没有放大镜根本看不清楚。我惊叹于他的眼力，这些比蝇头小楷还要小的工整楷书，是如何在纵横交错的图纸上书写上去的？每当这时他就会有些小得意，绘声绘色向我讲述，没有借助放大镜，是在自然状态下手书的。末了，还告诉我一个小秘诀，每天早上勤梳头数百次，对眼睛有好处。记得有一次来我办公室，他果真带了把梳子送给我，嘱咐我每天少看电脑多梳头。

不知他近况如何？立秋已过，我决定这个周末去看看他。一边想一边翻找出"淳安县老城贺城示意图"，在桌上平铺开来，两头再用镇纸压住，俯身细细查看起来，对照县志、府志的记载，基本锁定"青溪书院"的具体方位。

看得出，海瑞选址很是用心，我观察城隍庙距离文庙儒学，距离魁星楼、崇圣祠等建筑很近，尊师重教，见贤思齐嘛，周边整体环境佳。经过几个月的筹建，"青溪书院"正式开张。公暇之余，海瑞亲自担任主讲。

四

开讲第一天，书院人满为患，不仅学生满满当当，就连附近街坊邻里也十分好奇，海大人县太爷不当当先生，唱得是哪一出？挨挨挤挤间，海大人登上讲席，题为"师道尊严"。

海瑞开篇道："凡学之道，严师为难。师严然后道尊，道尊然后民知敬学。师道尊严，老师受到学生尊敬，他所传授的道理、知识才能得到尊重。师者，人之表率也，做老师的要为学生树立榜样，学校和老师乃人材所由造，世运所由理，其职何尊也。想海某做秀才时，见同学长者竦然恭敬，不敢在旁高言大笑，不敢在班乱序先行。迎骑以长者，道傍勒马；同席于长者，告坐偶迁。吩咐唯唯听从，使命奔走。海某所尊者道也。"

"大人，学生有一事不明。"一个听课学生问道。海瑞立马纠正道："明伦堂没有大人，只有先生与学生之分。"学生改口道："请问先生，学生听闻先生曾有'海笔架'之雅号，县内外俱盛传之，不知是否属实？"此言一出，静默一片。有人为这个学生的唐突担忧，有人看热闹不嫌事大，大家都把目光聚集到海瑞身上。

海瑞手捋胡须，微微颔首："自然属实。"稍顿，复道："那还是海某在南平做教谕时的事情。当时，朝廷有御史来县学视察，海某带着两位训导迎接上官，左右两位训导见了御史行了跪拜之礼，海某居中而立，只是屈身行礼，并未跪拜。旁人戏谑海某，从此得此雅号。"

那学生接着问道："学生有所不明，下官见了上官跪拜，不是理所应当吗？先生怠慢上官有觉不妥吗？"

海瑞听罢，脸色不禁严峻起来，说道："海某所为皆依照《大明会典》，其《学规》条中自有钦定，凡有司官到儒学中，无论是谒庙行香、检查考课，还是春秋祭祀、迎接诏旨，师生只在大门外迎送。在明伦堂中行礼，也只是师生作揖，教官侍坐，无须跪拜上官。海某不觉有何不妥。明伦堂乃师长教士之地，教师应有教师的尊严，安能向上级官员行跪拜之礼？如此，不是自贬士气吗？"

借此机会，海瑞现身说法，明确告诫学生："参谒礼仪，一遵会典宪纲，为以身为标帜，明伦堂不跪，道旁不跪，迎送郭门不出。"说到这里，海瑞环视一周，见明伦堂内外密密匝匝，学生神情专注，围观的街坊邻里若有所思，他内心一震，多么好的宣教机会，遂提高嗓门，大声说道："海某乃教官出身，教官掌一邑之教，一邑之臃肿薄质，俱赖其陶成。海某始终认为身教重于言教，师者，人之模范，若以身作则，教成十人，则为国家造十方之福，教成百人，则为国家造百方之福。"

"说得好！海大人，淳安百姓拥戴你！"外面蹭课的有人激动地嚷了起来。

海瑞抬手示意安静。转而对学生道："海某制定《教约》一章，内中涉及德育又有十二款。树人先立德，德立则人立。海某冀望诸生皆有成就，有裨于国家，有济于生民，异日可为国家建伟业。"

海瑞这一堂公开课讲下来，城内一时间轰传开去，"青溪书院"名声大噪，等于做了活广告。

海瑞较真儿是出了名的，凡事说到做到。此后的教学，以身体力行，学以致用入手。在修身、处世、接物等方面都提出了具体的要求与标准，要求学生"言忠行，行笃敬，惩忿窒欲，迁善改过，修身之要；正其谊不谋其利，明其道不计其功，处世之要；己所不欲，勿施于人，行有不得，反求诸己，接物之要。"这些事项，均需在日常行为上下功夫，他会按月考核。

由于海大人亲自抓书院教学，学风之改观见效明显，文化生态良性发展，符合预期。淳安百姓从海瑞身上，看到了生活的希望。此间发生在海瑞身上的一件事，牵动着全城百姓的神经。

五

嘉靖三十九年（1560），鄢懋卿以左副都御史的身份出京，借巡查盐政为名，到处贪污勒索，每到一处，都强迫地方官吏送金银财宝给他，否则便祭出尚方宝剑，诬你藐视京官，反抗朝廷。重者判死罪，轻者革职充军。

当时社会上有一句流行语，叫"鄢懋卿，冒青烟"，说的是此人贪婪成性，喜欢搜刮地皮。这回他去的是海瑞任知县的淳安。鄢懋卿是左副都御史，相当于最高检察院副检察长一职。所到之处，"监司郡邑诸吏膝行蒲服，跪上食。携妾偕行，制五彩舆，令十二女子舁之。仪从煌赫，道路倾骇"。说鄢懋卿奢靡至极，沿途让十二名女子抬着五彩的轿舆，招摇过市。但这回他碰到的对手是海瑞。

海瑞眼里只有《大明律》，他认法、认理，不认官，若说官职大小，浙江总督胡宗宪官至正二品，不照样把胡公子给治了？海瑞不信这个邪，不打算伺候鄢懋卿。僚属极力劝说，说鄢懋卿是朝廷命官，正三品衔，又是严嵩死党，谁敢动他一根毫毛？并且警告他有性命之忧，海瑞大声说道："充军死罪，宁甘受，安可为此穿窬举动耶！"

大家劝急了，他索性不再理会。只说"到时候自有办法"。大伙儿面面相觑，不知所措。

鄢懋卿的官船离淳安县境越来越近，鄢懋卿也听到一些传闻，说海瑞为官清正、铁面无私之类的话。鄢懋卿想这回我不去招惹他总行吧？只叫他派五百名民夫背纤就可以，其他事项一律尽免，他还能拒绝不成？让旗牌官鄢四先行通报下去。

鄢四飞马来到淳安县衙，倚仗主人势力，摆出钦差衙门旗牌官的架子，大模大样踏入大堂，吆五喝六道："海瑞听着，鄢太爷吩咐，官礼免了，着你火速派五百民夫为官船背纤，如若误事，小心狗头！"

海瑞不听则罢，一听这口气，不由分说，将手中惊堂木一拍："呔！何来狂徒冒充公差，口出狂言，咆哮公堂。来人啊！将其绑起，重责四十大板，逐出县衙。"

众衙役一听，一拥而上，将其拖了下去，一五一十可劲打了四十大板，鄢四被打得皮开肉绽，杀尽狐威，被人搀扶着回去禀报鄢懋卿。鄢懋卿闻报，气得七窍生烟。好一个不知好歹的海瑞，本来不想为难你，反欺到太岁头上来了。官船一靠岸，他急于寻海瑞出气，立马打道县衙，击鼓升堂。要判海瑞目无纲纪，藐视上官之罪。

海瑞早有对策，揣着明白装糊涂，问道："下官虽然官职卑微，但也是命绥朝廷。大人不问青红皂白，就拿下官治罪，试问，海瑞所犯何罪？"

"你无故杖责旗牌官，不是藐视上官是什么？"

"大人所说的旗牌官在哪里？我还当他是个狂徒哩！"海瑞边说边呈上鄢四的口供。接道："这厮闯进县衙，满口胡言，说大人沿途纳银收礼，还说下官这里可以免送，只派五百民夫就行。下官看过大人的出京牌告，上面分明写着'素性俭朴，不喜逢迎'。这厮在公堂之上，有损大人清誉，故将他重责四十以缄其口，实为大人着想啊！"

鄢懋卿被海瑞说得一头雾水，不好拿话反驳，回头瞪了鄢四一眼，假惺惺道："小厮无礼，理当重责。然本官命你派遣五百民夫为何违命不从？"

海瑞正色道："下官素闻大人爱民如子，轻装简行，从不铺张浪费；下官以为五十名民夫足够了，何需五百？恐是误传，故不曾派遣。如今大人亲口指派，下官明日尽力派齐，决不有误。"

鄢懋卿被海瑞弄得哭笑不得，只得作罢："好、好。本官就不打扰了，明晨起程，五百民夫派齐勿误。"海瑞满口应承："大人放心，一定派齐。"

次日晨起，鄢愁卿吩咐开船。左右回道："民夫还没有来哩。"鄢懋卿心想大胆海瑞，这不是戏弄本官吗？正待发作。只见海瑞头戴乌纱帽，带领几十名衙役匆匆前来，鄢懋卿打量跟前的海瑞，上身穿一袭布衣，腰中系着麻绳，一只脚穿官靴，一只脚穿草鞋。鄢懋卿不知海瑞抽哪门子风？厉声道："说好的五百民夫呢？为何不见人来？"

海瑞一边卷裤脚，一边回禀道："禀大人，眼下正是农忙季节，老百姓忙于收割庄稼。下官无能，只能亲自带领三班衙役，前来为大人背纤。"说罢，拉起纤绳背起就走。

鄢懋卿更不与之多言，怒喝道："来人啊。快将海瑞乌纱帽给我摘除！"侍卫得令上前，被海瑞阻拦，喝一声道："我看谁敢！下官一不贪赃、二不枉法，大人凭哪条律法摘除我的官绶皇封？！"

鄢懋卿道："你头戴乌纱，脚穿草鞋，官不官，民不民，这分明是玷污朝廷、践踏皇封，理应革职充军！"

海瑞回道："我这身打扮实在是被逼无奈，头戴乌纱是我忠于皇上，脚穿草鞋是为民背纤。你身为朝臣，践踏皇封，逼迫七品县官为你背纤，凌驾于万岁之上，该当何罪？"

鄢懋卿被这顿抢白，正无语回他。海瑞复道："据《大明律》规，京官出巡，只准带随行侍卫，官船不得超过五只。而你以出巡为名，携带家眷仆从，官船多达五十艘，沿途扰民，违反皇制，本官理应拒派。"

鄢懋卿一时理屈词穷，哑口无言。恼气咻咻，正欲祭出尚方宝剑，治海瑞之罪。回头一看，四面八方的淳安百姓，手拿铁耙锄头纷纷赶来，与官船对峙。看看四周，奔腾的激流，险峻的河滩；陡峭的山峰，崎岖的山路；还有耿直的山民，淳朴的百姓。这里的山川、这里的民风，这里的一切，似乎都在为海瑞加持，虽历经千险万难，却总能化险为夷。

鄢懋卿怕引起众怒，只得上船开溜。

海瑞这么做，实心实意在为地方百姓着想。淳安地处新安江中下游，平时官船往来，地方上不得不出面进行接待，巡按御史经过，接待费一二百两,巡抚出巡,接待费三四百两,如此下去,窟窿越填越大,这笔开支最终都由淳安百姓承担。海瑞用自己的清名挡掉这笔支出,恰恰减轻了百姓的实际负担。

海瑞所做的一切,绝不是在作秀,这是他安身立命的根基,失去了这些,就如同行尸走肉。儒家文化所谓的"不义而富且贵,于我如浮云"。海瑞认为"君子之仕,所以行其义",君子出去当官,就是行义的。"爵位者,所托以为民之器也",官这个职务,是用来为老百姓办事的一种工具,而不是用来谋取私利的工具。

六

纵观海瑞二十余年的从政生涯,桩桩件件都是在维护着大明的神圣道统,君臣父子,三纲五常,大明律法,一丝一毫也不去妥协。他关心百姓疾苦,不但自己严格守法,也制止同僚枉法,绝不搞手下留情、下不为例那一套。海瑞就是这样一个奇特的人,明朝社会也有些奇特,海瑞经历的皇帝像嘉靖、隆庆、万历都不算什么明君,甚至很有些昏庸;但他仕途起落坎坷,数次下牢狱,数次鬼门关前走,结果还是能得善终。他几乎成了当时朝野的一个标杆人物,他的信条和个性使他既被人敬畏,又被人遗弃,他苛于律己更严于律人,他服务公众,牺牲自我,很受百姓拥戴,淳安人民至今仍建祠纪念他,去而留思,但他的所作所为却无法成为全体官员办事的准则。毋庸讳言,这个标杆人物的处境确实有点尴尬。

因为他不懂圆通，不谙世故，不知油滑，不会矫情。关键是他不把当官作为目的，在他心中百姓利益大于天。他是一个有文化良知的人，在海瑞的人格结构深处，社稷百姓分量最重，上级官员合规合律则听，违规违律则罢。

海瑞主讲"青溪书院"，告诫学生要遵守"会典宪纲"，教师"身教重于言教"。海瑞无论为官，还是为师，都完美实现了他的诺言，他是人生信条的践行者，是"知行合一"的履约者。

清代学者屈大均称赞海瑞曰："吾粤善司教者有六公（指海瑞、杨守道、翟宗鲁、宋仕梦、林光、陈思贤），一曰海公。"屈大均认为海瑞应位列六公之首，不无道理。

海瑞书写的"青溪书院"匾额，确如其人一样，个性鲜明，铁骨铮铮，无一丝的媚态，符合中国书法所谓的"书贵瘦硬方通神"的审美标准。千岛湖龙山岛上有一座"海瑞祠"，是为纪念海瑞修建的，旁边另有一座碑廊，四周满目修篁，曲径通幽，碑石林立。其中大多为海瑞书法，观者穿行其间，仍能感到字里行间透出的一种震慑，联想到海瑞在人生道路上的文化品格和生命力量：劲节奇崛，威仪具足，凛然不可侵犯，令人肃然起敬。这正是：

海公莅淳兴教化，执鞭坐席书院中。

书声响彻层霄外，振起弦歌百里风。

五峰书院

一

历史总是显得扑朔迷离,可考与不可考有时很难截然分割,能有遗址、遗迹印证的算可考,缺乏遗址、遗迹印证的不算可考。那么,史料记载算可考吗?既有史料又有实证,自然最为理想,但对淳安(遂安)来说未免太过奢侈,淳、遂古城沦为一片汪洋泽国,就连文献也随之佚失残缺。文献记载或片言只语,或一鳞半爪,文字表述或断断续续,或语焉不详。历史片段消失在迷雾之中,不会影响历史进程的走向。正所谓"草蛇灰线,伏脉千里"。我在追寻淳安(遂安)书院的踪迹、梳理淳安(遂安)书院的脉络、书写淳安(遂安)书院的过程中,经常会陷入这种语焉不详,可考与不可考的境地。

淳安(遂安)书院(书舍)虽说有五十座上下,但其中不可考的绝不在少数,它们半遮半掩于历史长河的迷雾中,诸如"柘山书院",光绪《淳安县志》内仅有一句话:"在县东合洋,黄警斋创立为讲授之所。"好在黄蜕(警斋)先生名气大,淳安百姓耳熟能详,知道他是"石峡书院"

走出来的高才生，又于南宋淳祐七年(1247)高中"榜眼"，有耀眼的光环。至于其他，诸如黄蜕的生卒年月、书院办在合洋的什么地方、具体创立的时间等信息，则一概不详。

"五峰书院"也是这种情况。光绪《淳安县志》仅有以下简短的记载："五峰书院，宋黄蜕、徐梦高、徐唐佐、吕人龙读书于此，张敬夫栻题额，徐廷绶重修。"

但从这段记载中，我们至少可以解读出以下三个信息：一是"五峰书院"创建的大致时间，应在南宋绍兴至淳熙年间。理由是书院匾额由张栻题写。张栻，字敬夫，号南轩，南宋著名理学家，他出生于高宗绍兴三年(1133)，卒于淳熙七年(1180)。二是黄蜕、徐梦高、徐唐佐、吕人龙曾在"五峰书院"求学读书。黄蜕于理宗淳祐七年(1247)廷试第二名，俗称"榜眼"；徐梦高、徐唐佐是度宗咸淳乙丑(1265)进士，吕人龙是理宗景定三年(1262)进士。除了黄蜕之外，其他三人都是理学名家钱时的弟子。三是徐廷绶于嘉靖四十一年(1562)考取进士，他重修"五峰书院"的时间，一定是在考取进士，具有一定的社会名望、身份地位以及号召力之后，此时，距离书院创建差不多已经过去了四百年。

可见，"五峰书院"人文积淀深厚，尽管如今我们无从考证书院的详细旧址，但因了黄蜕、徐梦高、徐唐佐、吕人龙、徐廷绶等一批文人学士而横空出世，声振浙西，留芳史册。

五峰书院

二

人生天地间，追本溯清源。

借问经年事，河溪话吏廉。

看过电视剧《大宋提刑官》的人，怕是对提刑官职责有点误判，好像整天都在勘伤验尸，净干些法医的活儿，其实不然。我们今天的主角徐廷绶，官至万历朝陕西按察使。明代省一级地方官员分为"三司"，即布政使司、按察使司、都指挥使司。布政使管民政，相当于现代的省长；按察使管刑名，相当于现代的省公安厅长、省法院院长兼省检察院检察长；都指挥使相当于省军区司令。徐廷绶集公、检、法于一身，是名副其实的提刑官。

淳安徐氏一族，有湖溪、蜀阜、河溪、剑溪、凤坡之分。除剑溪、凤坡一脉来自安徽歙县，其余三支均来自三衢。

徐廷绶属于河溪这一支。宋初有先祖在睦州做官，于是选择定居于此。一世祖五府君开始从睦州（建德）迁徙到了淳邑西郭铁井岭。宋钦宗时，六世祖陟公，作《五经解》训诫子孙，人称"五经先生"。宋末元初，天下纷争，九世祖仁荣公，从西郭迁至六都河溪（河村）。

徐廷绶，字受之，号锦泉。出生于明正德乙亥年（1515），可惜《河溪徐氏宗谱》毁于"文革"，我只从几年前新编的族谱里查到"晔公季子"四个字。粗略推知他是晔公的第三个儿子。

明嘉靖壬戌一科（1562），徐廷绶进京参加会试，考中进士。我查了殿试金榜排名,这一科共录取299人,状元也姓徐,叫徐时行。徐廷绶位于二甲第六十九名,榜单名次还是相当不错的。这一年,他48岁。

朝廷并未在当年授予他官职,于是徐廷绶归乡省亲,徐家自然早已接到快马的喜报,这个消息不单惊动了河村,整个都邑都在争传。一时间,徐家门槛被踏破,道贺的、讨赏的、探望新科进士的,前脚送走一拨,后脚又来一拨,人挨人档期满满。

这一日,徐廷绶刚送走了一拨客人,在门口见一个官差持了拜帖求见,徐廷绶延请入屋叙话。官差道:"海知县有请进士爷到衙门,有话交代。"徐廷绶素闻知县海瑞的清名,海瑞对徐廷绶也不陌生,他刚到淳安任职的时候,县学教谕赵公辅就多次在他面前提及这个名字,夸他有胸襟,见识不凡,将来必有成就。

徐廷绶记得,前几年海大人亲力亲为,来到河村丈量土地,还是其父做帮手审田形,核粮数,协助丈明归册,海大人没有一点官架子,干起农活儿驾轻就熟,晚上还在他家借宿。想起这些,徐廷绶对海知县不禁肃然起敬。

廷绶随官差到了淳安县衙,见过海大人。海瑞开门见山道:"你来得正好。恭喜的话就不说了,你是正途出身,将来肯定是要补缺入仕的。我马上就要离开淳安了,海某想拜托你一件事。"徐廷绶拱手道:"海大人有事相托,那是廷绶的荣幸。"海瑞也不与之客气,直言道:"海某主讲青溪书院两年多,学生虚心涵泳,著紧用力,面貌可观,如今海某突然间离开,讲席的先生尚不曾物色,学生们怎么办?"徐廷绶望着海瑞期待的目光,明白海大人所托何事,随即回道:"这也太巧了。廷绶前些日子正想重修家乡的'五峰书院'，族中耆老很是热心，皆愿鼎力相助，廷绶正愁没有书院教学经验，海大人若是放心，廷绶暂且代理书院讲席，待往后先生坐了席，廷绶再辞去可好？"

海瑞拱手一揖，道："有你这句话，海某可以放心走了。"

"海大人。"徐廷绶迟疑片刻，说道，"廷绶尚有一事相求。"海瑞爽直道："只要海某能办到的，但说无妨。"

徐廷绶道："廷绶想求大人惠赠墨宝，为'五峰书院'题写一匾额。"海瑞展颜一笑，道："这是好事，海某没有推辞的理由。"说罢，起身进了书房，书讫交付于他。徐廷绶双手接过，展阅一看，墨迹未干，酣畅淋漓，真可谓字如其人，四个行楷大字超凡脱俗，字字筋强骨健，神完气足。

徐廷绶感慨良久，一时语塞。他见海瑞一袭公服陈旧不堪，已打过多处补丁。论年庚他只比自己大两岁，消瘦的脸庞布满了皱纹，须发已然半白，看上去有些苍老，但神情却异常刚毅。海公为什么深受百姓爱戴？那是他心里始终装着老百姓，装着书院学堂里的那些平民子弟。他是这样说的，也是这样做的，是真正做到"知行合一"的人。想到这里，对眼前这位海大人充满了敬慕之情。

徐廷绶听说，海瑞考绩已满，本当升迁嘉兴府通判，不料鄢懋卿从中作梗，指使巡盐御史袁淳弹劾海瑞"倨傲弗恭，不安分守己。"使海瑞罢官离开了淳安。

事情的起因是，嘉靖三十九年（1560），鄢懋卿以左副都御史一职，总理两浙、两淮盐政，相当于以最高检副检察长身份出京，这在当时确属少见。他一路上敲诈勒索，大肆敛财，害得地方跪迎跪送，不堪其扰。

可他偏偏以"素性简朴，不喜承迎"为标榜。有一次途经淳安，他怕海瑞这个"二愣子"不给面子，未敢公然勒索，只让海瑞派遣五百民夫为其官船背纤。海瑞非但不派一个民夫与他，反说老百姓忙于收割庄稼，无人可派，只得带领三班衙役，自己头戴乌纱，脚穿草鞋，亲自为他背纤。鄢懋卿哭笑不得，这分明在戏弄本官。从此记恨海瑞。

海瑞离任的消息像长了翅膀一样，不胫而走，山乡旮旯尽人皆知。时值十二月冬季，淳安的父老乡亲扶老挈幼，有的甚至赶了几十里山路，顶着寒风，纷纷前来送行。

徐廷绶目睹了这个壮观的场面，眼泪怎么也收不住。乡亲们淳厚朴实，他们沐海大人之恩，念海大人之德，但凡父母官的一言一行，他们都看在眼里，记在心里。常言道：百姓易感难欺，天道自在人心。做官就应该像海知县这样……

"你是新科进士，不如就代表大家，为海大人写一篇去思碑记吧？这样我们心里也好受些。"人群中有人提议，徐廷绶望去，黑压压一片人头，齐声附和："嗯呐！代表淳安百姓写吧。"

徐廷绶分明感觉到一种道义在肩的分量，沉甸甸的嘱托，重于高山。

"好，徐某答应你们，一定把百姓的心里话写进去！"

就在海瑞临行前，徐廷绶代表淳安数十万百姓，提笔写下了《海刚峰先生去思碑记》。这篇碑文洋洋洒洒一千余字，如今按放在龙山岛《海瑞祠》正厅，记文称：

乡士大夫暨耆老辈，属余记之。余雅辱侯教泽，又淳民中被德尤深者,曷敢以不文辞。

……今郡邑以去思碑者林立,求无愧于碑文所载者几何人？若我
海侯,殆古之遗爱欤。其永孚民心,去思有以也……侯之政在吾淳者,
百代而为范;侯之泽在吾民者,百年而未艾;侯之心在民所未尽谅,众
所不及知者,足以表天日、质鬼神而无愧。是故有孚惠德,有孚惠心,不
市民而垂不朽,百姓永受其福,而绎思勿谖……

这通碑文,可以说是海瑞在淳安任上的真实写照。

三

徐廷绶送走海知县,遂去青溪书院兑现自己的诺言,至于重修五
峰书院一应事物,暂且委托族中耆老,全权代理。鸠工庀材,抬梁架屋,
不在话下。

徐廷绶在青溪书院讲学期间,有一个叫王尚廉的人自从听了徐廷
绶的课,大受启发,执意欲拜在徐廷绶门下,早晚聆听教诲。王尚廉,字
介夫(甫),号龙洋,九都(枫树岭)前洋村人。前几年参加乡试落第后,心
情未免沮丧,此番游历贺城一来送别海大人,二来借此散散心,排遣排
遣郁闷的心情。在城隍庙闲逛时,见近邻一座青溪书院,眼睛一亮,一
抬脚便跨了进去,恰好徐廷绶会讲《中庸》。

《中庸》乃儒家经典四书之一,无论官学、私学,皆为古代士子的必
读科目。中庸之道其实就是为人处世之道,中和融通之道,天人合一之

道,也即天下士子作圣作贤之道。

王尚廉岂不知"中庸"二字难解？单看字面是不偏不倚、折中调和、保持中立的意思。但在善与恶、是与非、好与坏、"过"与"不及"之间,绝非单纯选边站队,而是必须有所作为。他对于这样的会讲饶有兴趣。

但见徐廷绥款款而道："何谓'中庸'？中庸即和谐、和善、适度。它非固化一成不变,而是与周边事物相互依存、相互渗透、相互联系,时刻处于变化之中。可见,'中庸'并非一种静态的存在,而应是一种动态的衡量。"徐廷绥扫了一眼在座的学生,复道："譬如'怯弱'与'鲁莽',你们在座者中间就经常遇到类似情况。遇强而怯弱,则为不及；反之,行事鲁莽则为过。子曰：'过犹不及。'此间,'过'与'不及'皆非中庸之道。"

有学生问道："如遇强,何为中庸之道？"徐廷绥点点头,以示赞许,回道："不屈于强,心生勇敢,气胜于人,方为中庸之道。"

"这等说来,海大人屡屡以身犯险,触恼上官,是可谓中庸之道吗？"刚才提问那位学生,忽然抛出这个棘手的话题,有点向老师质疑问难的意味。这是书院会讲的特色,提倡和鼓励师生之间相互问辩、诘难,这种针锋相对的碰撞,于电光石火之间激发灵感,有利于化解争端。

徐廷绥见问,不紧不慢回道："子曰：'过我门而不入我室,我不憾焉者,其惟乡愿乎！乡愿,德之贼也。''乡愿'看似中立,不偏不倚,它有两个特征。一是言不顾行,行不顾言；言行不一,口是心非。二是居之似忠信,行之似廉洁；谄媚于世,众皆悦之。这种人看起来好像很忠厚仁义,廉洁奉公,说的话永远都正确,做事从不得罪人。他们擅长做老好人、和稀泥的处世方式,不管好人坏人也都喜欢他们。夫子认为这种'乡愿'恰恰是'德之贼也'。"

说到这里,徐廷绶打住了话头,看定刚才提问的那位学生,说道:"中庸非谓只于二者之间取其中,若说有定规可寻,那便是符合道义,当言则言,当行则行。海大人苦节自厉,戆直自遂,心中始终装着社稷百姓,为了百姓的利益,忤逆上官乃不得已之举。像海大人这般知行合一,真正做到了志士仁人所追求的'无求生以害仁,有杀身以成仁'者能有几人?"

王尚廉听着听着,渐渐从认可到钦服再到追随。

嘉靖四十二年(1563)春,徐廷绶辞去青溪书院讲席,回乡主持五峰书院的重修工作。书院建设进展顺利,乡中耆老是文化的守望者,亦是文化的传承者,尊文崇礼、尊师重教,对于他们来说是刻蚀入骨的文化记忆,重修书院自然乐此不疲;前期在他们的经营之下,已经初具规模,徐廷绶颇觉欣慰。王尚廉如影随形,不离左右,白天帮衬老师分担书院的一应杂物,夜晚再向老师讨教经书学问。

五峰书院历时半年有余,于当年夏末以告竣工。书院广新栋宇,规制有成,海瑞题写的"五峰书院"匾额一张挂出去,就算正式开张了。徐廷绶既是书院的山长,又是书院的"事务长",林林总总大小事务,都需要安置妥帖,努力使书院成为乡邑子弟求知问学的精神家园,培育儒风仁道的文化摇篮。

停过一年有余,吏部有行文颁到,授徐廷绶为刑部主事。好在书院已走上正轨,乡绅富户义捐学田百余亩,可供养书院日常运营。临行之际，王尚廉依依不舍，他比徐廷绶小十六七岁，与老师相处的这些日子，他切身感受到老师的人格魅力，热衷教育、爱护学生，严于律己、宽以待人。徐廷绶要求学生熟读精思，居敬持志，将来有益于国家、有益于百姓。他希望王尚廉暂且代理讲席，在教学中得到磨砺，来年乡试再奏捷报。

四

书院事务交割完毕，徐廷绶进京走马上任。主事在刑部虽说是下级官员，却也官至六品。负责复核各地送部的刑名案件，审理"监候"的死刑案件和京畿地区待罪以上案件，件件都是人命关天，职责重大。

却说这一日，徐廷绶正在当值，几个同僚在低声议论，甲说："好一个'海笔架'，刚给他升了官，就把万岁爷给骂了。什么难听骂什么，气得万岁爷大吼，'快抓住海瑞，莫叫跑了'。"

乙接口道："跑什么跑？海笔架是抬着棺材去的，递奏章前，早遣散了家眷与仆人，期以必死哩。"

甲摇摇头道："可惜，这回命是不保啰。他一个户部主事，偏要管万岁爷炼丹修仙的事，听说递上去的这道疏有三千余字，字字戳心，内有'嘉靖，嘉靖，是言家家皆净而无财用也'。"

徐廷绶大吃一惊，急切问道："海瑞如今人在何处？"

甲道："这不大枷钉了，押在锦衣卫大牢里。"

徐廷绶道："海公为人，徐某素知，苟可以正君道，安天下，身之利害有所不计。现如今有什么法子可以申救？"

甲惊愕道："你想申救？这时候人人避之犹恐不及，你出这个头就不怕受牵累？"

乙从旁劝道："海瑞是圣上点了名的，内阁那些大臣皆是在一处观望，没人敢出头申救，徐主事你有心也使不上劲哪。"

徐廷绶决然道："不求事济，但求心安罢！"

入夜，徐廷绶做了一个决定，明日就去探监。他知道海瑞属于钦犯，弄不好会搭上自己的前程，甚至是生命，即便如此，他也必须去，因为这个决定既是为自己，也是替淳安百姓做出的，一个爱民的好官不能就这么死在自己的眼皮底下，眼睁睁看着，却没有一点作为，淳安人历来懂得知恩图报。

次日，徐廷绶准备了一些酒菜，分装了两个食盒，专程来到锦衣卫大狱。牢头禁子都是相熟的，上前问道："徐主事今日提审何人？"

廷绶道："徐某是来探望海瑞海主事的。"

牢头把徐廷绶拉过一边，提醒道："这是万岁爷钦点的要犯，你何苦来着？不怕受累于你？"

徐廷绶拱一拱手道："海公曾是家乡的父母官，是百姓认定的好官，徐某拜托各位，手下留情，费心照应。"说着，把其中一个食盒交予牢头，"这些酒食给兄弟们分了吧。"

牢头引着徐廷绶往牢房里走，边走边摇头道："没见过这样蹈死不惧的人，昼夜用刑拷问，硬是不吭一声。"

徐廷绶点点头道："不愧是海笔架。"

牢头好奇问道："怎么叫这么奇怪的一个名字？"

徐廷绶道："这是海主事做官的原则，不谄媚上司，见上司不跪。你想，旁边两个人跪着，他一个人杵着，这场面，不就是个笔架子吗？"

牢头不解道："这不犯痴吗？上司是好去得罪的吗？"

徐廷绶叹一声道："这般犯痴的忠正谏臣怕是不多见了。"

说着到了牢房门口，落了锁，牢头交代几句退下。

徐廷绶见一个黑影躺着，想必是海公，往前欲扶起，全身血肉模糊，竟没有下手处。廷绶轻声唤道："海公，海公……"

海瑞睁开眼，见到徐廷绶，挣扎着坐了起来。急切道："你快速离开，锦衣卫正奉命搜捕海某的同党，你来看我岂不是自投罗网？"

廷绶见海公廷杖之下，已是体无完肤，还念想别人的安危，真君子也。遂感慨道："廷绶也是七尺身躯，同为朝廷命官，海公不畏死，廷绶独惧之？"

海瑞道："嗯，我已将身后事托付同乡。舍生取义乃臣之职守。皇上无心朝政，日日炼服丹药，师事陶仲文，一味求长生，海某誓死上疏劝谏，唯愿皇上幡然醒悟，则天下何忧不治？万事何忧不理？"

廷绶不无忧色道："海公这道《治安疏》振聋发聩，京城里都传遍了，海公说'陛下之误多矣，其大端在于斋醮'。又把陛下比作商纣王，皇上如何不气恼？"徐廷绶口中所说的《治安疏》，后来史家把它称为天下第一疏。

海瑞道："皇上二十余年不理朝政，如此沉疴不用猛药咋行？海某没有顾及别的，愿皇上一振作间而已，一振作则百废俱兴，天下之治与不治,民物之安与不安,皆取决于此。"

徐廷绶望着海瑞专注的神情,话语里全然是朝廷兴衰、天下之治、百姓之安……一句也没有提及明天自己是生还是死。他从食盒中取出酒菜,斟满一杯酒,双手递给海瑞,道:"海公保重,明日徐某再来问安。"

徐廷绶说到做到,不但连日探视,还带去了治疗棒伤的药,有内服和外敷之别,并置办了全新的内衣,帮海瑞换下血衣,敷上膏药。外面仍旧穿原来的脏衣服,以掩人耳目。经过两个多月悉心调理,海瑞已能下地行走。

转眼到了嘉靖四十五年(1566)十二月十四日,嘉靖皇帝在皇极殿驾崩。张居正提议在乾清宫发丧,以此弥补皇上二十多年不视朝的遗憾。裕王朱载垕即位,是谓穆宗,改元隆庆,下诏"释户部主事海瑞于狱中,复职如故"。

五

由于徐廷绶在刑部的出色表现,隆庆四年(1570),擢升为辰州知府。辰州最早是獠人、濮人的居住地,属湘西少数民族居住区。辰州所在地是沅陵,战国时为夜郎都城,梁天监十年(511),"辟沅陵县置夜郎县"。(《沅陵县志》)我们读李白《闻王昌龄左迁龙标遥有此寄》诗:"杨花落尽子规啼,闻道龙标过五溪。我寄愁心与明月,随君直到夜郎西。"这里的夜郎就是指辰州,现在的沅陵一带。

到任的第一件事，便是将王阳明讲学的"虎溪精舍"，改为虎溪书院，增建讲堂"当仁堂"六楹，翼以号舍，"教诸士以同仁之学"（《辰州府志》）。对于书院教学经验，他还是有发言权的。更为可喜的是，在此期间他接到了王尚廉的喜报，在庚午（1570）乡试秋闱中一举上榜，成为名副其实的举人；"学优则仕"嘛，将来王尚廉也是要补缺进入仕途的。徐廷绶给王尚廉写了回信，除道贺外还询问了"五峰书院"的近况，这些年，他内心始终牵挂着书院，牵挂着那些学生，书院凝聚着他的心血、他的寄托、他的希望。

在辰州期间，徐廷绶特意去拜谒了二酉山"藏书洞"，尽管路途艰险，曲折难行，他仍然义无反顾去了。这便是他留给我们的那首五言律诗，《宿舡溪拟游偏崖不果》：

古驿船溪上，停桡正夕阳。

觅幽怜洞远，搜句引杯长。

窗月窥人瘦，盆兰入梦香。

角声催早发，草树共云黄。

他来到辰州古驿站船溪，恰好是夕阳落山的傍晚时分，没奈何只能暂且住下，夜宿驿站。这里的驿站还是太祖于壬戌年（1382）设置的，面对着驿馆、栓马场、下马石、风雨桥、茶楼等遗迹，"觅幽怜洞远"，此"洞"当指二酉山"藏书洞"。相传秦始皇"焚书坑儒"，文化遭遇空前浩劫，这时候，一个叫伏胜的博士官，挺身而出，冒着灭族的风险，悄悄抢出二千余卷书简,分装了五车,偷偷运出咸阳城,一路往南奔走,陆车水舟,经洞庭,转沅水,逆酉水而送达"鸟飞不渡"的二酉山山洞,将这些经典书籍藏匿洞中,此后,这个山洞成为中华文化薪火传承的圣地。徐廷绶作为辰州最高长官,朝拜二酉山"藏书洞",不失为是对文化的一种尊崇。

多年以后,他辰州任满离开时,途经嘉鱼夜宿孤舟之上,给王尚廉写了一首诗,题为《夜泊嘉鱼》:

扁舟依曲浦,短烛共残更。
宦味秋江水,乡愁旅雁声。
浪花频聚散,月色自虚明。
检查平生事,风涛夜不惊。

徐廷绶与王尚廉不时有书信往来。这首诗应该写于秋季的扁舟之上,夜泊嘉鱼曲浦。秋夜清冷,短烛伴着残更,江水悠悠,小船晃晃,宦迹漂萍,羁旅乡愁,何时才能归故乡?这样的心绪谁人能解?江水拍打着小船,时聚时散;乌云遮挡着月光,时暗时明。我回首自己的生平往事,坦然面对这秋江的风涛。

徐廷绶离任辰州是在万历三年(1575),之后出任陕西按察使,掌一省之刑名,官至正三品,是真正意义上的提刑官。

廷绶心里清楚自己的身体已经大不如前,北方的气候和水土不适合他。他累了,他想回去了,回到家乡的五峰书院,回到教师的讲席,回到学生们中间,家乡的山水和学生的面容,才是治愈自己的良药。

六

教育是一种世代的累积。我们每一个人内心都有一颗善良的种子,而让它生根发芽,茁壮成长,却需要后天的浇灌培育。徐廷绶清楚教师这个称呼背后蕴藏的使命感、责任感以及归属感,他的归宿属于"五峰书院"。

徐廷绶卒于万历戊寅(1578),致仕后居家三年,讲学三年,享年64岁。其弟子王尚廉后来补缺江西抚州宜黄知县,清正廉洁,百姓交口称颂。王尚廉应该算五峰书院走出来的学子,从他身上可以看出徐廷绶的影子。

徐廷绶一生无憾。

宾兴书院

一

对于淳安文化、淳安书院来说,萧元冈是一个不得不提的人物,这个舞台若离开了他,将有损淳安文化的整体性展示,淳安书院的群体性口碑也难免会有所松动。由于他身份的特殊性,作为地方父母官,他力推文化建设,力创书院教学,身佩县官标签的萧元冈,其导向性意义不容忽视。他魄力过人,属于文化的先觉者,并且自带人格光芒;他行事风格干净利落,雷厉风行,浑身上下散发着一个开拓型官员的无穷魅力。

对文化,萧元冈有一种敏锐的嗅觉和超前的意识,他是第一个主推"文化立县"的淳安首官,是第一个打造"文化名城"的淳安知县,是第一个定位"文献名邦"的淳安知县。

上任伊始,他就把县治前原有的旧额"严陵首邑",改题为"文献名邦",以此彰显淳安文化名城的地位;同时,在文庙儒学棂星门左,建造一座牌坊,题额"蛟腾凤起"四字,鼓励士子积极进取。接下来,便是大

宾兴书院

力兴建文化地标建筑,通过实物展示提振淳安人的文化自信,标榜淳安先贤的人文功德。如在县治前,为商辂建造"三元宰相"牌坊;在县治中街,为胡拱辰、徐贯建造"同朝尚书"牌坊;在县治后街,为少参程愈建造"春官藩参"牌坊;在县治前街,为进士徐贯、徐鉴、徐汝圭、徐楚,乡进士徐宪、徐淑建造"科甲世承"等十座牌坊。一座座功德牌坊,竖立在县治的东西南北中,城内居民每天穿梭其中,宣谕化俗,积习既久,自然在心中树立起文化的信念。

光有这些,萧元冈还觉得不够。他在疏浚县治东湖、西湖的过程中,听人谈论西湖边早年曾有一座"鹿鸣书院",说者无心,听者有意。萧元冈内心萌动创办书院的念头。作为地方父母官,他今后少不了要为那些乡试中举的士子们举办"鹿鸣宴",歌舞咏志。他耳畔仿佛响起了《小雅·鹿鸣》那首诗:

呦呦鹿鸣,食野之苹。我有嘉宾,鼓瑟吹笙。吹笙鼓簧,承筐是将。人之好我,示我周行。

呦呦鹿鸣,食野之蒿。我有嘉宾,德音孔昭。视民不恌,君子是则是效。我有旨酒,嘉宾式燕以敖。

呦呦鹿鸣,食野之芩。我有嘉宾,鼓瑟鼓琴。鼓瑟鼓琴,和乐且湛。我有旨酒,以燕乐嘉宾之心。

鹿儿鹿儿呦呦叫,在那原野吃艾蒿。我有一批好宾客,弹琴吹笙奏乐调。一吹笙管振簧片,捧筐献礼礼周到。人们待我真友善,指示大道乐遵照。

鹿儿鹿儿呦呦叫,在那原野吃蒿草。我有一批好宾客,品德高尚又显耀。示人榜样不轻浮,君子纷纷来仿效。我有美酒香而醇,嘉宾畅饮乐逍遥。

鹿儿鹿儿呦呦叫,在那原野吃芩草。我有一批好宾客,弹瑟弹琴奏乐调。弹瑟弹琴奏乐调,快活尽兴同欢笑。我有美酒香而醇,嘉宾心中乐陶陶。

鹿鸣宴从唐代延续至今,由地方首官为举子们饯行、励志,是一场科举的饕餮盛宴,那场面经历过的人将永生难忘。萧元冈考中举人的时候亲身经历过,至今记忆犹新。他决定在"鹿鸣书院"旧址,兴建一座书院,就叫"宾兴书院"。"宾兴"二字乃周代举贤之法,荐举贤能而以宾礼之,与"鹿鸣"有异曲同工之妙。

建造"宾兴书院"的费用,就从他俸禄里支出。萧元冈办事历来干净利落,从不拖泥带水。他交代下去便择吉日动工,时万历九年(1581)春。

二

萧元冈,字希高,别号昆阳,江西泰和人。生卒年不详。据查康熙十一年(1672)《东安县志·卷之九》之《名宦志·邑侯萧公传》曰:

萧公名元冈,江西泰和人,以举人知龙门县,称治辩。万历五年罗旁之役,奉檄纪功泷水,贤劳为十道最。已,善后,复委城麒麟石。城成,赐金增秩,遂调知东安县。冒瘴疠,披荆榛,相阴阳,度原隰,鸠工庀材,缩溢出申乏,若城郭,若邑治,若学宫,若行署,庙、社,诸所创建,皆公手所拮据。晨夕董工,予食解衣,故事速而费约省。

于是区画一十六都。募开垦,别沟涂,定税粮,编里甲,农得职矣;于是修社学以兴教,行乡饮以尚齿,设学田以育才,士乐群矣;于是辟道以通往来,置营堡以扼险要,而村落熙穰,商旅获即次矣。

……公为文古雅,有昌黎风,致诸祭告文,其一斑已。

明崇祯八年,崇祀名宦。

东安即现在广东云浮市。传记中说萧元冈,是举人出身,出任广东龙门县知县,人们交口称颂他擅长处理政务。万历五年(1577)罗旁大征,他奉命到泷水县撰写纪功文章,在撰写纪功文章的十路大军中,他的成绩是最为突出的。后来,他参与谋划建州立县的善后工作,受上级委托,在麒麟石旁边修筑东安城。东安县城修筑好后,朝廷赏金赐银给他,以增加他的俸禄,随后调任东安县。萧元冈担任东安知县后,冒着瘴疠,披荆斩棘,堪舆风水,勘察平原和低洼之地,招募工匠,备齐材料,裁减项目过多的预算,补充项目不足的预算,城郭、县衙、学宫、城隍庙和社仓等,都是在他辛苦操持下修建起来的。他早晚督察工程,解决劳工的温饱,因此工程进度快,还节约了不少费用。

按照水系分布;他把东安县划定为十六都。招募移民开垦荒地,开挖沟渠和道路,区分农民各自的田地,确定征收税粮的标准与总额,编排里甲。农户拥有田地耕种之后,遂修建社学,振兴教育事业,举行乡饮酒礼,树立尊老的社会风气,购置学田,更好地培育人才,让读书人彼此和谐相处。他在险要的道口设置堡垒扼守,村落间人来人往,热闹非凡,商人和旅客若是错过了县城或大墟市投宿,也可以在村落住宿,商旅的安全有了保障。

萧元冈撰写的文章十分古雅,有韩昌黎(韩愈)的风格,志书收录他多篇祭告文章,这只是其中的一斑罢了。

大明崇祯八年(1635),萧元冈进入东安县名宦祠接受民众奉祀。

传记说萧元冈是龙门县知县,万历五年(1577年)罗旁大征,奉命到泷水县撰写纪功文章,并参与谋划建州立县的善后工作,受上级委托,在麒麟石旁修筑东安城。东安城修筑完成后,才调任东安县令。

传记中的记载,与萧元冈的《麒麟石歌》说法是一致的:

余开城麒麟石,城成,钦定县名为东安,随有改补之命。

他说自己在麒麟石旁边修筑东安城,工程完成后,皇帝亲自裁定县名为东安,随后调任东安县任知县。

他出任东安知县这段经历颇有点传奇色彩。

据《东安县志·卷之三·建置志·城郭》记载:

东安自罗旁平建成为邑。知县萧元冈相地辟基,召匠董役,经始于万历五年闰八月,至次年二月竣工。

罗旁"瑶乱"在明代最具代表性。罗旁"瑶乱"始于弘治四年(1491)，直到万历五年(1577)才被彻底平息，这八十六年间，据统计，每一年半时间就会爆发一次起义。罗旁地区的瑶族不断吸收四方瑶族，广东各地瑶族皆唯其马首是瞻，罗旁瑶族俨然是一个独立的政权。萧元冈显然也参与了平定起义的最后一场战事，见证了罗旁瑶族纳入中央集权的统治，移风易俗的大变迁。

东安县是在罗旁"瑶乱"被镇压之后建立的。萧元冈作为首任知县，有开疆拓土之功。他选址开创基业，召集工匠，管理工程，于万历五年(1577年)闰八月动工，到第二年农历二月竣工。据翰林院编修林承芳撰写的《邑侯萧公去思碑文》云："(萧元冈)栉风而出，戴星而入，盖夙夜殷忧，心力俱殚。"正是由于他的努力付出，东安城"未及期年，百度就绪"。萧元冈为东安县城的营建及东安县各种礼仪、制度的制定殚精竭虑，立下不小功劳。

三

万历九年(1581)正月，萧元冈出任淳安知县。

光绪《淳安县志》卷六"治行"有萧元冈条目，内云："(萧元冈)万历间令淳，修灵堤，浚古渠筑二湖陂，竖立十牌坊，广棂星门，创宾兴书院，辟县治，拓康衢，悉捐己俸及镂金佐之。会迁南京北(司)理官，留鞭不及，为之立祠。"

说萧元冈于万历九年出任淳安知县，修筑灵堤，疏浚古渠，固筑东湖、西湖的堤岸，在县治内竖立十座功德牌坊，扩建文庙棂星门，创立宾兴书院，建设县城，开拓大道，将自己的俸禄悉数捐出，用来打造淳安"文化名城"，功莫大焉。任期满后，擢升南京刑部主事。离任之时，淳安人民倾城挽留，马不行，鞭不及，后人为之立祠奉祀。

至今，淳安金峰乡蒋岭上村，沿袭着一项数百年的习俗——"抢县官"。金峰乡民俗活动如火如荼，全国摄影基地在该乡挂牌落户，除了朱家村的"赛猪头"，正月初五，蒋岭上村的"抢县官"也是一出重头戏。夜幕降临之时，村中"方氏宗祠"内，随着一根根火把点燃，"抢县官"活动拉开了序幕。

四个壮汉身穿红色马甲，抬着轿子出场，后面跟着几十位村民，手举火把，沿着弯弯曲曲的山道逶迤而下，来到村脚的"萧公祠"内，行过三拜之礼，遂将萧元冈神像请入轿内，一路飞奔上山，安置于祠堂正厅，门口村民秩序井然，人手一束香、一对烛，鱼贯而入，点燃香烛，祭拜恩公萧县官，并许下愿望，寄托思念之情。

这个习俗源于万历九年正月初五，萧元冈来淳上任之初，官轿还未抬进衙门，就被蒋岭上村民"劫持"至村中，要求他重新判断前任知县遗留下的冤假错案。萧县官非但没有责怪村民的鲁莽，索性就在现场办公，替村民申冤理枉，公断是非曲直，由此深孚众望。此后，该村年年演绎一出"抢县官"活动，感念其恩德。

萧元冈身上总是充满活力，少有那种官场的习气和油气，少有那种官场体制性的陈规陋习，少有那种讳莫如深的官场城府。遗憾的是我未能考证他知淳安县事的具体年龄。我曾电话联系过泰和县博物馆、泰和县史志办的相关人员，说县志上没有找到他的相关记载。但从《东安县志》和《淳安县志》的记载来看，他行事的风格，极少有暮气和腐气，而是具足了朝气和生气。

我们知道，那些初入官场的人，他们总是想成就一番事业，初心不忘，使命在身，铆足干劲，苦节自厉。随着时间的推移，激情消退，初心不在，意志消沉，享乐居上。什么社稷之兴，什么民生之艰，统统被抛诸爪哇国去了。贪欲一旦攫取了心智，离堕落也就一步之遥。萧元冈从东安到淳安，延续了开疆拓土的激情，并把这种激情投射于淳安文化教育大业，因为他深知教育对一个国家、一个民族，乃至一个家族、一个家庭到底有多重要？罗旁瑶乱固然有历史的根源，而久处化外之地，导致教育缺失，人心荒漠化，人心的荒漠化若不及时播种爱的绿洲，化解仇恨与敌对，争斗终将遥遥无期。

中国早期启蒙读物《三字经》说："人之初，性本善"，认为人性本善。由于受后天环境污染，心智蒙尘，人性因此而向恶，以至于无恻隐之心、无羞恶之心、无辞让之心、无是非之心。所以，只有通过教育，才能使人性向善。而西方基督教认为人是有原罪的，这个"原罪"就是原始的、本源的、与生俱来的。所以，需要后天去赎罪，需要法律和制度去约束人类，免得他们的"原罪"现出原形，以至走向犯罪的深渊。

人性本善也好，本恶也罢，这样的争论千百年来从未有过停歇。如果我们把颗粒饱满的两颗种子，分别种植在两块不同的土地上，一块土地膏肥，且阳光充足、水源充沛，另一块土地贫瘠，阳光缺失、水源匮乏。试想一下，它们的结局会如何？土地可以看作是成长环境，阳光和水可以看作后期教育,人的善恶导致的结局是不言而喻的,亟须后天的教育引导。

萧元冈无疑是文化的先觉者。除了在县治内竖立功德牌坊,扩建文庙棂星门,他又开始疏浚古渠,固筑东、西二湖。西湖位于县西,"通安门"以南,湖滨路以东。西湖的疏浚工程结束之后,他曾赋诗一首,题为《西湖成》:

> 西山泉万斛,驱石聚为湖。
> 锥水长天接,鱼峰倒影孤。
> 垂杨新种绿,浴鹭渐将雏。
> 兀坐虚亭上,泠然见一盂。

他引西山之泉入湖,又于湖堤四周遍植垂柳、梅桃,湖中蓄养万尾鱼苗,山峰绿树倒影其间,白鹭游弋栖息湖岸,何其清幽雅静。他计划于西湖旁构建"宾兴书院"和"文昌阁",可以振湖光之秀、发文章之光、兴文运之盛。

历时半年有余,"宾兴书院"与"文昌阁"相继落成竣工。"宾兴书院"内设"正心堂""授业轩""成德轩"与"敏行斋"等,同时,广置学田,所以养士,以供廪饩。

萧元冈平时公务繁忙,他礼聘先生担任书院讲席,自己稍有空闲便亲自主讲,与诸生谈古论今,切磋学问,一点也没有官架子。萧元冈置身"宾兴书院",如游鱼入水,自适安乐,环睹四围,舒芳跃绿,鸣禽上下，与琅琅书声奏曲。南窗读书声伊吾，北窗观鱼歌鹿鸣。"宾兴书院"不仅是文化的构建，也是艺术的构建，它与西湖风景交融一体，从而成为一种文化现象、一种精神导向。此情此景，邑人见之，皆曰：萧公风韶雨润，期待学子成才哩。

我曾在《方学龙与"龙山书院"》一文中说过，淳安历史上，"凭借个人影响力创办两座书院的共有两人。一位是明代万历九年(1581)，任淳安知县的萧元冈，另一位是明代万历十七年(1589)进士方学龙"。

四

萧元冈没有止步于宾兴书院，待书院走上正轨后，他又于次年在县西威坪，创立了另一座书院——琴山书院。琴山又叫琴溪，就是现在威坪的琴坑村，古称环水。嘉靖元年(1522)，广东左布政使王子言，致仕回乡在此创办了蛟池书院。如今，五十余年过去了，蛟池书院估计处在沉寂期。萧元冈身为一个江西籍官员，却把承继淳安文化的薪火，作为自己的责任当担，实在难能可贵。我曾实地考察过琴山书院遗址，这里与王氏家庙近在咫尺，记得当时，村民指着路基下面一处数亩大小的洼地告诉我，原先这里有一个"西湖"，可以划桨荡舟，夏天荷叶芙蕖竞放，四围山色积翠，环境清艳绝佳。

又是一处"西湖"？萧元冈与西湖如此有缘，应该是他喜欢水的缘故，上善若水，水至柔、水至静，柔克刚、静降燥。水滴石穿，贵在坚持；锲而不舍，贵在专一；种种寓意对学子们来说，有百利而无一害。

书院历经千年传承,如何获得现代生命? 获取现代的对话方式? 研究历史,挖掘传统,了解缘起,不就是为了今天更好地工作、更好地学习、更好地生活吗? 在写作《淳安书院》的过程中,我常常这样自问。想为古代书院作出现代阐释,这既是一种文化取舍,也是一种文化判断;应该继承什么、弘扬什么? 应该摒弃什么、剔除什么? 如此,方能厘清我们的渊源和未来。

萧元冈宾兴书院引发的启示,符合当下的一种文化心态。

龙山书院

一

石峡书院对于淳安人来说,可谓耳熟能详,它位于千岛湖龙山岛。其实,龙山除了石峡书院之外,还有一座书院叫龙山书院,知道的人恐怕不多。"龙山书院"位于"石峡书院"之南的高坊村,据光绪《淳安县志》卷二《方舆志二·学校》记载:在县东二里,进士方学龙建。

我在查阅原淳安、遂安书院资料时,发现了一个有趣的现象。淳、遂两县共有书院(书屋等)五十座左右,而凭借个人影响力创办两座书院的共有两人。一位是明代万历九年(1581)任淳安知县的萧元冈,另一位是明代万历十七年(1589)进士方学龙。

据光绪《淳安县志》载:"琼林书院,在县东玉带山左,明进士方学龙建。龙山书院,在县东二里,进士方学龙建。"

"进士坊,在县治东,为进士方学龙立。经魁坊,在县东隅,为方学龙立。"

两座书院,两座牌坊,都因方学龙而建。前者是他为淳安人开坛讲

龙山书院

学,传道授业,培植文化的场所;后者是淳安人为他科甲中第,德业有成,光耀闾里的旌表。书院和牌坊,用途不同,动机却高度一致,书院是为文化续脉,传承薪火,牌坊是为文化人树碑立传,激励后学。

二

新版《淳安县志》对方学龙有简短的记载,便于叙述,我们不妨全文摘录:"方学龙(1640年前后在世),字叔允,号望山,淳安高坊人。少聪慧,熟读春秋,登明万历十七年(1589)进士。出仕广东顺德知县,兴学校,平赋简讼而严于防御。时海寇猖獗,学龙出奇计诱而歼其魁首,海氛克靖。擢南刑部郎中。时有狱囚计划十五日越狱,暗中勾结奸徒以十五个包子为约,适被狱卒窃其二,越狱犯误为提前至十三夕发动,囚犯皆用利斧斩门大噪。时已下二更鼓,学龙急令巡兵持械挺之,越狱犯悉数被擒。后升守福州,移漳郡,尤多惠政。遂晋福建臬副,饬兵福宁。去后民立祠祀之。淳安在县治东为其建有进士坊、经魁坊,并入乡贤祠。"

我查阅了康熙《顺德县志》,说方学龙于万历二十年(1592)出任顺德知县。后升任南京刑部广东清吏司主事。我觉得这段记载是可信的。他在顺德县令任上共九年,对广东地界熟,由七品县令升为正六品的刑部主事,符合正常的升迁流程。而郎中属于正五品官阶,是司里的长官,再上去就是侍郎(副部级)、尚书(正部级)了。

方学龙走马上任顺德县令,广东正是多事之秋。正月,潮州府程乡、平远两县发生地震。九月,广州府番禺连续地震三次,顺德与番禺邻近,震感明显,境内房屋受损不在少数。伴随着地震而来的,便是连年的灾荒,老百姓靠乞讨度日,就连山中蕨根,也刨食过半。年荒谷贵,斗米价值160钱,是平时的三倍之多。方学龙没有迟疑,一面开官仓放粮赈灾,一面采取救饥与兴役相结合的办法,以垦代赈,民得以活者数万计。

所谓"屋漏偏逢连夜雨,船迟又遇打头风"。这边安抚灾民,救济苍生,那边又报海盗犯境。说起顺德海盗,那是天下闻名,朝廷挂号。一百多年前的正统年间,顺德出了一个海盗大王,名叫黄萧养,人称"顺天王"。他就是顺德县南八里地的"鹤冲堡"潘村人。势旺时拥有战舰两千艘,部众十余万,公然作乱与朝廷对抗。弄得正统、景泰两朝伤透了脑筋。官军联合地方武装,费了九牛二虎之力,才剿灭了此贼。这么多年过去,想不到海盗又死灰复燃,卷土重来。

判断一个官员的能力,从来都是事上见分晓。你不能解决问题,那你自己便有问题。格局大小也能从事上看出端倪。方学龙一介书生,外表看似文弱,生命内层强健。面对僚属的通报,面对海盗的袭扰,没有丝毫惊慌。

这伙海盗为首者唤作"浪里飞",乃顺德马岗村小湾堡人,从小任性而为,多有智谋。他在遭到官府水师围剿后,建立了自己的武装,这些年在与官军的周旋中,实力不断提升,武装船队走私贸易,纵横海上,来无影去无踪,人称"浪里飞"。

明代实行海禁,官府一律把海上贸易视为海盗行径。成书于嘉靖年间的《筹海图编·叙寇原》称:"海商原不为盗,而海盗从海商起。""今之海寇,动计数万,皆托言倭奴,而其实出于日本不下数千,其余则皆中国赤子无赖之人而附之耳。"渔民以海为生,禁海绝其生路,故越禁越乱。由于海上走私利润实在诱人,以身犯险者不在少数,"浪里飞"这些年很是吃香,投奔他贩私集团的只多不少。时值春夏之交,眼下"浪里飞"正从安南(越南)等国运送一船奇楠、麝香、鹿皮等货进港,准备进行走私贸易。

早有眼线报入知县衙门。方学龙一连几日苦思擒贼妙计,却始终不见有何动静。他是在等一个时机,一个海上起雾的日子,便于他预设伏兵,好生擒"浪里飞"。

三

这场大雾还真让他等来了。方学龙一边安排官船水师到指定地点待命;一边放出风去,说杭州灵隐寺的监院亲带了贴库人等,来顺德采办奇楠,由宝林寺监院陪护,掌眼看货,因法事上供奉佛菩萨的敬仪,只收上等的好料,价格不论,多多益善。

真是想什么来什么。"浪里飞"正愁这一船货如何变现,特别是这些奇楠,价格金贵,按克论钱,普通百姓一辈子连见都没见过,更别说购买了。如今可好,灵隐寺的活菩萨救苦救难来了。转而又想,哪有这等巧事,莫非有诈?又怕自己多虑,不肯放过眼前财路。思前想后,派出探子扮作香客,前往宝林寺察看虚实。

宝林寺位于顺德太平山西麓,始建于唐代,乃当地著名的宝刹。探子进了山门，果然看到香料铺的伙计在采办房门外恭候，老板在内里验货议价。打听到不是量太少，就是油脂含量太低，不是上等香品而遭拒收。乃悄然退归，据实面禀"浪里飞"。

"浪里飞"听罢，一颗悬着的心落了地。事不宜迟，他疾速派出黄二当家黄有仔，前往宝林寺与灵隐寺大和尚接洽。可人家大和尚不愿意出庙门，非要与大当家的面谈，好做长久的生意。

"浪里飞"海上闯荡多年，并非浪得虚名，他遇事谨慎不冒进。交代黄二当家道："务必转告大和尚，奇楠均为上等，我可以让利三成，还请大和尚移尊潭奥码头，届时船上商谈。"

"浪里飞"寻思，我不上岸，能奈我何？你纵有千条计，也抵不上我好主意。没想到大和尚竟答应了。双方按约来到潭奥码头，"浪里飞"藏身大雾，朦胧中见两个小沙弥，左右拥着一个大和尚上了船，遂乘一艘雕花小艇，飞也似的驶近。见了面拱手施礼，分宾主落座。

大和尚面目慈善，一口一个"施主"相称，弄得"浪里飞"竟有些不好意思，赶紧吩咐手下呈上样品，请大和尚过目。大和尚双手合十，口诵一声"阿弥陀佛"，顺手接过递上的一段奇楠，用袍袖轻轻拂过，遂置于鼻尖处嗅了嗅，一股异香若有若无直冲脑门，颔首赞道："棋韵足。果然是香中之王、木中舍利"，回顾"浪里飞"，意味深长道，"施主好福报。俗云'三世因缘始修来，今生得闻奇楠味'，施主望自珍惜。"

"浪里飞"连连摆手道："托大和尚福德，这批奇楠由大和尚点验过秤，咱们银货两清，可好？"

"好！"大和尚立身而起，一把抓住"浪里飞"的手腕，猛喝道："来人哪！"话音未落，"浪里飞"手腕一翻，像条泥鳅一般滑了出去，从大船上一跃而出，跳到雕花小艇上，"嗖"一声窜出。大和尚紧随其后，还是晚了半步。眼看着他隐没在大雾之中。

正懊恼间，忽听前方传来一阵鼓噪之声，不则一会儿，迎面驶来一艘战舰，众水师抬着一具渔网，"浪里飞"被整个罩在里面，犹自挣扎。大和尚脱下僧衣，随官军一起，押着"浪里飞"投入县衙死牢，只待秋后问斩。

原来，大和尚乃民团乡绅代表，能操一口南腔北调。方学龙物色许久方选定他，晓之以理、动之以情，许诺万全之策，确保其人身安全。他吃下这颗定心丸，乃扮作灵隐寺大和尚，况且又懂香道，一副气定神闲的模样。方学龙乍一见怹是没认出，大为满意。谁知后来，他立功心切，不等捕快登船，就想拿下这桩头功，故有此失，险些让这"祸根"溜走。

幸亏方学龙考虑周详，一面派"大和尚"上船与"浪里飞"接洽，岸上设伏多名捕快；一面借助大雾的掩护，派遣通晓水性的精兵，乘战舰阻拦"浪里飞"的接应，在外围张网以待，正梭巡海面，见一艘小艇可疑，欲拦截盘诘，"浪里飞"见势不妙，急欲跳海逃遁，不料被一张渔网当头罩下，恰应了"法网恢恢、疏而不漏"这句老话。

方学龙生擒"浪里飞"，随后张榜晓瑜："首恶必惩，胁从不问。"海盗群龙无首，本就心如浮萍，见官府宽宥，遂作鸟兽散。方学龙一战成名，从此"海氛克靖"。

四

万历辛丑年（1601），方学龙擢升南刑部主事，屁股还没坐热，任期内就发生了囚犯越狱这么一档子事。

明代南京的中央机构，都集中在皇城南面，也就是现在光华门内御道街两侧。唯独刑部和都察院设在都城之外。《南京刑部志》曰："盖古者天子迩德而远刑，抑修刑北郊其制从久远矣。"因为效仿古代天子以德服人，尽可能不用刑。所以，就把公、检、法这些部门设置在城外，也算是一种"恻隐之心"吧。

刑部和都察院的具体位置，据《洪武京城图志》记载："刑部、都察院在太平门外""太平堤，在太平门外，国朝新筑，以备玄武湖水，其下曰贯城，以刑部、都察院、五军，断事官在其西，皆执法之司，以天市垣有贯索星，故名焉"。

贯索星主牢狱之灾，名称都是有讲究的。

当时南京刑部大牢关押一批"斩监候"要犯。有人计划于十五日夜晚越狱，犯人在外面的同伙，买通了其中一个狱卒，让他送十五个包子进去，作为越狱的时间暗号。富有戏剧性的一幕发生了，不知情的另一个狱卒，看包子不赖，顺手偷吃了两个，只剩下十三个包子，准备越狱的犯人误认为提前至十三日晚上行动，于是他们手持利斧，鼓噪着破门越狱。当时二更鼓已敲过，我估计正巧轮到方学龙值守，他连忙召集巡兵一起制止，越狱犯全部被擒，成功阻止了一场监狱暴动。

反狱和劫狱都属于暴力行为，按《大明律》惩处非常严厉，可以"就地正法",不需要最高检复核。

经过这次越狱事件,方学龙开始调阅卷宗,关注刑部、都察院以及各府州县的同类事件,不查不知道,一查吓一跳。各省皆有匪徒邪教,戕官劫狱,层见叠出。其中自有吏胥为害造成的因素,也有监狱条件恶劣,基址狭小,铁笼铁锁,囚犯身处其中,既不能直立,也不能平躺,犯人求生不能、求死不得。哪怕反狱劫狱是死罪,也毫不畏惧。

于是,他就司法改革和建设,向部里提出许多合理化建议,得到部里长官的高度认可。任期未满,"升守福州,移漳郡,尤多惠政。遂晋福建臬副,饬兵福宁"。他任漳州知府的时间,应在万历三十二年(1604),据《大明神宗实录》载:万历三十六年(1608),"升福建漳州府知府方学龙为本省副使分巡福宁兵备"。另据《漳州府志》记载:明万历戊申年(1608),知府方学龙顺应民众请求,在桥西重建观音院,栋宇壮丽,金碧辉煌,此桥成为漳州名胜。这是他离任前最后为漳州百姓做的一件事。次年,闵梦得接任漳州知府一职。

五

2019年9月,在千岛湖中心湖区一无名岛上,发现一处古墓葬,现场找到"寿藏记"碑石一通,可惜已断为三截。经过拼接,部分文字依稀可辨。落款为:"万历岁在丙辰十月望吉……赐进士第中宪大夫,福建按察司副使奉……敕整饬福宁兵备兼分巡福州府事分□□□方学龙撰。"这是他为一个叫王峰的人撰写的碑文。万历丙辰乃万历四十四年

（1616），意思是他除了福建按察司副使这个职务外，还兼任福宁兵备道道官，分巡福州府事，属于正四品官职。

方学龙生卒年不详待考。光绪《淳安县志》载："福建副使方学龙墓，在县东三十里掌坪。"

虽然我们不知道方学龙具体的致仕时间，但至少可以确认是从福建按察司副使和福宁兵备道道官任上。从顺德到漳州，再到福州、福宁，无不与大海有关，就连在刑部短短两年时间，也是任广东清吏司主事。宦海生涯，一路追逐海浪海潮，逸兴遄飞波涛涌。

提起方学龙在广东顺德那段经历，可以说颇有点传奇色彩，他处理起来得心应手，很考量一个地方官的政治智慧和军事才能。方学龙治理地方，体现在政治、军事上的能力，何尝不是一种文化的外在表现呢？

从福建按察司副使卸任后，方学龙回到了淳安老家高坊。说起高坊，大家不免想到南宋状元方逢辰，他也是高坊人。还有唐代末期创办"上贵精舍"的方昊，其长子方祁，由上贵迁居邑治东郭高坊，是为高坊始祖。高坊位于贺城东郭，北靠龙山。村中建有"方氏宗祠"，在祠堂的东西两边，各有一口"状元井"，传为状元方逢辰所遗。一条高坊路穿村而过，大致呈南北走向，一头连接龙山，另一头连接东庙路。

六

方学龙致仕后第一件事，便是在高坊筹办一座书院，回馈这方土地,回馈养育自己的父老乡亲;同时,也将先祖办学的遗风流韵承继下去。为此他在周边勘察选址,北上龙山,西至前山坪,东达东岳庙,穿梭往返,比对考量。最后在龙山脚下,前山坪以东的一处空旷地带,兴建"龙山书院",并亲自担任主讲。

我常常感慨服膺淳安这些致仕官员,他们的道德水准如此之高,他们所读圣贤之书仿佛透髓入骨,心中所装全然是天下大道,以及民生与教化。只要看看他们创办的那些书院就全明白了:柘山书院,榜眼黄蜕创建于合洋;五峰书院,徐廷绶致仕回乡后重建;易峰书院,何梦桂归隐文昌易峰庵创建;翰峰书院,吴钦致仕回云峰重建;仙居书院,商辂罢官归家里商期间创建,致仕后主讲于此;南山书院,应颙致仕归贺城后创建;吾溪书院,徐楚致仕归老蜀阜创建;蛟池书院,王子言归乡环水后创建⋯⋯

方学龙是从最基层的知县干起,阅历丰富,经验具足,他不但懂得变通,还很有些军事天赋,所以,他提倡读书"学以致用",不读死书。给学生讲授《论语》的智慧:"诵诗三百,授之以政,不达;使于四方,不能专对;虽多,亦奚以为?"

这是孔子说的话,即便是把《诗》三百篇背得滚瓜烂熟,但让他去处理政务,却不会办事,让他当外交使节,不能独立地交涉;背得再多,又有什么用呢? 可见,孔老夫子也不赞成死记硬背,当书呆子。学习知识要能运用到社会实践中去。

这个过程是循序渐进的。"授书不在徒多,但贵精熟;量其资禀,能二百字者,止可授以一百字。常使精神力量有余,则无厌苦之患,而有自得之美。讽诵之际,务令专心一致,口诵心惟,字字句句绅绎反复,抑扬其音节,宽虚其心意。久则义礼浃洽,聪明日开矣。"讲授课文的时候,不要为赶进度一味多讲,最重要的是要学生熟练掌握;根据每个学生的天资禀赋,能学会二百字的,只教给他一百字,让他总是感到精力充沛,这样就不会产生厌学情绪,反倒是能够体验到学习成功的乐趣。朗读课文的时候,一定要让学生专心致志,边朗诵边思考,一字一句都要反复体会理解内容;声音要抑扬顿挫,心情要放松自如;时间久了,课文中的思想感情就会浸润到学生心底,他们的记忆力和理解力也会随之提高。

在那个文盲率极高的年代,能进入书院读书已属幸运,能遇到方学龙这样的导师则更幸运。他了解学生每一个环节的心理状态,尊重学生成长过程的每一个细节的演绎,懂得快乐教育的有效性和必要性。方学龙提出学习知识要注意方法,"四书、五经、《通鉴》、性理"都是考试的内容,但是学生可以根据自己个人对知识掌握的情况和能力,量力而行。"宿号者"两日背书一次,复习功课一次。这些具体的措施,可以让学生有序地学习知识,做好自己的每一份功课。

由于书院冗员极少,管理人员有限,方学龙就让学生参与管理他们自己的学习和生活,从学员中选出堂长、学长、斋长,负责日常管理工作。在方学龙看来,这种管理模式不但可以培养学生独立生活的能力,积累成功的管理经验,同时也是"学以致用"的有机组成部分。

书院实行分班教学,对于那些提高班学员,方学龙鼓励他们要有独立见解,各辟门径,不要困在一个思维定式里,要能超出陈俗旧套,敢于质疑问难，发表自己的创见，脱出前人的窠臼。所学的一切，最终都是为了将来治国平天下，利济苍生。

方学龙教学有方向，他向学生提问道："《坚瓠无用》的典故说：齐有居士田仲者，宋人屈谷见之，曰：'谷闻先生之义，不恃仰人而食，今谷有巨瓠之道，坚如石，厚而无窍，献之。'仲曰：'夫瓠所贵者，谓其可以盛也。今厚而无窍，则不可以剖以盛物；而任重如坚石，则不可以剖而以斟。吾无以瓠为也。'曰：'然，谷将弃之。'今田仲不恃仰人而食，亦无益人之国，亦坚瓠之类也。"说到这里，方学龙转而问道："有谁能解读一二？"

有一个学生立身而起，回道："此典出自《韩非子·外储说左上》，大意是说齐国有一个名叫田仲的人，自命清高，不愿与达官贵人为伍而隐居乡间，认为自己这样做是十分明智的。宋国有个叫屈谷的人见到田仲，于是对他说：'我是个庄稼人，别的本事没有，只会干些农活儿，特别是种葫芦很有一套。我有一个大葫芦，它不仅坚硬得像块石头，而且表皮也特别厚实，以至于葫芦里面没有空隙。这是我特意留下来的，我想把它送给您。'

田仲听后，对屈谷说：'葫芦嫩的时候可以吃，老了就不能吃了，它最大的用途就是盛放东西；你这葫芦虽然很大，然而它不仅皮厚，没有空隙，而且坚硬得不能剖开，像这样的葫芦既不能装物，也不能盛酒水，我要它有什么用呢？'

屈谷说：'先生说得对极了，我马上把它扔掉。不过先生是否考虑过这样一个问题，您虽然不仰仗别人而活着，但是您隐居山林，空有一身的学问和本领,对国家却没有一点用处,您与我刚才说的那个葫芦又有何区别呢?'"

说着忽有所悟,接道:"学生以为,田仲隐居山林,虽博得了高洁的名声,但于国于民并无奉献,反不如农夫屈谷。"

"嗯。说得非常好,请坐。"方学龙大加赞赏道,"学以致用,不仅是把所学知识用于实践,还能用于国家、利于百姓。"

七

龙山脚下这座书院,不仅承载着方氏一族的文气、文运,它更承载着中华文化"治国平天下"的精神主脉。"学成文武艺,货于帝王家",可惜,明王朝气数已渐衰微,天启也是一个短命的皇帝。

相隔整整四百年,交融却在顷刻间。我似乎明白了方学龙殚精竭虑致力于书院教学,作为一名退休官员的文化良知,以及作为方氏家族一员的使命担当。现实的情况,或许是"龙山书院"接纳不了更多的求学者,又或许是有义务有责任将先祖所创"石峡书院"浩荡文脉续接下去,总之,他又在玉带山附近兴建了一座"琼林书院"。

方学龙把书院作为普惠教育的示范,惠泽淳安民众。他这样做不是为了规划别人的人生,而是要给有规划的人提供一个可供选择的人生。就像架设一座云梯,原本是给有意攀登者提供的捷径,你若无意,那么云梯充其量只是一件道具。

据光绪《淳安县志》记载:"玉带山,在巩安门外,环映村居,平纤如带,山前为金坂。"巩安门即北门,是通往南宋状元方逢辰故居、通往石峡书院的必经之路。

如果说文化也有"必经之路",我想书院应该是它的"捷径"。方学龙不遗余力在为文化续脉,传承薪火,善莫大焉。

五狮书院

一

万历三十八年(1610)夏,韩晟奉命上任,来到遂安知县事。韩晟是广东博罗人,他在遂安知县任上四年时间,与嘉靖时海南琼山的海瑞一样,也正好在淳安知县任上四年时间。他们一前一后来到淳安、来到遂安,尽管任期不长,却都在这里留下了许多佳话,不仅作为百姓口耳相传的谈资,更为淳、遂两县山川增色添彩。

韩晟在遂安期间,细数下来,他做的每一件事,均关乎文化、关乎文运、关乎人文、关乎教化。诸如重修儒学、兴建六星亭、创建"五狮书院",主持纂修《遂安县志》。

我查阅"淳安历史文化丛书"之《人物春秋》卷,看到遂安首官韩晟条目云:"万历三十八年(1610)中举后任遂安知县。"带着疑问,我再次查阅了万历三十八年进士榜,没有韩晟的任何记录。韩晟只是一个举人,乡试中举的时间在万历十九年(1591)。明代由举人直接出任知县的不是孤例,如遂安"瀛山书院"学子方应时,于隆庆四年(1570)庚午科乡试中举,直到万历八年(1580),才被授福建漳州府长泰县知县,从中举到出仕,间隔时间长达十年。而韩晟从中举到出任知县,时间间隔竟有二十年之久,在这之前他有没有出任教谕之类的官,我们不得而知。

二

韩晟,字寅仲,号嵩少。博罗韩氏乃科举望族,家族中考取进士、举人的不下二十人。博罗韩氏始祖韩梅州,于元泰定元年(1324)考中进士,韩晟祖父韩棨于明成化二十二年(1486)考中举人,父亲韩鸣金、伯父韩鸣凤同榜中举,韩晟堂兄韩日缵,万历三十五年(1607)进士,天启年间,官至南京礼部尚书。韩氏家族文运亨通,“始有仕宦登甲乙科者,不绝十世”。

号称“岭南第一山”的罗浮山就在博罗境内,风景优美,大小山峰林立,有所谓“满山皆奇石”“峰峰有灵境”之称,就像博罗的韩氏一族,代代有人才,且以文章、气节、事功著称。

韩晟走马上任遂安,恰逢荷花盛开之际。

狮城面积不大,有婺峰环其前,五狮拥其后,襟带武强,肘臂六星,是一处山明水秀,人文渊薮之地。韩晟步出县衙,沿着直街往西,行不多时,先去文庙拜谒了至圣先师;苍松翠柏,夹道侍立,这里是儒学的重地,人才的摇篮。县丞姓潘,陪同韩晟沿途巡视,步出棂星门时,潘县丞回看东西两便门,门楣上匾额各书四字“德配天地”“道冠古今”,不

五狮书院

禁有些感慨,顾谓韩晟道:"县尊初来狮城,今秋文庙先师典礼,当有县尊主祭,届时官绅贤达与一众学子,可借此聆听教诲。"韩晟微微颔首,说道:"我观文庙年久失修,距离秋祭时间紧迫,就由你费心督办此事。"两人一路巡察一路攀谈,潘县丞还介绍了狮城的风俗和景致,以及正德年间知县容九霄修筑城墙、城门的往事。

我在查阅民国《遂安县志》时,看到毛一公所撰《韩侯重修儒学记》一文。毛一公,字震卿,号明斋,遂安汾口毛家人。万历乙酉(1585)举人,已丑科(1589)进士,初授湖广汉阳府推官,行取工科给事中,以争国本革职。光宗登极,即家擢尚宝司司丞,历任南京光禄寺少卿,覃恩进阶奉政大夫,寿七十五。毛一公记文曰:

夫建学所以明伦也,三代以前其道行,其立教也,详春秋而后其道,明其垂教也。远自周,道既衰。得吾夫子而先王之道灿然复新,至于今犹昭昭焉。日月揭之也,彼夫以教而垂世者,讵得与吾夫子较久近耶?国家兴学造士,定于一尊,然所赖以风厉而振之,则惟在师帅。吾邑踞浙上游,俗醇而朴,诸生凛凛束于绳尺,而韩侯之令吾邑也,尤拳拳薪櫑雅化,初视学即檄博士诸君,萃子衿于校,而季为试、月为课,亲为品骘,引之康庄,曾未期月,顾化者翕如已。一日仰瞻,庙貌悚然,动梁木之感兼惧,后日之倚席也,又不欲以征缮烦编,珉则捐若干金,授乡耆之才有行者,听给直鸠工役,而属丞董其成。自夏徂秋,三阅朔而告竣,庙庑几筵焕然一新,煌煌大观哉。而宗庙之美,百官之富,得其门者如或见之矣。吾夫子垂世至教,其藉侯而引之弗替也乎?侯善政固多,兹亦其一斑，是恶可以无记？侯讳晟，字寅仲，号嵩少，广东博罗人。丞为潘君文达，庀材程工，不辞暑雨，不负侯所委任者。博士刘君尹鹤、王君应榜、叶君遇春而以成事，丐言于予，则塾诸生也，耆民为陈熙、刘相、姚嘻，皆殚厥心力，以供侯命，例得并书。

教育最行之有效的方法，就是设计一套行为规范，让学生自觉或不自觉地遵从，这种行为规范，就叫礼仪。礼仪就是嘉言善行，礼仪的内涵可以在行为过程中去领悟，如"进退之节""亲友之道""师道尊严"就是一种礼仪，从而使无形的文化转化为有形，可以依傍、可以效仿、可以推广。

毛一公所说"建学所以明伦"，就是明人之伦，明父子之亲、君臣之义、长幼之序、朋友之信，这也是韩晟修建儒学的目的。国家之所以兴学造士，就是要为思想、道德、学术上最权威的人树立一个标准，作为一个表率，依赖疾速猛烈的方法以提振学风。

遂安县地处浙江的上游，民风淳朴，学生对规矩和法度怀有敬畏之心。韩侯来到遂安任知县，诚挚恳切地选拔贤良的人才，使他们有嘉言善行，懂得礼仪之道。他视察儒学之初，即聚集学生到校，晓瑜诸生，每个季度一次考试，每个月考核士子学业，并亲自评定每个学生的学业高低，将学生引入正途。如此不满一个月，学生纷纷重视起来，大家都想要依照韩侯的意见施行。

韩侯有一天到儒学视察，见文庙中奉祀的先贤神像移动，样子惊悚，梁架松动倾斜，经师的坐席也倚于一侧，日后或将废弃也。韩侯不想靠征收赋税，向百姓摊派工役的办法来修缮儒学，老百姓自愿捐钱若干，交付给乡里德高望重又有执行能力的人，听任他们聚集工匠役使，叮嘱属官监督管理，以促其成。从夏天到秋天，历经三月修缮告竣，文庙之殿、堂、庑以及几席等都焕然一新，文庙之美，煌煌可观也。韩侯善政本来就多，于此可见一斑。这件事怎么可以没有记文呢？

知县名叫韩晟，字寅仲，号嵩少，广东博罗人。属官叫潘文达，备足材料、督察工役，不辞酷暑暴雨，不负韩侯所托付的重任。诸生如博士刘尹鹤、王应榜、叶遇春以促成事，他们请求我写篇记文。耆民有陈熙、刘相、姚嘻，皆殚厥心力，以供侯命，依例应当一并书写。

从毛一公的文章中，我们体察到韩晟对教育有一种自带的温度，不是用简单的行政手段进行干预，充分发挥社会力量推动儒学的修建，提振学风也是他的一种行为设计。本来，作为官方的教育机构，儒学历来受到各级政府官员重视，韩晟没有像某些官员那样，跑去高谈阔论，大讲特讲教育的重要性，而是从选拔贤良的人才开始，让学生懂得礼仪之道，从嘉言善行做起。甚至每个季度主持一次考试，每个月考核士子学业，并亲自评定每个学生的学业高低，将学生引入正途。

三

以孔孟为代表的儒家学派，被人称为"儒教文明"是有道理的。"儒教文明"的"教"不是宗教，而是人文教育。是以教育为中心的思想体系、价值体系和文化形态。

与这种文化形态相匹配的，除文庙儒学外，还有文昌阁、魁（奎）星楼、六星亭等文化辅助建筑。

据民国《遂安县志》记载，六星亭，县东二里许。万历间知县韩晟建。像六星亭、文昌阁之类的文化辅助性建筑，是为补风水、兴人文、作人气而构建的。

韩晟虽说只是一个举人，但他知五行、辨地理，对文化与教育的感知力和执行力，明显强于一般人。儒学修缮结束之后，随即又安排汪乔年等人，按山辨位筹建六星亭，选址于县东二里许的松山之上，这里面大有讲究。亭成之后，韩晟亲自作《建六星亭记》，阐述了个中缘由。建六星亭的原因如建砥柱台一样，因为县治东方卑卑培塿，为县之左臁，地轴倾矣。即地势偏低。而砥柱台与县右学宫，两者悬衡，若挹若抱，识者过之，谓位次不合。为邀福水口，广励学宫，在松山建亭，可以祛众疑而作之气也。

六星亭，"亭基广三丈高圩焉，为觚六（六面六角亭），为栏楯窗棂十二，出郭仰睨，卓乎其若笔也，锐乎其若剡也。近而谛视，焕乎若翚飞也，矗乎若浮玉也"。上发天光，下培地纪，中炳人文，亭名六星，盖取《史记·天官书》"斗魁戴匡"之义，文昌六星呈半月形，在北斗魁星前。韩晟在其所编《遂安县志》序中写道：不佞惟睦属六邑，夫非六星之系于北斗，六律之禀于黄钟欤？当时睦州下辖淳安、遂安、桐庐、分水、建德、寿昌六县，与斗魁之上六星相对应，故有此说。六星亭，与文昌阁、文昌亭寓义大体相类，关乎文气、文运。

文化是个系统性工程，韩晟这一通操作下来，仍然觉得不够完美。

他在县城走访过程中，发现县治东面，原南宋状元詹骙故址建有的"狮山书院"，早已倾圮坍塌，移作他用。韩晟对于书院现状不是不知道，朝廷在这方面态度暧昧，并不鼓励和倡导书院教育。早期由于宰辅张居正的提议，在全国禁毁书院、变卖书院资产等行为，使民间的书院建设元气大伤。

韩晟作为地方官员，没有刻意去揣摩上意，因为他明白，官学只为极少数人提供受教育机会，作为民间私学的书院，办学灵活变通，能给平民子弟提供一个接受教育的平台，这才是教育的本质。于是，他作出一个重大的决定，在"狮山书院"原址恢复书院建设，更名为"五狮书院"。这是韩晟基于对教学本质的敏锐嗅觉所做出的判断，当行则行，纯粹简单。

据万历《遂安县志》卷一，韩晟写有一篇《五狮书院记》，内云：

学校教立书院，无异骈拇。后世滥觞则鹿洞、鹅湖为之嚆矢，然群有志之士课之，以振举苴补，劳来兴起于是焉。藉不必尽讲学也。遂安前峙婺山，后则五狮辰焉，故以名院旧矣。其院有堂、有庑、有亭、有台。……余涖事以庚戌（1610）六月，修复则于九月，颓者兴，缺者备，黯者丹垩，陵夷者缭以周垣，池之淤者浚之，台则为栏楯以护之。余暇日偕二三僚佐，振□直上薄层，云送飞翔，俯睨林水黯然，便有濠濮间想又一时也。台名状元，故詹学士居在焉，触目夫心，有油然前徽之念，鲁人之陟岱岳，必于东山，吴人之涉沧溟，必于震泽，即此意落成……

学校教育创立书院，它属于官学的附属与补充。书院发端起源于白鹿洞书院、鹅湖书院。起初聚集有志于教育事业的人来主讲，用来提振学风，弥补不足。以恩德招他们来，书院便这样逐渐兴起。遂安县城，前有婺峰耸立，后有五狮倚靠。所以，书院旧址就以"五狮"命名。"五狮书院"有堂、有庑、有亭、有台……

我到遂安县上任时间，是在万历庚戌（1610）六月，修复"五狮书院"则是在九月份。原先倒塌的重新修复，缺失的补备齐全，霉变发黑的墙体粉刷变白，四周平毁的用围墙护之，池水淤积的把它疏通。状元台则用栏楯围护起来。我闲暇之时，偕同二三个同僚，登上书院楼阁，有云送飞翔之感。俯瞰林木溪水的野景，顿有一种暇逸超俗、悠然自得的情趣。状元台，是南宋状元詹骙的故居所在，目之所及，心中油然生起对前人美德之思念。鲁人登泰山，必然去往东山；吴人欲渡大江大河，必然选择太湖。我选择在状元台创立"五狮书院"也正有此意……

记文后面，附录了"院课租给田并地租数"：

共租银一十二两，钱四分四厘。

九都二图土名唐家坞田：七分七厘二毫。

湖塘田、土名项村田、洞畈田。

七都四图土名大麦坞田、地；土名木竹坞田、地。

三都二图土名前溪头地；土名黄坑口地。

七都一图土名双溪口田；七都四图土名横源地；四都下一图土名前庄边地；五都二图土名角山地、宅下畈田。

十八都上一图，土名预备仓后地、土名巴墅溪边地。

我注意到末尾一行字："以上田地俱万历三十九年韩侯晟置"。整个遂安县共有十八都，韩晟考虑详备周全，他在修复"五狮书院"的第二年，随即为书院置办了大量学田，几乎遍布大半个遂安城。

韩晟对教育的执着，可以说不遗余力。教育的本质就是摈弃烦冗、摈弃浮躁、摈弃稠浊，走向简约、走向稳静、走向本真。从这个意义上说，"五狮书院"的学子是幸运的。他们只需安心学业，不必为生计发愁。内心安详踏实，可以助力他们心无旁骛，专注地完成学业。

可以预见，"五狮书院"的教育环境纯粹，我甚至觉得，相比于我们现在的学校教育更加单纯，更接近教育的本质，更人性化，更趋本真，学生的心理负担更小，快乐更多。如此一来，这些学生今后走出书院，走向社会，哪怕没有中举、哪怕没有做官，我相信在其他领域，他们一定会得到社会广泛的尊重，因为他们身上的精神气度，与书院教育是高度契合的。天启、崇祯年间，三边总制汪乔年、东阁大学士兼礼部尚书方逢年，都是从"五狮书院"走出来的栋梁之才。

书院作为官学的一种补充，同样承担为国家输送人才的责任，参加科举考试也成为必然的选择。科举制度产生的初衷应该是人才选拔制度而非教育制度。但事实上不知何时它开始绑架教育，教育不再立足于教育本身，而是服务或屈从于科举，成为科举制度的附庸。

我们是否有资格去评判科举制度的优劣？因为直到二十一世纪的今天，我们对人才选拔机制仍存在很大缺憾，仍需努力去探索、去建构、去完善。学校被家长绑架，老师被学生绑架，学生被分数绑架。而学校、老师和学生又被社会绑架。老师累、家长累，学生更累。整个社会好像也无能为力，都觉得疲累。读书本来是件快乐的事情，现在弄得全社会背负沉重的负担，问题到底出在哪里？大家似乎心里都明白，又似乎都不甘心，所有的症结指向清晰，但欲给多方松绑谈何容易？社会很现实、社会很残酷，说实话我们距离"学而优则仕"的年代虽然已很遥远，但方方面面依然未摆脱其窠臼。"道"输给了"术"，"德"败给了"智"，"有用"战胜了"无用"。

四

韩晟主政遂安四年期间，为文化建设打出的最后一套组合拳，便是聘请居家的毛一鹭编纂《遂安县志》。韩晟担任主修，同修者还有刘尹鹤、方逢年、汪乔年。这是已知最早的版本——万历四十年壬子（1612）本《遂安县志》，也是明代唯一存世的《遂安县志》。

壬子版《遂安县志》共分四卷，卷首为新旧序，卷一为方舆志、营建志、食货志，卷二为官师志、选举志，卷三为人物志、武备志，卷四为艺文志。成为明代遂安珍贵的历史文献。

韩晟来去都很匆忙。乡试中举之后二十年，朝廷任命他为遂安知县，他猛然从广东博罗，匆匆履任浙西遂安，四年时间为遂安做了四件文化大事：重修儒学、兴建六星亭、创建"五狮书院"，主持纂修《遂安县志》。件件关乎文化教育，桩桩敲定落在实处。四年期满，韩晟走了，归隐博罗城东别墅。给遂安百姓留下一个久远的念想。

> 豫章祠下荐芳馨，想到先生静夜澄。
> 世降几人闻大道，言埋何处觅师承。
> 坐凝盆水心方息，悟入空蒙岸始登。
> 千载讲堂人仰止，时从四百望崚嶒。

这是韩晟回到家乡博罗，为罗从彦所写的《豫章祠谒罗公从彦》诗。罗从彦是宋代理学家，号豫章先生，晚年授博罗主簿，任期四年，后入罗浮山中，常在朱明洞南的钓鳌石静坐，创立"静中观理"说。他认为默坐澄心，不唯进学有力，亦是养心之要。静中观理，尽心知性，思而有道，道为至高之性善，欲立言必先立德。我想，中华文明不正是通过民间一座座独立的书院，传播那个至高性善的"道"吗？"五狮书院"的讲堂，从韩晟创建伊始，就一直被人"仰止"。从某一个侧面来看，这何尝不是韩晟自己人生的真实写照呢？

松皋书院

一

纵观淳安(遂安)书院,宋明时期发展迅猛,境内大小书院林立,书香馥郁。一方面,书院繁盛虽说与科举不无关系,但这种诱惑客观上扩展了社会接受教育的层面,极大地拓宽了基层社会的文明面,书院创建的初衷当然是为培养人才,对于每个个体而言机会均等,凭借自身的努力,可以跻身于国家政权机构。亲和文化成为改变命运的契机,从而召唤和引导越来越多的人亲近书院、迈进书院的门槛,使书院成为播散文化星火的平台。

书院文化为科举制度提供人才保障,也给平民阶层提供了公平竞争的舞台。英雄不问出处,一旦金榜题名,霎时化茧成蝶,前途一片光明,高堂华屋、宝马香车,纷纷在向你招手,梦境转瞬变为实境。书院文化繁盛有社会基础和因果关系,读书好坏不但可以改变一个人的命运,甚至可以改变一个家族、一个乡邑的文化生态格局。唐代诗人王建所说"一士登甲科,九族光彩新",实实在在是那个时代的真实写照。

文化生态靠春风化雨，靠文化滋养，需要文化人刻意经营。而书院则是经营文化的理想场所，德业并重，知行合一。

二

前几年，我曾写有一篇《清代文豪毛际可》的文章，称毛际可是文豪，并不是我的臆想。毛际可与他同时期的毛奇龄、毛先舒齐名，是清初文坛的代表性人物，在诗词、散文、音韵等方面自成一派，当时社会上就有"浙中三毛，文中三豪"之称。

毛际可还是"松皋书院"的创始人。他上承祖宗基业，下开毛氏文运；自唐代天宝年间，始祖毛罗从号称"江南毛氏发祥地"的江山，迁徙到遂安十一都的泮塘，子孙繁衍，代不乏人。毛际可毫无疑问是族中承上启下的人物。

始祖毛罗为何从江山迁徙至泮塘，毛家后人无从得知，我们也无从考证。但从此以后，明、清两代的史志上，出现了毛存元、毛一公、毛一瓒、毛一鹭、毛升芳、毛际可、毛士仪、毛士储、毛览辉、毛绍睿、毛绍准、毛仁麟、毛庆麟这样响亮的名字，有了"六世同居坊"，有了"节孝流芳坊"（毛存元），有了"少司马坊"（毛一鹭），有了"世进士坊"（毛一公、毛一瓒、毛际可），有了"翰林坊"（毛升芳），有了"柱史坊""会魁坊"（毛绍睿），有了"登云坊"（毛诚），有了"祖孙父子兄弟叔侄大夫坊"，有了"义门泮塘"这样的名号……

不得不承认，一个家族力量如此强大。毛家人似乎把"忠孝"两字

松皋书院

融入家族的血液里，出仕则"忠"，不仕则"孝"，一代一代，无有例外。千余年来，放眼整个遂安，恐怕只有郭村的詹家可以与之比肩媲美。

郭村詹家有东风可以凭借，扶摇而上当在意料之中。詹安结识了北宋理学大儒谢良佐，其孙詹仪之又与南宋理学大家朱熹、张栻、吕祖谦、陆九渊等友善，如此条件自非等闲可比。

考之毛家一族，没有贵人相助，没有东风可借，凭得是毛家世德相传，门庭清廉，家风浸染，子孙励志。世德家风，它们虽无形无质，却是家族不可或缺的一笔精神财富。毛氏一族，德藻与举业并重，为官与为人兼优。

毛际可，既是"世进士坊"（毛一公、毛一瓒、毛际可）中的曾孙辈，也是"祖孙父子兄弟叔侄大夫坊"里面的曾祖父辈。

大明崇祯六年（1633），也正是毛际可堂曾祖父毛一鹭死后第六年，毛际可在狮城"安序弄"旁的毛氏祖屋"安序堂"降生了。"安序弄"位于狮城中心地带，在县委西面。这一带原本都是毛家的产业，新中国成立后老屋被征用为县委办公场所。周边还有毛氏宗祠、仁贤祠、毛家弄、毛际可故居、毛宅等毛氏族人生活的遗存、遗迹。

毛志履给儿子取名际可，字会侯，号鹤舫。

毛志履（1597—1672），字尔旋，别号太素。毛际可成名之后，给父亲写有一篇传记《府君太素公行述》，文中用几句话突出了毛之履的性格特点：遇人有急，如身受之。亲知假贷者，焚券以十数计。晚岁督收秋租，田户以稗湿充数，府君置不问。或诘之，府君曰："田户力田作苦，尚不能饱妻孥。吾姑譬之鼠雀耗耳。"……嗜学，积书数千卷，丹黄皆遍。一目能数行下，而腕不能赴，或句读失次，不知者以为疏略，府君实一二暗记无误也。为文奇肆自恣。年十八，补弟子员，负笈于总制汪公乔年。汪公奇其材，而惜其落落难合。府君乃揣摩时尚，为文数十首以献。汪公击节称叹，以励其群弟子。居月余，府君谓同学曰："吾姑以此应先生之求耳，安能郁郁绳尺间耶？"为文复奇肆如初。庚午（1630）秋，已擢上第，主试黄石斋先生谓其文有疗时之意，而以过奇置之额外。……日课际可为文，至年十九，赴省试，府君叹曰："孺子文，他日必能荣世。然以汝文为佳，则雅非吾意。若使汝改辙从我，恐误汝生平。汝就所能勉之，吾不复阅汝文矣。"（《安序堂文钞》卷二十一）

毛际可说他父亲，平日里乐善好施，孝悌谦恭，常急人所难，乡民借贷之券他不忍留存，私下焚毁；故每到岁末，常不能自给。但他很好学，家中有藏书数千卷，一目能数行。曾经负笈师从于汪乔年，乔年乃汾口赤川口村人，历任刑部、工部郎中，青州知府，陕西按察使，这期间，以父丧居家守孝。汪公惊叹其才，"击节称叹，以励其群弟子"。但因为其文"奇肆自恣"，乡试主考官"谓其文有疗时之意，而以过奇置之额外"。毛志履从此绝意仕途，每天督责儿子读书，他明白这个儿子将来必有出息。死后以子贵，被封文林郎城固县知县。

毛际可之母童氏，乃童一阳之女，年二十嫁给毛际可父毛志履。童氏慈惠简静，公公毛国章治家甚严，果核间有未剖，即对案不食，童氏小心侍奉，三十年惴惴如一日。毛志履家贫，岳父每有馈赠，都被毛志履用来置买书籍，童氏从未发火。对毛际可非常疼爱，对其读书却管教甚严"至课书，则疾寒甚暑，不令少辍"（《童孺人行略》）。

三

《府君太素公行述》一文，是毛际可为父亲撰写的传记，此文收录于《毛际可集》中。2006年，习近平主席主政浙江期间，编纂了一套《浙江文献集成大家全集系列》丛书，《毛际可集》就是丛书的一部分。习近平主席在序言中说：

有人将文化比作一条来自老祖宗而又流向未来的河，这是说文化的传统，通过纵向传承和横向传递，生生不息地影响和引领着人们的生存与发展；有人说文化是人类的思想、智慧、信仰、情感和生活的载体、方式和方法，这是将文化作为人们代代相传的生活方式的整体。我们说，文化为群体生活提供规范、方式与环境，文化通过传承为社会进步发挥基础作用，文化会促进或制约经济乃至整个社会的发展。文化的力量，已经深深熔铸在民族的生命力、创造力和凝聚力之中。

从毛氏家族的延续中，我们已经深深感受到了这种文化的力量。上述"祖孙父子兄弟叔侄大夫坊"，是为纪念进士诰封甘州同知毛际可、思南府知府毛士仪、冀州知州毛士储、河南都转盐运使司运同知毛览辉、江南道监察御史毛绍睿、裕州知州毛绍准而立的。

一座牌坊，表彰祖孙四代人：毛士仪、毛士储是毛际可儿子，毛览辉是士仪的儿子，毛际可的孙子，绍睿和绍准是毛览辉的儿子，毛际可的曾孙。

家族成员个个优异、人人楷模。这便是文化的力量，是世德家风的传承，为官有政绩，为文有文采，为人有风骨。毛际可上承祖训，下传子孙，此"祖孙父子兄弟叔侄大夫坊"，实至名归，放眼州府县邑，也是绝无仅有。

毛际可的才能是多方面的，康熙二十二年(1683)，毛际可于三月纂修《严州府志》，七月任《浙江通志》总裁。毛奇龄曰："康熙二十二年，浙抚王公修《两浙通志》聘君为志馆总裁，而《严州府志》则知府任公聘君专修之。"(《封奉政大夫毛鹤舫传》)毛际可撰有《严州府志序》《浙江通志序》交代了纂修的时间、经过等，《严州府志序》："午夜篝灯，寝沐几废，由创始以迄观成，屈指即在旬月，疏略之愆或所难免，然而核名实，昭劝惩，取舍必严，爱憎不徇，于官师人物之纪，尤兢兢致慎。"《浙江通志序》："康熙癸亥七月，遂开局棘院，延集耆硕。听政稍暇，相与搜辑编摩。矢公矢慎，自秋徂冬，载历三时。"毛际可撰有《通志凡例》十七则、《小序》三十七则，条目清晰，学理性很强。

《浙江通志》是浙江省有史以来的第二部通志。它在原志基础上，"更加删润""分类定名，厘然不紊"，体制愈趋完备。此外，他在诗词、书画方面，亦无所不能。

浙江省博物馆藏有一幅毛际可的《松石图》，为此，我电话咨询了该馆书画部卢佳主任。卢主任很是热心，把藏品照片发我QQ上，还把原始的普查登记表一并发给我。该画纵174厘米，横84厘米。收集来源注明："余绍宋旧藏。丙寅冬得于京师宝胡堂藏。"

余绍宋生于清光绪九年(1883年)，1910年毕业于日本东京法政大学,民国元年任司法部参事。近代著名史学家、鉴赏家、书画家和收藏家。说来有缘,1943年5月,他应聘出任浙江通志馆馆长,重修毛际可编撰的《浙江通志》。由他鉴赏收藏《松石图》,也算意有所属,物有所归吧。

该画落款"辛酉仲秋为龙章老长兄写"。辛酉年是康熙二十年(1681),毛际可时年49岁。《松石图》为纸本墨笔。画面上看似一棵连理松,中间抱夹着两块奇崛的山石。一松昂扬挺立,一松敧斜出画面,松枝虬曲回展在视线中间,松枝末梢处,呈现向上的姿态;松苍石劲,敧正相倚,笔酣墨畅,相得益彰。时人曾有"古文瓣香南丰,画笔有米家风"之说。

毛际可不独通经史,擅书画,他还工诗词古文,与毛先舒、毛奇龄并称"浙中三毛,文中三豪"。这样的名号可不是凭空得来的。

四

我们来看他一篇《峡源瀑布记》(《安序堂文钞》卷十五,《遂安县志》卷十也有收录),咏物写景,入微传神:

凡石之趾,多外拓,而兹石则崭然内敛,故水独能空悬数百尺,如泻檐溜于阶砌间下,复承之以巨石,跳沐溅珠,不可名状。予坐卧其下,见奔者如雷,坠者如石,翔者如鹤,立者如鹭,随风者如云散,如岚合,如炊烟之缕缕面上浮。若日光映射,则有素若练者,灿若锦者,五色陆离,若虹霓之饮于涧者。其灵奇浩瀚之致,顷刻万状,不暇应接。

读之如闻其声,如见其景,如临其境,如感其情。比之韩愈、柳宗元同类记游散文,亦毫不逊色。

毛际可还有词作《浣雪词钞》,题材丰富,既有怀古咏史词,也有寄游山水词,既有咏物写景词,又有闺情酬唱词,寄兴寓情,感时伤怀,有很高的艺术成就。如《蝶恋花·别王丹麓》:

> 马迹车尘何日了,不分啼鹃,只解催归好。杨柳条长飞絮少,离情一夕和春搅。
>
> 北墅高楼芳树杪,愁唱骊歌,酒罢天初晓。片霎征途烟渺渺,回头残月如灯小。

毛际可友人王晫(字丹麓),入清不仕,志不可夺。一生以绘画、诗词、刻书为乐事。这是诗人作别友人的场景,"马迹车尘何日了"。开篇点明了诗人已厌倦羁旅漂泊的生活,杜鹃声声唤人归,"杨柳条长飞絮少",已是暮春时节,离情渐浓,夜不能寐,"搅"了诗人睡意。下阕旅愁叠加离歌,为了消愁解忧,终夜饮酒到初晓,诗人整顿行装,踏上渺渺征途时,惊回首,残月如灯挂天际。此《蝶恋花》一词,写尽了惜别离愁之情,令人一咏三叹。

无怪乎毛先舒(字稚黄)曾在一次酒后评价毛际可,他说,"吾文不及若文,若诗不及吾诗,长短调则雅相颉颃。"(《家稚黄五兄传》)洵为酒后真言。

王丹麓清高孤傲,自视极高,曾拒绝了纳兰性德的举荐。纳兰性德虽贵为宰相明珠的儿子,但心仪汉族文化,景慕江南俊颜,与江浙名士多有交往。对于落魄潦倒的遗民、隐士，或倾囊相助，或暗中提携，得到他帮助的人不在少数。

《毛先舒年谱》中，引吴舒凫《王丹麓传》载纳兰性德帮助毛先舒、王晫之事："（纳兰性德）特致书顾太守岱，称毛稚黄、王丹麓两人文行为西陵第一。时开馆修郡志，毛令其子通谒，遂延入馆，王终不往。"毛先舒接受了纳兰性德的举荐，而王丹麓却拒绝了。

在王丹麓心目中，毛际可是值得信赖的朋友，他曾求毛际可为其父王湛（字澄之，号瑞虹）写传记。我们在《毛际可集》（浙江大学出版社，第262页）找到了《王瑞虹先生传》："今年春，丹麓访予旅次，手一编见示，垂涕再拜，求为其尊祖瑞虹先生传……"

毛际可一生著述繁多，除《安序堂文钞》之外，他还有《会侯先生文钞》《松皋诗选》《浣雪词钞》《松皋文集》《鹤舫文钞》《春秋三传考异》《黔游日记》等传世。但他始终认为修身、立德是为文的前提，"夫世之真能为文者，必循乎道德之途，泽以诗书之气，其持心必静，其宅心必虚，其取益必广，未有如执事所云而可以称文人者"（《复施愚山观察书》）。

毛际可文名盛于官名，盛于画名，为文之道他能解得其中三味，故能称"文中三豪"。多年来，我的目光始终未曾离开毛氏一族，追本溯源，探究成因，终于从毛氏谱系中，搜求爬梳到一条条线索，这个家族大大小小书屋、书院竟达五座之多。它们分别是"文昌书院""泮塘书屋""霞山书院""祥云庵"和"松皋书院"。

据《泮塘毛氏宗谱·里居图》记载，"文昌书院"位于泮塘村地坪山北面。此地背山面溪，环境清幽，有山泉汩汩流淌，终年不涸。

毛罗三子毛永庠之孙，毛宴之子毛芝，字维瑞，行华五，心小而志宏，唐大顺年间（890—891）建文昌书院。毛芝教子必底于成，子毛裕，字天善，聪明博学，唐昭宗景福元年（892）举进士，时年十八，官御史，有古大臣志节。颜其门曰"进士坊"，因子贵，赠御史。

"霞山书院"，据山头（霞峰）里居图，称为"霞峰书院"，谱缺，不知谁建。而毛存礼谱黄塘支派记载，毛强，字存道，应诚公三子，行明廿四，性孝友，有智识，治家勤俭，用度日饶，晚年迁居黄塘，大建第宅，有山水之趣，建书屋于霞山，以训子姓。娶本里邵氏，生子二，曰徹，曰敷。毛徹，字日成，行兆三一，少颖异，学识过人，作文未尝属草，吴越宝大年间（924—925）中擢进士，授司勋门外郎，转拜黄门，以父疾休致，旦夕侍父则，汤药必亲调，有司以孝闻，族其里曰"忠孝坊"。

"泮塘书屋"为义门四世毛存泰建。毛存泰，字时雍，号熙斋，行存念一，文垟（彦信）公三子，娶云川洪氏，子志沛，姜丰氏。毛际可《存念一公传》有载："筑书室泮塘，以诲子姓，皆规模宏远，可垂永久。"兰溪知县方迈《松皋书院记》，称"义门之祖时雍常辟'泮塘书屋'，礼请金陵陈孝廉为师讲业"。

"祥云庵"又名圆觉庵，上有祥云塔，旁为毛少司马祠。据儒洪余国桢《与（重庆）铜梁胡世丈书》，万历间，汪乔年曾于此设教，余国桢及毛氏子弟读书其中。万历四十五年（1617），四川重庆府铜梁人巡盐御史胡继升采风浙西，至毛家祥云庵中，一起煮萝卜当早餐，激励师生，是为"祥云茹淡之教"。据毛际可撰《府君太素公行述》以及《余国桢传》记载，当时毛际可父亲毛之履也负笈于总制汪公乔年，曾在"祥云庵"求学。

<h1 style="text-align:center">五</h1>

"松皋书院"是我们今天叙述的重点，创始人为毛际可。《遂安县志》载有方迈所撰《松皋书院记》。方迈，字子向，福建闽县人。清康熙三十二年（1693）进士。曾任萧山、兰溪知县，因不善事长官罢归。他应邀来开化玉川就教，在此一住数年，不思归闽。他在《登愿学楼并游名园赋二律》中有"环山带水读书楼，八景当窗事事幽。金谷诗成传已遍，辋川题罢句难酬。去归远岫迷樵径，烟淡晴波没钓舟。四壁珠玑沉暮色，还思秉烛续良游"诗句。

开化与淳安（遂安）比邻，方迈无官一身轻，来去自由身。我猜想这段时间他与毛际可应该有交集，或受邀，或访谒，到过书院。《松皋书院记》不但描述了"松皋书院"的环境，还详述了祖孙三代苦心经营书院的过程，为我们解读毛氏家族千年不衰、文脉不断大有裨益。看看他笔落生花，是如何描述的：

松皋子，祖居毛村，距其家里许，有书室三楹，小山四面环围若拱，古木蓊郁参差蔽空，当窗罗户，心迹双寂，回冈曲径，不减辋川华子。松皋子幼学之年，即读书其中，自制举业及经书古文词，日往复必百遍，稍倦则缓步斋外，领略山色，或科头倚树，沉吟舒嘘。倦已，复读句而理之，率以为常。顾独居自得，以古人为师，花鸟为友，杜绝人事者，殆将十年。其专且久如是，遂以文章名海内，举进士，应博学鸿词科。常语人曰：质无敏拙，勤则有获。学无难易，恒斯为贵。盖生平所得力皆在山中，尤极不忘耳。松皋子曾大父铨部公，为神庙名臣。其先人尝六世同居，旌表义门。所居规模广大，聚族千百。甲寅之乱，避入城，故居皆毁于贼，读书处亦废不治。松皋子宦游归里，既倡族人复构义堂，而读书处则数经往还，流连久之，时嘱其两嗣君，以此地幽静避俗，最宜潜修，必将经理以遗子孙，俾族人之贤者得共相劘切，以乐于有成。两嗣君志之不敢忘。及读礼家居，乃取而更新之，增其式廓，缭以周垣，为重屋若干间，厢廊庖湢毕具，且将延名师以待来学，榜其额曰“松皋书院”，志所自也。夫古之教者，家塾党庠，人自为学，而春夏礼乐，秋冬诗书，藏修游息，皆有居业，是以风俗淳美，贤才众多。后世乡学既废，所立讲院，类皆资游谈、角门户。求如鹅湖鹿洞，实能见诸行事者，邈乎无有也。义门之祖时雍常辟“泮塘书屋”，礼请金陵陈孝廉为师讲业。记事载在家乘。松皋之建，固服厥考遗训，毋亦率乃祖攸行，以光启其后人。夫承先志，孝也；缵祖德，仁也；教族人成后学，义也。一举而三善备焉。是宜松皋子之拳拳在念，而两嗣君之善继善述，为不匮也。松皋子者，毛鹤舫先生别号也。两嗣君幼范、待骍太守也。是为记。

方迈在记文中说，松皋子的家世世代代居住在毛家村。在距离他家一里左右，筑有书室三间，书室四周有小山环绕，古树名木茂盛，高低错落、遮天蔽日，松皋子每天面对着这些绿植，内心与举止都很清静，这里的环境堪比唐代诗人王维在《辋川集》中所描写的华子冈景色。松皋子小时候就在这里读书，每天不厌其烦，熟读经书古文，略有疲倦则步出书斋，领略四周山色，倚靠嘉木，沉吟舒叹。尔后，又回书屋读书，这样的日子习以为常。

他在书屋读书，怡然自得，拜古人为师，与花鸟为友，杜绝世间俗物，差不多有十年光景。正是因为他专心致志，持之以恒，才使他的文章名扬海内，能够金榜题名，还能被皇上召试博学鸿词科。他经常对人说："每个人的资质禀赋都差不多，只要付出努力就有收获；学习没有困难和容易之分，只要坚持就能成功。"这大概就是他在山中书屋专心读书，不易遗忘的原因吧。

松皋子曾祖父铨部公（毛一瓒）。毛一瓒，字献卿，明壬辰（1592）进士，为人耿介敢言。"明神宗时以嬖郑妃故，有夺长谋，议三王并封。公上书纠首辅之失，同列皆为动色。"（《曾祖肖环公家传》）后出任进贤县令，减赋薄徭，与民休息，"于邑舍旁置樵爨数具，令受质者持一日粮，自炊其中，而立谳之，有'斗米官司'之谣"。其父毛志涞到儿子任上探望，见守官廉谨，县民丰足，大为称赞。三年后，又复入觐，此时毛一瓒清廉之名已冠天下。吏部有个叫钱心卓的人，"拟举公自代，尝三过公"，毛一瓒避而不见。钱公叹曰："邑令伺铨曹之门，谒者如鬼耳。而所谓毛进贤者，吾乃三往而三不见，此官益非毛进贤不可。"吏部有不成文的暗规，初入吏部者，例输前官数千金，而取偿于后，钱心卓受毛一瓒影响，也丝毫不取。所以，方迈称毛一瓒为"神庙名臣"。

毛氏先人曾经六世同居，规模庞大，朝廷旌表为"义门"。甲寅之乱,是指康熙十三年(1674)三月,靖南王耿精忠在福建起兵响应平西王吴三桂反清,浙闽一带持续三年大乱,百姓纷纷避走,即所谓的"寇乱"。毛际可与方象瑛为避寇乱,携家侨居钱塘(杭州),而毛家的故居都在寇乱中焚毁,书屋也未能幸免。三年后,松皋子回到乡里,重新修复毛氏祠堂,对于少年时期读书处,更是往返多次,不时嘱咐两个儿子说,这个地方幽静避俗,最适合潜心修习,你们要好好经营,留给子孙后代。可使家族中有志之才共同在此切磋学习,让他们将来有所作为。两个儿子牢记在心,等到他们在家守丧期间,便对书屋修葺一新,扩大书屋规模,建造若干间阁楼,还修建了围墙,其他如厢廊、厨房、澡堂等一应俱全。打算将来聘请名师来此讲学。书屋题额曰:"松皋书院。"

古代进行教育的场所,家庭有私塾,党有称为庠的学校。人做学问,无非春夏习礼乐,秋冬读诗书,专心学习,才能保有功业、才能风俗淳美、才能贤才众多。后世乡学既废,所开设书院一类,都是清谈居多,攀比门户。而像鹅湖书院、白鹿洞书院这样,讲求知行合一的,真是少之又少。义门之祖毛时雍,曾开设"泮塘书屋",礼请金陵陈孝廉为师讲业。这件事毛氏家谱有记载。

"松皋书院"的重建,本来就是士仪、士储遵循先考遗训,尊崇祖先德行而为,用来光启后人。儿子能承继父亲遗志,可称之孝;继承祖先美德,可称之仁;教导族中后学,可称之义。重建"松皋书院"这件事,同时具备了以上这三个善举。也符合松皋子重建书院的诚挚之念,两个儿子没有辜负父亲遗愿。松皋子是谁?乃毛鹤舫(际可)先生的别号也。两个儿子一个幼范(士仪)、一个待旃(士储),皆为太守。

顺带交代一下毛际可两个儿子的情况。

六

毛士仪，毛际可长子，字幼范，号抑斋，贵州思南府知府。十三岁补弟子员，授新城教谕，训士有方。升宝坻县令，"锄暴扶良，殚心抚字。筑堤三河、草桥河，凿渠宽儿港，不忧旱潦"，深受邑民爱戴，堤渠皆名曰"毛公"，勒碑以志不朽。逾格擢华州牧。旧例丁徭按人摊征，贫户不能支出，毛士仪力请按产摊丁，限额起赋，成为定规。后擢甘州丞，筹抚兵民，动得理所，人咸悦服，边境无哗。补南安丞，升思南守，政洁民安。（民国《遂安县志》）

毛士仪生四子，长子毛览辉。毛览辉，字以翔，号友桐。府学贡，景宁教谕，累直隶井陉、抚宁知县，开州知州，定州直隶州知州，诰授奉直大夫，擢河东都转盐运使司运同，恭办大差，钦赐文绮貂皮荷包，筵宴二次。毛士仪以子览辉恭遇覃恩，晋赠中宪大夫。

毛士储，毛际可次子，字待旃。任扶风令时，"招流亡，缓积逋，垦芜开渠。有文殊市久废，为移置寨子"，里民感戴，榜曰"毛公镇"，以媲之召公镇。后升冀州牧，其治冀州如同治扶风。政迹载扶风、冀州名宦志。

毛家自始祖毛罗迁往泮塘，有名有姓的进士就达十余人，村中功德牌坊林立，故被后人称为进士村，这与书院教育密不可分。毛氏历代先祖办学意识强，文化立场坚定，他们明白一个道理，家族最稳固、最恒久的传承，其实就是文化的传承。钱财再多，子孙不肖，总有败光的时候,唯独文化是每个人身上自带的,伴随一个人的终身,成为立足之本、创业之源、传承之脉。故此,不遗余力培养宗族子弟读书,而书院便是传承的纽带、文化的道场。

　　"松皋书院"自毛际可之后,两个儿子遵从父愿在原址上重新整修。环睹四周,前有观音堂,后有百子殿;观音保驾护航,百子健康成长。抬头之间,可见塔山之上高耸着一座六面七层的祥云塔,直入云端;一条溪流自村中蜿蜒析出,绕着松皋书院,欢快流淌着。院墙外,松风谡谡,竹影婆娑;伴和院墙内子弟们琅琅的书声,此起彼伏,顺着风儿,穿越时空,遗响弥远。

云起书院

一

对于淳安历史人物，经我考证并形诸文字的，不下四十人，自认我的内心贮备足够。可当我把目光聚焦吴希哲、聚焦云峰村时，可谓五味杂陈，交织着一种既震撼又惭愧的心情。震撼的是，云峰村历代进士超过蜀阜村、超过文昌村、超过进贤村、超过赋溪村。惭愧的是，自己每天上下班，或自驾穿过马路村，或乘坐公交车绕过鼓山，来来回回必经的这片"湖外湖"水域，竟然是号称淳安"进士第一村"的云峰村。每天晨出暮归，"湖外湖"静谧安详，就在自己眼皮底下一闪而过，内心不曾泛起一丝涟漪、不曾投注致敬的目光。

眼皮底下的事物往往最容易被人忽略，如果不是关注淳安书院、追踪"云起书院"的遗址，我又何尝不会忽略这片静谧的水域呢？

云峰的村落沉沦于水乡泽国，岁月的迷雾遮掩了历史真相；环湖公路建设将这片水域一截为二。为了寻找"云起书院"遗址，我曾专程来到鼓山口子这片水域，试图在"湖内湖"与"湖外湖"之间，还原云峰

云起书院

村原始的村落形态。"湖内湖"与其称湖,不如说"塘"更合适,由于环湖移山填湖,"湖内湖"脱离了千岛湖的怀抱,形成了一个独立的生态区域,平时乘车绕行左右,从未见其真容。我到实地勘察的时候,正值深秋枯水期,"湖内湖"水域面积缩减近半,像是一个清水池塘,周围被改造成一个公园。一眼望去,满是芒花、芦苇,靠湖的西北小径旁边植有一大片粉黛乱子草,有半人来高,呈现出粉色云雾状的花絮,一浪一浪的,置身其间,美如画中,疑似幻境;东北面是一排排的高楼,在建的或是已建的楼盘,鳞次栉比。哪里去找寻古村落的青石板路?哪里还有"云起书院"的残砖旧瓦?

如今,鼓山经济开发区车水马龙,21世纪步伐匆匆,为了生计劳碌奔忙的行人,何曾有闲将目光投注这片"湖内湖"和"湖外湖"?远年诸多的辉煌已成为过眼云烟,现实匆忙的脚步会因此而停住吗?来也匆匆,去也匆匆,我们从哪里来?又将往何处去?这些行色匆匆的人里面,哪些人的祖先是土生土长的淳安人?哪些人的祖先是漂泊而来的异乡客?他们的文化基因是趋同了还是变异了呢?

一时间,我无法找到答案。

那就从云峰的民谣入题吧。民谣一:"云村云一云,旗杆绩麻林。三百汤钵四百灶,还有三百无锅灶。"民谣二:"同朝七进士,翰峰启书院"。

这些曾是云峰的文化标识,辉煌的历史、炫耀的资本。曾几何时,村里遍布着牌坊、祠堂、官厅和旗杆石。林林总总,让我们来理一理吧。

"进士坊",在云峰村就达六座之多,分别为吴福、吴祚、吴倬、吴希哲、吴璋、吴秉和立。

"会魁坊"，为吴福立。

"双翰坊"，为吴祚、吴璋立。

"世进士坊"，为吴涟、吴才、吴诚、吴诩、吴语、吴详、吴琏、吴仁、吴大贤、吴攀龙、吴桂子、吴福、吴祚、吴倬、吴新、吴钦、吴一杙、吴希哲、吴贯、吴秉和、吴璋立。

"贤书坊"，为吴颖芳、吴达和、吴骏显、吴宏、吴宾、吴憬、吴容、吴超葰、吴敦矩、吴作霖、吴毓芝、吴受中、吴谡立。

"父子纯孝坊"，为吴达观、吴家骏立……

清一色的圣旨牌坊、清一色的吴姓子弟，不得不说，文化传承有序，文化环境可嘉，家族图谱强大，遗传基因优良。

云村由于科甲联翩，为官出仕者众多，该村有三百户不用从事耕作，每天炖炖汤瓶过日子，悠哉悠哉；还有四百户是农民，需要烧灶做饭，养家糊口；另外的三百户在外做官，无须自己动手烧饭，家中锅灶就是个摆设，有等于无。民谣虽不免有些夸张的成分，但逻辑清晰，折射的往往是现象背后的本质。

"同朝七进士，翰峰启书院。"说云峰村在明代一朝，共有七位进士，皆出任大明朝官员。翰峰书院就是培养进士的摇篮。今天我们的主人公就是"同朝七进士"中，明朝末年最后一名进士吴希哲，也是"云起书院"的创办者。他经历了改朝换代的动荡之局，经历了由明入清的切肤之痛。

不妨让他早点登场吧。

二

新版《淳安县志》有吴希哲条目,字数不多,姑且摘录于后:

吴希哲(1680年前后在世),字睿卿,淳安云峰人,名医吴一栋之子。领明天启七年(1627)乡荐,登崇祯五年(1632)进士。任广东惠州司理,严刑峻法,将数名贪赃枉法者查处究办,郡治肃然。崇祯六年(1633)分典乡试,文武闱两元皆出其门,名声大振。制府重其才,委剿九连山寇,哲设奇制胜,威震东粤。复上方略,建城以守,为四省保障。上闻其贤,将欲擢职,会巨寇刘香出没海滨,制府命哲相机观变,哲入海丰界,开诚示信,寇遣人持密揭馈白镪三十万两为寿,哲拒之不受。贼盛陈兵仗要挟。吴希哲佯装应对,以羁縻时日,而暗约闽师会战。并策划出奇制胜,占风纵火焚击寇舰,尽歼余党,海事悉平。擢刑科给事中,条陈防边十策。崇祯十二年(1639),边疆清兵侵扰,希哲奉命督浙直饷,念东南赋役繁重,民不堪命,希哲与按抚商纾之,用查处贪官污吏赃款以佐军需。时桑梓淳邑京绢驳解困苦,希哲上疏改折色(本色),并永为定例。淳人德之,为其建高山书院于城隍庙左,并勒石"纪功"。转吏科给事中,因母年老,陈情终养以归。晚年益工书翰,杜门著述。寿七十有二。著有《云起堂集》16卷、《春秋明微》24卷、《删评二十一史》、《连年方略》及《明允录》。

从这段记述来看,吴希哲的生卒年不详。我查阅了县图书馆目前所藏的《延陵吴氏宗谱》《贤溪吴氏宗谱》《枫川吴氏宗谱》《上溪吴氏宗谱》《琅琊吴氏宗谱》《新安札溪吴氏宗谱》等,却没有查到《云峰吴氏宗谱》。后来在网上看到余利归先生的《吴希哲"麟旨明微"》一文,里面有关于吴希哲的生卒年记载,我立马电话咨询了余先生,他告诉我说,是在美国犹他家谱学会网站上查到的,民国二十三年甲戌(1934)修,双桂堂收藏版本《云峰吴氏宗谱》,并将资料发到我的QQ上。作为朋友,余先生毫不藏私,对此,我深表谢忱。

根据该谱记载,五代后周世宗显德二年(955),吴党由湖州归安县射村来淳经商,卜居淳东石村,为迁淳始祖。南宋时,七世吴珏自石村迁杜塘。至十一世吴宏自杜塘迁云村上庄。十二世吴经自杜塘家羡阳(杨村),宋末元初,十三世吴仁甫也迁居云村溪南。

吴希哲祖父叫吴文灏,生有三个儿子,一松、一柏、一栋。吴希哲父亲就是老三吴一栋,字德材,号磴臣,生于嘉靖戊午(1558)七月,卒于万历甲寅(1614)十一月,享年五十七岁,是当地一位颇有名望的医生。母亲是洒川邵恩荣之女,生于隆庆丁卯(1567)十二月,卒于顺治庚寅(1650)六月,享年八十四岁。吴希哲是家里的老大,下面还有两个弟弟,一个妹妹。推算起来,到吴希哲这一辈,已是吴氏迁淳的第二十三世。

吴希哲生于万历十四年丙戌(1586)十二月廿七,以治《春秋》见长。考中天启七年丁卯(1627)举人,是在42岁那年。崇祯四年辛未(1631),又登陈于泰榜进士,这一年他46岁。顺便纠正一下,新版《淳安县志》说他"登崇祯五年(1632)进士",估计是审核不严导致的。

看到吴家迁淳的历史,我不由得想起哪位哲人说过的一句话:"所谓故乡不过是我们祖先漂泊旅程中落脚的最后一站。"漂泊落脚到淳安这片土地上的,几乎每朝每代都有,缘由也不尽相同;淳安人不问缘由，来的都是客，总会慈慈厚厚，抱以宽慰的笑脸，接纳这些外乡的客人。让他们从此安心扎根，把异乡当作了故乡。

<h1 style="text-align:center">三</h1>

吴希哲考取进士，为官第一站便担任广东惠州司理。司理即推官的别称，管理审判狱讼司法工作，相当于惠州法院的院长，属于正七品官职。惠州府在他的治理下，查处了一批贪赃枉法者，严惩不贷。老百姓开始知法、懂法、敬法。

到了崇祯六年(1633)，吴希哲分典本省文武乡试，两元皆出其门。制置司衙门看重吴希哲的才能，委任他剿灭九连山贼寇。制置使管军事，一般由知州兼任此职。吴希哲不负知州的使命，出奇制胜，威震东粤。唯有保证人格健全，方能做到文韬武略。经此一战，吴希哲向皇上提出治理惠州的方针与策略，修筑惠州城墙，固守城门拒寇，以此保障周边福建、江西、湖南、广西四省安全。现在的惠州城内，依然保留有当年吴希哲修建的城墙遗址。

崇祯皇帝看了奏折，认为吴希哲是个贤良之才，欲擢升他的官职。时至崇祯八年(1635)，恰好流窜东南沿海一带的海盗巨寇刘香，劫掠至惠州一带。制置使又委任吴希哲剿灭海患，可以相机行事。吴希哲深入海丰地界，放出话去，愿与刘香开诚布公谈谈。刘香其实早闻吴希哲大名，九连山一役他可谓一战成名，对于吴希哲一介文官也是暗自钦佩，得知他今年正好五十大寿。刘香派手下送了一封密信给吴希哲，并附赠三十万两白银为其祝寿。吴希哲不为所动,没有接受。

刘香也不是吃素的,他拥有战舰数百艘,且装备了荷兰最先进的火炮,在东南沿海为患已久,战无不胜,官军拿他一点办法也没有。他见吴希哲不买账,便摆出阵势要挟吴希哲。吴希哲将计就计,佯装害怕,一面笼络牵制刘香,一面拖延时间备战。暗中联络福建水师,与惠州官军会战,只是需要等一个时机。

吴希哲在等什么时机、用什么妙法制胜? 当年诸葛亮借东风,火烧赤壁,退去曹兵;他要借西北风,火烧刘香寇舰,荡平贼寇。刘香为要挟吴希哲,调来上百艘战舰,摆出一个大大的阵势。吴希哲心中窃喜,他暗观天象,在正月里一个西北风起的日子,瞅准时机,指挥官军,用火焚击寇舰。福建水师奉命堵截刘香后路,歼灭余党。在这场熊熊烈火的攻击下,刘香虽然侥幸逃出,也是元气大伤,次年被福建总兵郑芝龙围剿,自焚而死。

时间到了崇祯十二年(1639),清兵时常入关侵袭,吴希哲奉命督浙直饷。吴希哲顾念东南繁重的赋税,老百姓不堪其扰,吴希哲想出了一个两全的办法,用查处贪官污吏的赃款来补充军饷,缓解百姓的摊派压力。

接下来县志上这句话需费些周折:"时桑梓淳邑京绢驳解困苦,希哲上疏改折色(本色),并永为定例。"

折色,即折收本色的意思。本色是指老百姓应缴纳给政府的粮食和丝绢等实物。折色,是可将额定征收的粮食,折合成银两或者丝绢。折色有因地制宜、各尽地产的考量。比如,两浙适合种桑,山东适合种木棉,福建适合种麻等。对淳安来说田地较少,折色符合淳安的实际情况,而本色征收对淳安百姓压力太大,若遇灾荒年份,更是雪上加霜。吴希哲因此想出一个变通的法子,纯粹是因为他心中有民生。

当时淳安知县高秉衡,顺应民意,感念他的恩德,打算在县城隍庙左面兴建一座祠堂以奉祀他,吴希哲得知后极力阻止,高县令只得改变主意,为他在城隍庙左面建了一座"高山书院",并刻碑纪功。碑文曰:

吴公益所称贤而有功德,邑人醵金建祠以闻,公不许,所请复……为建书院,余顾瞻祠下受解俸以佐丹垩,事竣而顾之曰"高山"。

吴希哲说,我厌宦游多疲累,想给心灵放个假。

因为母亲年老,需要奉养,所以,吴希哲"陈情终养以归"。回到云峰,吴希哲没有闲下来,在奉养母亲的同时,还在村中创办了一座"云起书院"。

据光绪《淳安县志》载:"云起书院,在县东云峰,明进士吏科给事吴希哲建。"

"云起"的意思,与云峰村名的来历有关。相传云峰村最高的一座山峰,每年不时有五色祥云缭绕围护,村民不知此云从何处而来,也不知此云何故而来。云峰村却因此得了名。书院名"云起",除了五色祥云的来历,应该还蕴藏着"行到水穷处,坐看云起时"的意境。

吴希哲自小在翰峰书院求学开蒙。光绪《淳安县志》记载:"翰峰书院,在县东云峰,宋进士吴攀龙建,明进士吴钦重整。"吴钦其人,《淳安县志》有小传,正德三年(1508)进士,初授丹徒知县,历湖广按察司金事，后转授湖北兼管兵备道。嘉靖年间，引疾致仕，士林景仰。吴钦致仕回乡后，重新将祖先创办的"翰峰书院"修葺一新，并且亲自主讲于书院，教导宗戚子弟，培养吴姓子孙读书明理。

云峰能成为淳安第一进士村，有文化土壤、有历史底蕴、有教育前瞻、有施教平台。云峰不大，牌坊连片，旗杆林立，文气浩荡。吴希哲对于这些景象，早在童年的心头已自行搭建、自行吐纳，就连他自己都无从理会、无从解释。我把这种无以言传的原因，归结为"集体无意识"。

集体无意识会形成一个"文化场"，从而影响周边的一个个群体，它看不见、摸不着，是一种本能的、原始的东西，自然也包括祖先生命的残留，以一种不确定的记忆形式积淀在人们的大脑中，带有一定的普遍性，在条件具备的某个时段，不自觉被激发唤醒，这个"文化场"的内容，能在人们的心中得到印证。

从"翰峰书院"到"高山书院"，再到"云起书院"的创立，吴希哲从祖先那儿接续余脉，再将文化的薪火传递下去。就像郑板桥那首《新竹》诗中所说：

新竹高于旧竹枝，全凭老干为扶持。

下年再有新生者，十丈龙孙绕凤池。

四

书院文化是开启民智，迈向文明的旅程。云峰村是幸运的，不但有五色祥云围护，还有得天独厚的文脉资源，有一代代先祖的文气护佑。吴希哲不忘回馈家乡，他像白云一样挣脱束缚，释放自我本性，和风儿一起飞翔，可他的轴心始终不离云峰。

　　人这一辈子，值得总结的地方其实屈指可数，认真做好一件事又谈何容易？吴希哲致仕归来，致力于家乡的教育事业，把传播文化、传承文脉作为自己的职责，别的就留待后人去评说吧。县志里有几百字算多了，墓志铭盖棺定论也就寥寥几行字。吴希哲于清顺治十四年丁酉(1657)十一月十二日卒于云峰，葬县东洒川，享年七十二岁。

后记

完成《淳安书院》一书，可以说超出了我的预期。原本我以为最多只有十二座书院可写，毕竟资料实在匮乏。没想到成型后的书稿竟有十八座书院，比预期的多出六座。另外时间上，按规定一年内交稿，而我只用了半年多就杀青，有一种如释重负的感觉。

对于书院的话题我关注已久，早在二十世纪八十年代初，我人生第一篇论文，就是关于"瀛山书院"，关于朱熹《咏方塘》诗考证。由"瀛山书院"转而投注于境内其他书院，可惜年深岁久，史远湮没，踪迹难觅，加之那场史无前例的大移民，淳、遂两座古城沦为汪洋泽国，"千岛湖"新城崛起后，没有古迹可以凭吊，没有遗址可供勘踏，仿佛一切都不曾发生过，一切都复归于平静，一切都成为尘封的往事，难度可想而知。

记得是2022年3月份吧，文联《千岛湖》杂志执行主编方家明打电话给我说，县政协要编纂一套丛书，其中一本推荐你来写。我问什么内容？他告诉我是《淳安书院》。我一听书名，沉默良久，左右为难。他说比较来比较去，觉得由你来写这本书最为合适，有文有史，文史兼顾，古今杂糅，演绎成章。我怕完不成二十万字写作的任务，不敢轻易应允。在我心里，始终把诚信二字看得很重，君子一诺，答应的事情就一定兑现，否则宁可留有余地，这样日后才好相处。他见我犹疑，遂宽我心说，我知道这本书的难度，不到二十万字也没关系，能有十几万字就很不错了。既然话说到这个份儿上，我再推辞就显得不仗义了。

2022年4月的一天，我接到县政协的一个电话，通知我去参加一个会议。该来的终归是来了。政协主席郑志光亲自与会，各相关部门主要负责人十余人，加上主创人员共三十余人参会。郑主席在会上讲了新一届政协班子文史工作计划和思路，以及出版这套丛书的意义。会后，文史委主任邵红卫又专门把主创人员留下，敲定落实任务，一一询问大家有没有困难？邵主任关切地问我："艺敏，能不能完成？"我苦笑着说："尽力而为吧。"这时候想推已没有意义了，事已至此，只能尽人事听天命吧。

会后我有些奇怪，为什么其他主创人员都有两个人，而我只有一个人呢？家明告诉我，他们一人负责执笔，一人协助找资料。只有你这本书不需要，因为压根就没有资料好找。我心想，巧妇还难为无米之炊呢，我一个搞文物考古的，凡事讲究言必有据，又不是田螺姑娘，不需任何食材，每天都能整出一桌饭菜来。

一年时间完成《淳安书院》的创作，说长不长，说短不短。我翻开县志，粗略浏览了这些书院的名称，记载的内容很是简约，甚至可以说颇有点"寒碜"。有的只有一句话，别的什么信息也没有。就好像面对一个无头案，没有证人证据，没有案情缘由，没有案件线索，该从何下手？

我想只能从人物入手，掌握书院创办人的生平是关键，了解其生存状态，阅读其诗词文章，哪怕是片言只语，追踪其宦游踪迹。不放过任何蛛丝马迹，从点点滴滴的事情上，找寻事件的真相，还原事件的走向，符合人物的方向，契合大势的趋向。历史的真实不等于真实的历史，跳出历史看历史，更需要一种破障的勇气。

读者的预期如何呢？这个问题不在我的预期范围内，但你终究无法摆脱。文章千古事，得失寸心知。作品完成了，作者反而怀着一颗忐忑的心，静候读者的评判，谁也不能例外，既然是千古一律，那不妨虔诚一些，虚心一些，接受大家的批评指正。

鲍艺敏
癸卯仲春于淳安博物馆